U0621899

国际邮轮旅游销售实务

GUIDE BOOK FOR CRUISE SELL

“上海国际邮轮旅游人才培训基地”教材编委会 编

中国旅游出版社

“上海国际邮轮旅游人才培训基地”教材编委会

主　编　程爵浩
编　者　崔园园　郭　训　徐　颖　林捷豪　鲍　侠

目录
CONTENTS

下篇　邮轮销售流程和技巧

序

上海市旅游局局长　杨劲松

近年来，随着世界邮轮旅游市场的东移，中国的邮轮旅游蓬勃发展。上海，作为中国最大的经济中心和邮轮母港，在加快建设“国际航运中心”和“世界著名旅游城市”的带动下，上海的邮轮经济呈爆发式增长。据统计，2013 年，上海访问港与母港邮轮合计 197 艘次，同比 2012 年增长 63%，出入境旅客达 76 万人次。

邮轮旅游作为国内新兴的旅游度假方式，还存在诸如国家政策、法律法规、市场规范、相关配套等诸多问题亟待解决。自 2008 年以来，国家发展改革委和上海市政府相继出台了《国家发展改革委关于促进我国邮轮业发展的指导意见》、《关于本市加快中国邮轮旅游发展实验区建设若干意见的通知》等重要性指导文件。作为中国发展邮轮产业的桥头堡，2012 年上海市宝山区也被国家旅游局正式批复成立“中国邮轮旅游发展实验区”和“上海国际邮轮产业发展综合改革试点区”。在国家相关政策的指导下，上海市旅游局先后成立了“上海邮轮旅游市场工作促进组”和“上海国际邮轮旅游人才培训基地”，从政策引导、市场规范、宣传推广、人才培养等方面做了大量的工作。

国际邮轮旅游销售人员作为一支顺应新兴旅游市场发展起来的生力军，起到了衔接中国游客和国际邮轮公司和产品的桥梁作用。为了引导邮轮旅游市场健康发展，尽快建立一支专业的国际邮轮旅游销售队伍，规范和提高邮轮旅游产品一线销售人员服务水平，经过大量调研和努力，“上海国际邮轮旅游人才培训基地”在上海市旅游局的指导下出版了《国际邮轮旅游销售实务》培训教材，并成功启动了培训。具有科学性、时代性、应用性的教材更是培养专项人才必不可少的，呈现在读者面前的这套教材涵盖了作为国际邮轮旅游销售人员所必需的专业知识和专业技能，既可以作为邮轮旅游行业职业能力培训和自学教材，也可以作为旅游大专院校邮轮专业学生教学用书。

我衷心地希望通过本教材的出版，有更多的在旅行社从事国际邮轮销售的人员参与培训和学习，切实提高自身综合素养和业务能力，真正为推动上海乃至中国的邮轮旅游市场朝着更加规范和可持续发展的方向迈进贡献力量。

前　言

《国际邮轮旅游销售实务》是专门为从事国际邮轮旅游销售的一线操作人员量身定制的教学用书。本书既强调销售人员对邮轮产业、邮轮产品的基础知识和理论的掌握，又注重培养他们如何在销售实践中灵活运用各类销售技巧和方法。国际邮轮旅游产品的销售与传统的出境旅游产品销售有很大不同，邮轮旅游产品销售人员只有在经过系统、科学的培训，并充分了解国际邮轮旅游度假方式的独特性和复杂性后，才能更好地针对不同游客需求进行高效性销售，为企业带来丰厚利润。本书作为邮轮旅游行业前瞻性教材，具有以下特点：

第一，国际视野，填补空白。与大部分目前国内出版的邮轮教材不同，本书的编写具有国际化战略高度和视野，所有编写框架和整理材料全部吸收引进北美先进理念和方法，并进行中国本土化，有效填补了亚洲市场对于专业国际邮轮旅游销售教材的空缺。

第二，规范行业，指导市场。中国目前的邮轮旅游市场还处于起步阶段，还存在信息不对称、培训缺失、操作不规范、打价格战等多种因素导致的市场混乱。本书冀望能通过传授国际经验和方法，达到规范行业，指导市场有序发展。

第三，理论适度，重在实用性。作为与学校偏重系统性知识传授不同，本书的知识重在实用性和可操作性，即更突出知识的实际应用，诸如“邮轮产品销售流程和技巧”、“邮轮网络销售”、“提升团队客人收益”、“邮轮会展销售”、“fly + cruise 销售” 等。

第四，信息量大，通俗易读。本书共计 25 万字，内容几乎涵盖了从事一线销售所需要了解的所有关于邮轮方面的知识。在文字编排上通俗易懂，既可作为邮轮旅游行业职业能力培训和自学教材，也可作为旅游大专院校邮轮专业学生教学用书。

全书共分两篇六章。上篇“邮轮销售基础知识”，是为第一章 邮轮概述（程爵浩、崔园园编写）、第二章 邮轮航线及港口（程爵浩、崔园园编写）和第三章 邮轮销售基础（崔园园、郭训、鲍侠编写）；下篇“邮轮销售流程和技巧”，包括第四章 邮轮销售技巧（崔园园、徐颖编写）、第五章 团队销售技巧（崔园园、郭训编写）和第六章 高端邮轮产品销售技巧（林捷豪、崔园园编写）。全书统稿为程爵浩和郭训。

本书在编写过程中，进行了大量调研，并参阅了国内外诸多资料。在此感谢上海市旅游培训中心（上海国际邮轮旅游人才培训基地）许长亭先生、张悦女士；意大利歌诗达邮轮公司沈迪先生，美国皇家加勒比国际游轮公司许文静女士，美国公主邮轮公司王萍女士，上海航空国际旅游（集团）有限公司魏丰珺女士为本书出版做了大量工作，在此一并表示感谢。由于时间所限，本书尚存不足之处，请予以批评指正，以待改进。

编　者

2014 年 1 月 13 日

上篇

邮轮销售基础知识

第一章

邮轮概述

邮轮（Cruise）原意是指海洋的定线、定期航行的大型客运轮船。古代邮轮是邮政部门专用的运输邮件的交通工具之一，并且同样运送旅客，但一般的邮轮均带有游览性质，即把旅客运送到大洋彼岸，邮轮的生活娱乐设施也是为了给旅客提供舒适的行程和解闷；"邮"字本身具有交通的含义，而且过去跨洋邮件总是由这种大型快速客轮运载，故此得名，众所周知，"泰坦尼克"号就是这种邮轮。

第一节　邮轮及邮轮产业

一、现代邮轮概述

一部浪漫的《泰坦尼克号》电影让中国普通老百姓知道了"泰坦尼克"号，也得以一睹邮轮旅游的奢华盛况。邮轮的前身是远洋客轮。以前旅客的出行目的地如果是需要跨越大海的，那么便只能选择远洋客轮，一旦上船便至少要待上几周甚至数月。现在随着经济的发展，人们可自由支配收入增多，从而使人们能够纯粹为了娱乐而乘坐邮轮环游世界。所以现在所说的邮轮，实际上是指在海洋中旅行的旅游客轮，它具备了齐全的生活、休闲、娱乐与度假等各类设施，完全为观光游览和休闲度假提供服务。这种大型邮轮往往像是一座"移动的五星饭店"，配套设备一应俱全，除此之外，旅客也可选择在沿途停靠的港口城市或海港附近进行观光游览。

现代邮轮和原来邮轮的不同不在于船体大小，而是它们在定位上有着根本的区别。

原来的邮轮只是作为一种海上的客运工具，其定位是把旅客运送到大洋彼岸，因此它的生活娱乐设施也是为了旅客在此过程中的舒适和解闷而设置的；现代邮轮本身就是一种旅游目的地，海上旅游也是游客出行的重要组成部分，由此船上生活娱乐的配套设施便成了其必不可少的一项，并且需要面面俱到、精益求精，而靠岸也是为了观光或完成海上旅游行程。

二、邮轮产业概述

（一）邮轮产业界定

邮轮产业（或邮轮业、航游业，英文为 Cruise Industry）指的是以大型豪华海上邮轮为载体，通过远、近洋与环球航行的方式，以海上观光旅游为主要诉求，为乘客提供旅游观光、餐饮住宿、娱乐、探险等服务的海上观光与休闲产业。

（二）邮轮产业发展历程

人类历史上最早的轮船并非完全为了运输旅客，还有运载货物的需要。如今，随着经济的迅速发展，邮轮旅游作为一种现代社会的消费符号，已经逐渐走进人们的生活。

1. 越洋客运时期

19 世纪末至 20 世纪前期，在飞机出现之前，人类横越大洋的旅行大多以船舶运输为主力。这是海上定期运输客轮的鼎盛时期。20 世纪 60 年代初期往返美欧大陆之间的跨大西洋客运班轮每年的客运量超过了 100 万人次。直至第二次世界大战之后的 20 世纪 50 年代，喷气式客机的发明并投入商业运转，引发一波航空运输的革命性发展，越洋客轮遂逐渐失去其海上运输功能，此时往返美欧大陆之间的客轮客运量便急剧下降到每年 25 万人次左右。原来的客运班轮经营商迫于经营压力，不得不寻找新的经营方式。

2. 客轮发展时期

这一时期人们为了顺应潮流的趋势，改变经营方式，不断尝试由服务提供商的角色向提供邮轮设施及服务转变。但客运班轮本身并不一定适合开展新型的邮轮旅游休闲服务，其过渡还面临很多的障碍，如没有空调、不舒适的三等舱以及甲板上下缺乏公共空间等。欧美客轮业者也为顺应潮流之所趋，改变船舶吨位、船舱空间及加装各式休闲娱乐设施，配合南欧爱琴海周边希腊、西亚以及埃及三大古文明遗迹景点，着手开拓地中海邮轮旅游航线。

3. 奢华邮轮时期

这一阶段邮轮目标市场以中老年有钱有闲之富商巨贾为主，人们对邮轮有了了解，但还局限在其豪华的外观、内部设施以及高昂的旅游费用方面。而邮轮有别于其他交通运输工具的附属设施，也成为百年来邮轮产业持续发展的一大特色。其中以1912年号称“永不沉没”却不可思议地撞上一座冰山而沉没的泰坦尼克号（Titanic）客船，不仅设有餐厅、酒吧、咖啡厅、游艺室、电影院，而且率先配有舞厅、游泳池和健身馆等游憩设施，开启而后邮轮产业竞相以各式奢华游乐设施招徕游客的先例。

4. 超级巨轮时期

目前世界上三大邮轮公司，依邮轮船队规模排序为美洲嘉年华邮轮、加勒比海邮轮以及以亚太地区为根据地兼主力市场的丽星邮轮。这一时期，它们都在邮轮旅游行业奠定了稳固的基础，并在欧美主流消费市场建立了各自的邮轮网络。与此同时，邮轮市场开始高度细分，提供的服务也不断丰富，市场得到拓展，人们对邮轮的需要逐渐增加。世界主要邮轮公司都是以欧美区域市场为邮轮经营的基地发展起来的。随着人们对邮轮认识的逐渐清晰以及世界旅游业的发展，邮轮旅游在北美和欧洲越发成熟，由昔日上流社会特定的旅游时尚演变为中产阶级的大众旅游休闲活动。20世纪80～90年代，北美和欧洲的邮轮市场就形成了系统的市场结构，市场发展进入成熟期，呈现较为繁荣的局面。

（三）邮轮产业链构成要素

邮轮产业链是由邮轮制造业、邮轮营运企业、港口服务以及旅游商贸业等组成的。邮轮产业的发展需要一系列行业的支持和联动。邮轮产业链主要包括邮轮业（核心产业、龙头产业）、邮轮建造业、交通运输业、港口及港口服务业、旅游观光业、加工制造业、批发零售贸易业与其他相关行业（如金融、保险）等（图1－1）。

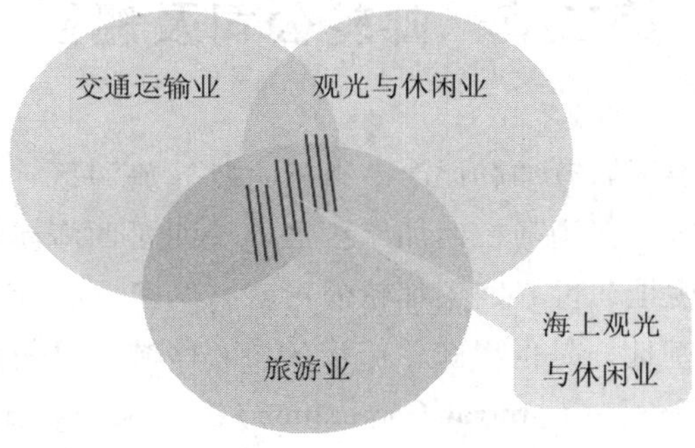

图1－1　邮轮产业属性示意图

邮轮业：邮轮业是邮轮经济的核心产业，在经营内容上是运输业与旅游业的结合，但更趋向旅游业。

邮轮建造业：属于船舶工业的分支领域。由于现代邮轮在服务项目与舒适感觉方面的要求非常高，与普通的客运船舶在设计理念、技术、材料、工艺以及设施设备等方面存在很大的差异，其专业性、安全性、舒适性和豪华性特征尤为突出。现代邮轮的造价也远远高于一般的客运船舶。目前世界上邮轮建造业基本被德国、意大利、芬兰和法国等欧洲国家的船厂垄断，这些国家建造的邮轮代表着世界最高水平。

交通运输业：在邮轮港所在城市或地区以外的邮轮乘客通常需要借助其他交通工具抵达或离开邮轮港，因此邮轮产业的发展需要有发达的公路、航空与铁路构成的高效集疏运系统。

邮轮港口及其服务业：邮轮港口应具备满足邮轮全部或部分需要的设施及相关的服务功能。最基本的设施与服务包括停靠、上下客、补给、废品处理回收、物流系统等。同时，船舶代理是国际邮轮停靠港口时必不可少的中介机构，它们接受外轮委托，作为船方代表处理外轮在他国的各类事宜。

旅游业：邮轮产业对港口城市（观光景点和旅行社）提供的旅游服务具有很高的要求。一方面，港口附近必须有较为集中的世界著名的旅游景点和文化资源；另一方面，邮轮旅游产品必须由专业的旅行代理商对旅游产品进行精心挑选，然后打包进入游客的旅游选择菜单。国际邮轮协会（Cruise Lines International Association，CLIA）的一项市场调查显示，北美邮轮旅游市场有80%左右的邮轮乘客通过旅行代理商来预订邮轮旅游产品。

商贸服务业：餐饮、宾馆、娱乐和购物等配套服务是邮轮到港很重要的消费内容，也是构成吸引邮轮及其乘客的重要因素。商业服务业主要包括邮轮停靠港口所在城市的商业零售业、旅馆业、餐饮业、娱乐业和观光业等。商贸服务是港口发展邮轮经济的直接经济来源，也是为邮轮及其乘客和船员提供各类岸上服务和补给服务的主要依托。

第二节 邮轮公司及船队

国际邮轮旅游的主要区域有加勒比海－百慕大邮轮旅游区、地中海邮轮旅游区、亚洲－南太平洋邮轮旅游区、美国阿拉斯加旅游区、墨西哥西海岸旅游区等。加勒比海地区是现代邮轮产业的诞生地，世界四大邮轮公司就有两家（嘉年华邮轮公司和皇家加勒比海邮轮公司）以此为基地，是世界邮轮市场的核心区域。目前国际邮轮产业中大型的邮轮公司有嘉年华邮轮公司（Carnival Corporation）、皇家加勒比国际邮轮公司（Royal Caribbean Cruise）、丽星邮轮公司（Star Cruise）和地中海邮轮公司（MSC Cruises）等。

一、嘉年华邮轮公司

（一）简介

嘉年华邮轮公司成立于1972年，总部设在美国佛罗里达州的迈阿密市，是全球最大的邮轮运营商。公司的创始人是Ted Arison，当时Ted Arison用1美元和承担了该船舶的所有债务的形式买下了“加拿大帝”号后并更名为“狂欢”号，嘉年华邮轮公司由此诞生。

1975年，嘉年华购买了不列颠帝后（Empress of Britain），改名嘉年华（Carnivale），扩充了船队，以佛罗里达为根据地，给游客提供加勒比海度假服务。20世纪70年代作为嘉年华的初始阶段，公司依靠短小的邮轮线路，配以拉斯维加斯风格的装修和情调，并且以低廉的价格，迅速在市场站稳脚跟。1978年，嘉年华购买了曾经的“瓦尔”（Vaal）号，更名为“节日”号（Festivale），在经过3000万美元的重新装修和配置之后，成为从迈阿密出发前往加勒比最大、最快的邮轮。

20世纪80年代的嘉年华迅速扩张，在此之后，嘉年华的邮轮几乎全是最新订购，而非二手货。首先面世的是1982年的“热带”号（Tropicale），也是邮轮业高速建造新式邮轮的起点。自此之后的邮轮都不再是传统意义上的客轮，而向着海上度假村的模式迈进。而这股邮轮建造热，从20世纪80年代一直持续到2008年。嘉年华在20世纪80年代也成为第一家在电视上打广告的邮轮公司，并且跟随发行股票的热潮在纽约上市。至此，嘉年华正式奠定了最受欢迎邮轮公司的基础。

1990年，嘉年华的扩张继续不可思议的神话。70367总吨的“梦幻”号（Fantasy）下水，嘉年华的梦幻系列邮轮从此开始服务于佛罗里达的20世纪90年代。不仅如此，嘉年华努力超越极限，力求成为行业的领先者。1994年，嘉年华和半岛东方－公主邮轮合并，成为世界最大的邮轮集团。1996年，行业第一艘超过10万吨级的邮轮，101353总吨的“嘉年华佳运”号（Carnival Destiny，另译“远景”）成为当时最大的邮轮。时间进入2000年，嘉年华的邮轮越来越大，从110000吨级的征服（Conquest）系列邮轮，到2009年130000吨的“梦想”号（Carnival Dream），嘉年华逐渐完成了布局美国各大市场的步骤，令竞争对手望尘莫及。

（二）船队

现在嘉年华邮轮公司已经发展成为全球第一的邮轮公司，除“假日”号和“庆祝”号两艘在20世纪80年代投入运营的船，其余30艘均是7万吨以上的豪华邮轮。嘉年华的船有80%以上全年航行于加勒比海地区，对热爱明媚阳光的上海人来讲无疑是极好的度假选择。

其船队优势在于它们多样化的休闲设施，装潢新颖与宽敞的客舱。其船队常年在加勒比海、墨西哥、巴拿马航行，而季节性航线则适于阿拉斯加、夏威夷、巴拿马运河、加拿大海域运作。航程一般为 3 ~ 16 天，遍布加勒比海、墨西哥湾、阿拉斯加、夏威夷、百慕大、欧洲、巴哈马及加拿大等世界最美的海域①（表 1 – 1）。

表 1 – 1 嘉年华邮轮公司的主要船队

系列	邮轮	投入时间 （年）	长 （米）	吨位 （吨）	载客量	船员数
梦想系列	清风号	2012	306. 00	130000	3690	1386
	魔力号	2011	306. 00	130000	3690	1367
	梦想号	2009	306. 00	130000	3646	1367
光辉系列	光辉号	2008	290. 17	113000	3006	1150
征服系列	自由号	2007	290. 17	110000	2974	1150
	自在号	2005	290. 17	110000	2974	1150
	英勇号	2004	290. 17	110000	2974	1150
	光荣号	2003	290. 17	110000	2974	1150
	征服号	2001	290. 17	110000	2974	1150
精神系列	奇迹号	2004	293. 52	88500	2124	930
	菁华号	2002	293. 52	88500	2124	930
	传奇号	2002	293. 52	88500	2124	930
	精神号	2001	293. 52	88500	2124	930
凯旋系列	胜利号	2000	272. 19	101509	2758	1100
	凯旋号	1999	272. 19	101509	2758	1100
佳运系列	佳运号	1996	272. 19	101353	2642	1050
梦幻系列	乐园号	1998	260. 60	70367	2052	920
	欢欣号	1998	260. 60	70367	2052	920
	灵感号	1996	260. 60	70367	2052	920
	创意号	1995	260. 60	70367	2052	926
	神逸号	1994	260. 60	70367	2052	920
	佳名号	1993	260. 60	70367	2052	920
	神往号	1991	260. 60	70367	2052	920
	梦幻号	1990	260. 60	70367	2052	920

资料来源：http：//www. cnexy. org/zh – cn/lines/8/

① http：//www. cnexy. org/zh – cn/lines/8/

二、皇家加勒比国际游轮公司

（一）简介

皇家加勒比国际游轮公司创办于1968年，是在喷气飞机时代到达之际国际客运航运业转型之时破茧而出的现代邮轮企业，公司的创始人是Arne Wilhelmsen和Edwin Stephan（Arne是哈佛教育的投资者，Edwin是美国佛罗里达著名商人）。公司在1970年投入了第一艘“邮轮挪威之歌”号（Song of Norway）后才开始营运。18000吨级的新船“挪威之歌”号是现代邮轮业的开山鼻祖，在邮轮发展中有着里程碑式的地位。

20世纪80年代，加勒比游轮旅游之风开始盛行美国，公司在1988～1992年抓住这一机遇，通过新建4艘新邮轮并改装1艘现有船舶，进行了意义重大的战略性业务扩张。1993年为进一步扩张，公司开始公开募集资金，这为接下来的1995～1998年的6艘新船投入营运奠定市场基础，与此同时，也淘汰了一批旧船。

皇家加勒比不断创造着邮轮业的纪录。1999年，巡游系列邮轮的第一艘邮轮海洋巡游号（Voyager of the Seas）下水，成为当时最大的邮轮。2006年下水的自由系列邮轮以15.4万吨级再一次刷新纪录，一举超过丘纳德旗下的新邮轮玛丽女皇二号。2009年12月和2010年12月，皇家加勒比国际游轮旗下的第21、22艘邮轮——“海洋绿洲”号（Oasis of the Seas）和“海洋魅丽”号（Allure of the Seas）先后投入运营。这两艘姐妹船的排水量均为22.5万吨，是世界上最大、最具创意的邮轮。“海洋绿洲”号与“海洋魅丽”号将全新的“社区”理念引入邮轮，把邮轮空间划分为中央公园、百达汇欢乐城、皇家大道、游泳池和运动区、海上水疗和健身中心、娱乐世界和青少年活动区7个主题区域，以满足不同类型游客的度假需求。

2008年，皇家加勒比国际游轮正式进入中国，提供从上海、香港始发的邮轮度假航线。2009年，皇家加勒比国际游轮旗下的“海洋神话”号作为中国政府特批的海峡两岸首航包船，创造了大陆与台湾地区大规模民间交流的盛况。

2012年6月，皇家加勒比国际游轮把旗下的“海洋航行者”号引入中国，并于2012年以上海为母港开设国际邮轮航线。作为全球十大邮轮之一，“海洋航行者”号进入中国后成为中国乃至整个亚太地区最大的豪华邮轮。

随着“海洋航行者”号的到来，2012年皇家加勒比国际游轮公司在中国市场首次拥有两艘运营母港航线的邮轮，从而保证可以在旅游旺季时覆盖中国两大市场——华东和华北市场。此举为游客带来更丰富的产品选择，令更多消费者能够体验到皇家加勒比国际游轮精彩的海上之旅，并进一步巩固皇家加勒比国际游轮在中国市场的领先地位。①

（二）船队

皇家加勒比游轮的吨位都比较大，行驶在浩瀚的海洋上，感觉十分平稳，基本上感受不到海浪引起的颠簸。皇家加勒比旗下游轮分6大系列，分别是绿洲系列、自由系列、航行者系列、灿烂系列、梦幻系列、君主系列。每个系列的邮轮都有它独特的风格（表1－2）②。

表1－2　皇家加勒比游轮公司的主要船队

系列	邮轮	投入时间（年）	长（米）	吨位（吨）	载客量	船员数
绿洲系列	海洋绿洲号	2009	360.00	225000	5400	1800
	海洋魅力号	2010	360.00	225000	5400	2100
自由系列	海洋自由号	2006	339.00	160000	3634	1360
	海洋自主号	2007	339.00	160000	3634	1360
	海洋独立号	2008	339.00	160000	3634	1360
航行者系列	海洋冒险者号	2001	340.00	138000	3114	1185
	海洋探险者号	2000	340.00	138000	3114	1185
	海洋水手号	2003	340.00	138000	3114	1185
	海洋领航者号	2002	340.00	138000	3114	1185
	海洋航行者号	1999	309.00	137276	3114	1181
灿烂系列	海洋灿烂号	2001	320.00	90090	2501	859
	海洋光辉号	2002	320.00	90090	2501	859
	海洋旋律号	2003	320.00	90090	2501	859
	海洋珠宝号	2004	320.00	90090	2501	859
梦幻系列	海洋神话号	1995	264.00	69130	2076	723
	海洋富丽号	1996	305.00	74000	2446	760
	海洋迎风号	1997	264.00	78491	2435	765
	海洋荣光号	1996	289.00	69130	2076	723
	海洋幻丽号	1997	305.00	74140	2446	640
	海洋梦幻号	1998	272.00	78941	2200	724
君主系列	海皇号	1991	266.00	73192	2744	858
	海洋帝王号	1992	266.00	74000	2744	827

资料来源：http：//www.66cruises.com/caribbean/caribbean－ships.asp

① http：//www.rcclchina.com.cn
② http：//www.rcclchina.com.cn/

三、云顶香港有限公司

（一）简介

云顶香港有限公司的前身为丽星邮轮有限公司，2009 年 11 月 16 日丽星邮轮有限公司宣布，其公司名称于 2009 年 11 月 10 日起更改为“云顶香港有限公司”。

丽星邮轮正式成立于 1993 年 11 月 10 日，是马来西亚家族财团云顶集团下属的企业之一。当年，云顶集团接手了破产的瑞典公司瑞德里（Rederi AB Slite）的两艘刚建好的海洋轮渡船，宣布丽星邮轮的正式运行。从此之后的数年，丽星邮轮盲目扩张，连续收购了数艘二手邮轮。1998 年，丽星邮轮开始接受新建的邮轮，第一艘专门建造的邮轮丽星超级狮子星号（SuperStar Leo）进入船队；次年姐妹船超级处女星号（SuperStar Virgo）开始运营。

云顶香港有限公司是全球休闲、娱乐和旅游及酒店服务业的领导企业，其核心业务涵盖陆地及海上旅游业。企业致力于提升其股东利益，并以保持公司核心业务的长远和可持续发展为目标。云顶香港提供高质量的产品和服务以迎合客人不同的需求，推陈出新，采用最先进的科技增强公司的竞争力，为股东提供合理的回报，推行认可和奖励员工表现及贡献的人事机制，并为员工的职业发展提供适当的培训和机会，履行企业公民的社会责任，提高公司的企业管理水平及透明度。

云顶香港首个进军中国内地市场的项目为马尼拉云顶世界，已于 2009 年 8 月开始试营业。马尼拉云顶世界是云顶集团旗下优质休闲品牌之一，亦是云顶香港旗舰项目，汇集了包括六星级全豪华套房的美星酒店在内的三家酒店、高级购物中心、四间高端影院及一个多功能剧院。①

（二）船队

云顶香港有限公司的主力船队营运于亚洲地区，主要邮轮包括：“处女星”号、“双子星”号、“天秤星”号、“宝瓶星”号、“双鱼星号”。云顶香港有限公司完善的邮轮设施及服务已成为亚太区邮轮业的典范。其中大型邮轮如“处女星”号更成为亚洲及世界各地喜爱邮轮旅游人士在亚洲航线上的首选品牌邮轮（表 1 – 3）②。

---

① http：//www. starcruises. com/cns/home/aboutus. aspx

② http：//www. 66cruises. com/starcruises/starcruises – ships. asp

表 1－3　丽星邮轮公司船队

邮轮	投入时间（年）	长度（米）	吨位（吨）	载客量	船员数
“天秤星”号	1988	216.00	42276	1480	
“处女星”号	1999	268.00	76800	2890	1100
“宝瓶星”号	1993	229.84	51000	1529	
“双子星”号	1992	164.00	19093	716	
“双鱼星”号	1991	177.00	40000	1109	750

资料来源：http：//www.starcruises.com/cns/home.aspx；http：//www.66cruises.com/starcruises/starcruises－ships.asp

四、地中海邮轮公司

（一）简介

地中海邮轮（MSC Cruise）总部位于意大利那不勒斯，并在意大利其他主要城市如米兰、威尼斯、热那亚、罗马、巴勒莫、巴里，亚洲地区如日本、中国香港以及全球其他 40 个国家和地区开设了办事处。地中海邮轮为旅客提供最佳的意大利风格邮轮假期，推出的产品于现代国际标准设施及别树一帜的特色中得到更多支持。

地中海邮轮的标志把 M、S、C 三个字母镶嵌在指南针图案中间，代表在地中海邮轮的世界里，顾客永远是中心。指南针本身象征着公司邮轮的前进方向，从而达到公司的长远目标。地中海邮轮独特的意大利风格，使其与其他邮轮公司区别开：船上热情的招待、剧院装饰、设计、好客、美食、气氛，都反映出公司“意大利制造”的理念，这也是地中海邮轮的特别之处。公司于 1987 年成立并继承了当时享负盛名的邮轮公司——STARLAURO Spa。1995 年，公司更名为地中海邮轮公司。地中海邮轮非常注重每艘邮轮的风格和舒适度，其设计灵感源自意大利的高雅，或许用“舒适和随意”来形容地中海邮轮上的感觉更为准确——既有豪华酒店的舒适环境，又有在家一般的随意氛围。

地中海邮轮是第一家获得 UNI EN ISO9002/1994 和 UNI EN ISO9001：2000 双重认证的邮轮公司。其后获得 ISO14001 环境保护证书及法国国际检验局（Bureau Veritas）颁发的 OHSAS 18001（Occupational Health and Safety Assessment Series）认证，可见地中海邮轮对保护环境的承诺。①

（二）船队

地中海邮轮旗下的现代化邮轮团队为旅客提供多款路线和产品选择，热情的招待，

① http：//www.66cruises.com/MSCcruises/MSCcruises－intro.asp

优质的服务，让旅客陶醉于一次充满意大利特色的旅程之中。地中海邮轮被公认为实力雄厚的意大利邮轮公司，旗下邮轮设备先进，配套完善，致力于为旅客提供舒适的意式邮轮假期（表1－4）。

表1－4　地中海邮轮公司船队

邮轮	投入时间　（年）	长度　（米）	吨位　（吨）	载客量	船员数
神曲号	2012	333.00	139400	4363	
管乐号	2007	294.00	92400	2550	
辉煌号	2009	331.00	133500	3959	1300
幻想曲号	2008	331.00	133050	3959	1325
华丽号	2010	293.00	93330	2518	987
诗歌号	2008	293.00	92400	2550	987
管乐号	2007	293.00	92400	2550	987
音乐号	2006	293.00	92400	2550	987
歌剧号	2004	250.00	59058	1712	880
抒情号	2002	250.00	58625	1544	760
序曲号	2002	250.00	58625	1544	760
和睦号	2001	250.00	58600	1544	700

资料来源：http：//www.msccruises.com.cn/cn_ zh/homepage.aspx；http：//www.youlunhai.com/boatgroup.aspx?tab = boats&boatgroupid = 217.

第三节　邮轮产品及特点

一、邮轮产品概述

（一）邮轮旅游产品的定义

邮轮旅游产品是非实物型产品，是指邮轮专门为了满足游客观光游览、休闲度假等需要而特别设计提供的，被现有的和潜在的游客所认同的东西。它由有形的（如邮轮、邮轮服务设施、游乐项目等）和无形的（邮轮服务、游客感受等）两部分组成。它包括三个层面：

核心产品。核心旅游是旅游者购买的基本对象，是由对旅游者核心利益的满足而构成的。旅游者的核心利益即是通过购买旅游产品来满足其观光娱乐和休闲度假的需要。当然，这种利益通常是无形的，在很大程度上与旅游者的主观愿望如气氛、过程、便利、愉悦、放松等感受联系在一起。

有形产品。邮轮有形产品是使核心产品有形化而形成的，能够满足旅游者需求的实实在在的产品，如邮轮所提供的餐饮、菜品、各种休闲娱乐项目。有形产品应具备特色、品牌、服务质量和安全等特征。

扩展产品。邮轮旅游扩展产品是指游客能够在邮轮上得到的所有有形的和无形的附加服务和利益。邮轮旅游扩展产品是能够解决邮轮旅客的所有问题，甚至包括游客未想到的问题的组合产品。

（二）邮轮旅游产品的类型

邮轮观光旅游产品。邮轮观光旅游产品是以满足旅游者乘坐邮轮观赏海洋、江河、湖泊及其沿岸自然风光、城乡风光、民族风情、名胜古迹、建设成就等为主要目的的旅游产品。目前，在我国邮轮观光旅游产品仍是邮轮旅游产品的主要组成部分。各邮轮旅游公司为了更好地满足市场多元化的需求而竞相开发设计新的邮轮观光旅游产品，在单纯的观光产品基础上，注入了更为丰富的文化内涵，如主题性观光、参与体验性观光等。

邮轮休闲度假旅游产品。邮轮休闲度假旅游产品是指旅游者利用假期乘坐邮轮休闲和娱乐消遣的旅游产品。世界范围内，很多地区因为拥有阳光、沙滩、海风，终年气候温暖、水域不冻，沿岸拥有丰富多彩的自然风光和文化资源，可供登岸参观的旅游地为数众多，这些地方便成了理想的邮轮活动区域；还有深受欢迎的内河巡游，如中国的长江三峡、美国的密西西比河及其支流、法国的塞纳河、德国的莱茵河、埃及的尼罗河以及俄罗斯的伏尔加河等。同时，由于邮轮本身也因乘坐悠闲、舒适并提供完善的各种娱乐活动设施，能为游客提供满足其休闲娱乐度假需求的服务，而成了休闲度假旅游者的选择。

邮轮文化旅游产品。邮轮文化旅游产品是满足旅游者了解邮轮航行区域及其腹地文化需求的邮轮旅游产品。这种旅游产品要求蕴含较为深刻和丰富的文化内涵，其所吸引的对象一般具有较高的文化修养。

邮轮会议旅游产品。邮轮会议旅游产品是指人们利用邮轮举行各种会议而购买邮轮旅游产品和服务的综合消费。这种产品形式主要针对大公司、企业等，是一种比较新型的旅游产品。未来的邮轮旅游产品必将形成一个以邮轮观光、休闲娱乐为主，集商务会议、文化交流、运动探险、水上娱乐等为一体的多样化邮轮旅游产品系列。

（三）邮轮旅游产品的特征

特殊性。①设施：与其他旅游产品相比，邮轮服务的特殊之处在于，它借助的服务设施是航行的邮轮。海上温泉、海上高尔夫球、海上看夜景等，游客希望体验到的一切服务都必须借助邮轮这个载体才能得以实现。这就是邮轮旅游产品的特殊性之一。②体验：邮轮产品和其他旅游产品一样都包括一系列的要素组合，每一种组合都会产生不同的旅游产品，这些产品对于每一位游客来说都是独一无二的体验。

无弹性。从经济的角度来说，如果一般的货品销售不出去，还能继续储存直到销售出去为止；但是邮轮旅游产品不行，一旦销售不出去，只能作废。

整体性。邮轮既有水上运输的功能（交通的功能），又具有旅游酒店、旅行社等旅游企业为游客提供旅游组织、食、宿、观光、游览、娱乐、购物等综合服务的多种功能。邮轮能够提供满足旅游者旅游活动中需要的全部产品和服务，因而邮轮旅游产品具有整体性。

多样性。①邮轮功能：从发展历程来看，功能是多样的，既有水上运输的功能（交通的功能），又具有旅游酒店等旅游企业为游客提供旅游服务、观光娱乐、休闲购物等多样化服务。②服务：邮轮服务是邮轮管理者和员工借助一定的旅游资源或环境、邮轮及邮轮服务设施，通过一定的手段向游客提供的各种直接或间接的方便利益的总和。它包括核心服务和基本服务，涵盖了食、住、行、游、购、娱等设施与人员服务的应急服务，可见其服务的多样性。

二、邮轮类型、船上设施、船舱平面图

（一）邮轮分类

根据不同的划分依据，邮轮大致有以下几种分类：

根据航行区域划分。国际邮轮协会根据邮轮的航行区域将邮轮划分为环球邮轮（Global Cruise）、区域邮轮（Regional Cruise）、海岸线邮轮（Coastal Cruise）、内河游轮（River Cruise）4种类型。

根据载客量划分。一般地，根据邮轮载客量的大小可将邮轮分为迷你型邮轮（200Pax以下），小型邮轮（200～500Pax），中型邮轮（500～1200Pax），大型邮轮（1200～2000Pax）和巨型邮轮（2000Pax以上）等。

根据载客量和吨位的综合因素划分。有些业内人士按照载客量和总吨位（GRT）的综合因素将邮轮划分为以下几类（表1－5）。

表1－5　邮轮分类

分类	注册总吨位	载客位
迷你型	1000 GRT以下	200Pax以下
小　型	10000～30000 GRT	200～500Pax
中　型	30000～60000 GRT	500～1200Pax

续表

分类	注册总吨位	载客位
大　型	60000～80000 GRT	1200～2000Pax
特大型	80000～120000 GRT	2000～2500Pax
巨　型*	120000～200000 GRT	2500～5000Pax
超巨型	200000 GRT 以上	5000Pax 以上

根据豪华程度划分。根据邮轮的豪华程度，可把邮轮分为3星以下的经济型邮轮（Economic）；3星或3+星的标准邮轮（Standard）；4星的豪华邮轮（Deluxe）；4+或5星的赛豪华邮轮（Deluxe+）；5+星的超豪华邮轮（Super Deluxe）。

（二）船上设施

邮轮上的空间一般包括客房空间、非共用（船上员工）空间以及公共空间（表1-6）。供船上员工使用的空间一般位于客房甲板以下，包括船上员工客房、餐厅和娱乐设施空间。其他非共用空间包括船长驾驶室、船上厨房和机械区域等。公共空间是游客汇集的场所。常见的区域有接待区、餐厅、演出大厅、泳池区、健身区、礼品店、医疗设施、展示区，此外还设有儿童乐园、酒吧、攀岩壁、棋牌室、多功能厅、网吧、电子游戏室、图书馆、教堂等。

表1-6　现代国际邮轮与客班轮的差异对比①

现代国际邮轮	客班轮
• 合成材料更为普遍	• 多用木材、铜及其他天然材料
• 公共区域大，尤其是透顶、演出大厅和赌场	• 公共区域小
• 外观现代感强	• 外观怀旧色彩较浓
• 舷窗、窗户大	• 舷窗、窗户小
• 拥有海景的舱房多	• 客房海景被遮挡的较多
• 行人在船上行动便捷	• 行人在船上行动不便
• 客房带阳台的可能性更大	• 客房阳台较为罕见
• 游泳池大	• 游泳池小
• 舱房面积“标准化”，客房空间较小	• 客房大小不一，客房空间相对较大
• 导航技术与船体平衡装置先进	• 无

（三）邮轮区域分布图

每份航行宣传手册和各种广告材料一般都附有邮轮区域分布示意图。邮轮区域分布示意图由邮轮甲板分布图和邮轮穿梭大厅布置图构成。登轮的每位游客有必要了解并熟悉邮轮区域的分布，以便于在邮轮上的各类活动，以下就以歌诗达“大西洋”号邮轮为例（图1-2）。

① 资料来源：[美] 曼西尼著，高玲译．乘船航游与邮轮管理．北京：清华大学出版社，2004. p. 21

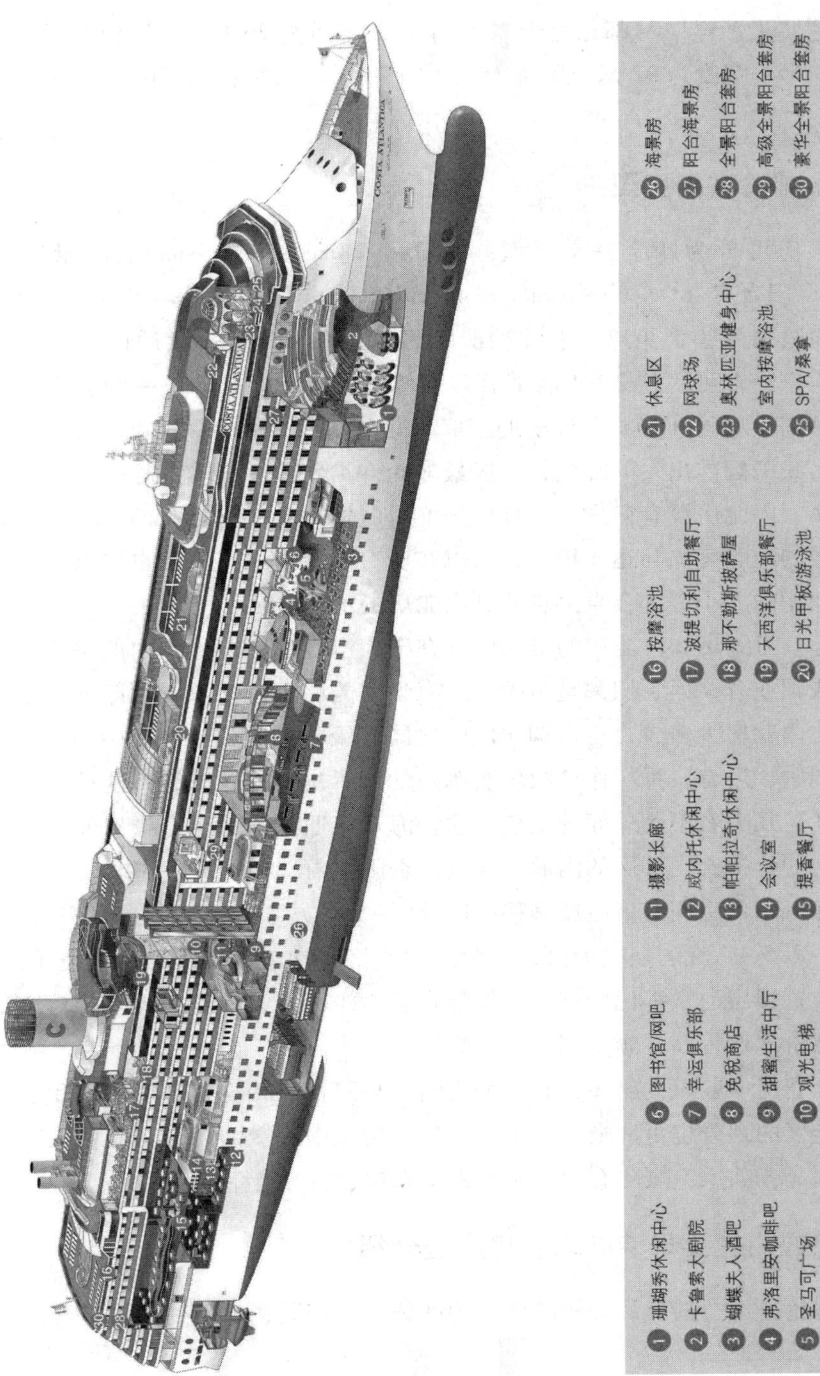

图 1－2　歌诗达邮轮公司“大西洋”号结构图

资料来源：歌诗达邮轮公司

歌诗达“大西洋”号邮轮建于2000年，载客量为2680（总床位），共计85619吨，长度为293米，宽度为32米，甲板15个（其中12个供游客使用）。最大速度为24节，航行速度22节。

（四）邮轮客房房型

邮轮客房可分为四个基本类型：内舱房（Inside Stateroom）、海景房（Oceanview Stateroom）、阳台房（Oceanview Stateroom with Balcony）和套房（Suite）。每类房型还可以根据邮轮公司的销售策略、船体情况等因素进一步细分，然后以不同的价格出售船票。这些房型通常可入住2~4名乘客。当然，也有一些邮轮，一间舱房能容纳5人之多。但这种是针对国外有数个孩子的家庭设立的，5人共住一间确实可以省下很大一笔开销。但由我国国内出发的邮轮，一般最多允许4名客人同住一间①。

内舱房。内舱房没有窗户，关灯后分不清白昼和黑夜。面积15~20平方米，价格最便宜。底楼的内舱房离马达比较近，所以在所有内舱房中，价格也最低。房间所处楼层的高低、面积的大小，都会直接影响到内舱房的价格。

海景房。海景房和内舱房的最大区别在于，海景房有窗户，内舱房没有。海景房窗户的形状或圆或方，但它们都是封闭的。海景房能够透过窗户看到船外的景色，但它的面积并不比内舱房大多少，价格却比内舱房同等级的船票价格高50~200美元/人不等。在海景房当中，还有一种叫作被救生艇遮蔽的海景房，顾名思义，这种房间的窗户被救生艇挡住了，几乎看不到外面的景色。这种海景房通常比普通海景房便宜不少，但实际上，除非它的价格比同楼层的内舱房便宜，否则国内游客很少会选择。

阳台房。阳台房拥有落地玻璃移门以及3~5平方米不等的阳台，房间面积在20平方米以上。以5~7晚的航线为例，阳台房的价格通常比内舱房贵200美元，甚至更多。阳台房的位置楼层通常都比较好，一般都在五六楼以上，视野极佳。相对来讲，内舱房和阳台房性价比比较高，颇受国内游客欢迎。

套房。套房一般设在船头，有多个房间，与阳台房相比，套房的面积更大，设施更齐全，功能区的划分也更清晰，其价格是所有房型中最贵的。套房会根据豪华程度和功能再进行区分，如家庭豪华套房、水疗豪华套房、行政豪华套房等。

（五）国内主要母港邮轮客房房型介绍

每家邮轮公司，甚至每条船的房型的细分不尽相同，本书列举了近年来以我国港口

---

① 了解舱房选择的基本准则，让邮轮客房真正成为我们海上的家．旅游情报网，http：//www.myvacation.cn/article/379/2010-12-20/51998.htm，2010-12-20.

为母港运营的三条邮轮的房型划分情况（表1－7）。

表1－7　三条母港邮轮的房型划分

客舱房型	歌诗达“大西洋”号	皇家加勒比“海洋水手”号	丽星“双子星”号（A、B、C、D仅表示房间等级从好到差）
内舱房	标准内舱房IC（Inside Cabins） 高级内舱房IP（Inside Premium）	标准内舱房（Interior Stateroom） 高级内舱房（Accessible Interior Stateroom） 皇家大道景观房（Promenade Stateroom）	内侧客房DB－DD 豪华内侧客房DA
海景房	标准海景房EC（OceanViewCabins） 高级海景房EP（Premium Ocean View Cabins）	标准海景房（Oceanview Stateroom） 高级海景房（Large Ocean View Stateroom）	海景舷窗客房CE－CF 窗户海景客房CH 窗户海景客房CB－CD 豪华海景窗户客房CA
阳台房	标准阳台房BC（Ocean View Cabin with private balcony） 高级阳台房BP（Premium Ocean View Cabin with private balcony）	标准阳台房（Accessible Deluxe Ocean View Stateroom with Balcony） 高级阳台房（Superior Ocean View Stateroom with Balcony） 豪华阳台房（Deluxe Ocean View Stateroom with Balcony）	海景露台房BA
套房	套房S（Suites） 套房PS（Panorama Suites） 套房GS（Grand Suites）	标准套房（Suites） 豪华套房（Luxury Suites） 主人套房（Owner's Suites）	豪华套房AB 行政套房AA

资料来源：根据美辰邮轮网站资料整理. http://www.mcts.cn/

（1）歌诗达“大西洋”号邮轮

IP高级内舱房

容纳人数：2人（有些可容纳3～4人）
舱房面积：15平方米
舱房设施：无窗，带淋浴和卫生间的私人浴室，大空间壁橱、书桌、梳妆台，恒温空调、电话、私人保险箱、吹风机、交互式电视，24小时船舱服务。

EP高级海景房

容纳人数：2人（有些可容纳3～4人）
舱房面积：17平方米
舱房设施：海景窗，部分房间景观受阻，沙发及休闲区，带淋浴和卫生间的私人浴室，大空间壁橱、书桌、梳妆台，恒温空调、电话、私人保险箱、吹风机、交互式电视，24小时船舱服务。

续表

BP 高级全景阳台海景房	GS 豪华全景阳台套房
 容纳人数：2 人（有些可容纳 3～4 人） 舱房面积：23 平方米 舱房设施：私人阳台，沙发及休闲区，带淋浴和卫生间的私人浴室，大空间壁橱、书桌、梳妆台，恒温空调、电话、私人保险箱、吹风机、交互式电视，24 小时船舱服务。	 容纳人数：3 人 舱房面积：52 平方米 舱房设施：大型全景玻璃门窗，私人阳台，大空间壁橱，带旋涡浴缸和淋浴的私人浴室，大空间休息区，带抽屉的书台，沙发床，恒温空调，直拨电话，吹风机，迷你酒吧，私人保险箱，免费欧式早餐，24 小时客房服务，私人管家，交互式电视。

资料来源：歌诗达邮轮公司

（2）皇家加勒比“海洋水手”号邮轮

内舱房	海景房
 容纳人数：2 人（有些可容纳 3～4 人） 舱房面积：16 平方米 舱房设施：两张床（可转换成大尺寸）、普尔曼床、起居室、私人区域和私人浴室。还包括迷你吧、吹风机、电视、电话、电脑插口、梳妆台、笔记本电脑桌面，110/220 伏电源插座。有普尔曼床，可容纳 3～4 个客人。	 容纳人数：2 人（有些可容纳 3～4 人） 舱房面积：15 平方米 舱房设施：两张床（可转换成大尺寸或一张大床）、起居室、私人区域和私人浴室。还包括迷你吧、吹风机、电视、电话、电脑插口、梳妆台、笔记本电脑桌面、110/220 伏电源插座，有普尔曼床，可容纳 3～4 个客人。
阳台房	**皇家家庭套房**
 容纳人数：2 人（有些可容纳 3 人） 舱房面积：房间 19 平方米，阳台 5 平方米 舱房设施：两张床（可转换成大尺寸或一张大床）、私人阳台、起居室和私人浴室，还包括迷你吧，私人区域、吹风机、电视、电话、电脑插口、梳妆台、笔记本电脑桌面和 110/220 伏电源插座。一些有普尔曼床或沙发床，可容纳 3～4 个客人。有些还可以加床。	 容纳人数：8 人 舱房面积：房间 65 平方米，阳台 25 平方米 舱房设施：主卧室：两张单人床（可转换为一张大床）、步入式衣橱、浴缸、淋浴及大型私人浴室。客卧室：两张单人床（可转换为一张大床）、两个上拉式双层床、梳妆台、浴室和淋浴。起居室：餐桌、梳妆台、椅子、沙发床。落地式滑动玻璃门、直面私人阳台、立体声和 DVD/CD 播放机、恒温空调、直拨电话、迷你酒吧、大屏幕平板电视、个人保险箱、24 小时客房服务。

资料来源：皇家加勒比游轮公司

（3）丽星“双子星”号邮轮

<table>
<tr>
<td>内舱房 DA/DB－DE

舱房面积：10～18 平方米
舱房设施：起居室、独立私人浴室、淋浴、吹风机、电视机、保险箱及电话。</td>
<td>舷窗海景房 CE/CF

舱房面积：14～19 平方米
舱房设施：圆形舷窗、起坐间、独立私人浴室、淋浴、吹风机、电视机、保险箱及电话。</td>
</tr>
<tr>
<td>海景露台房 BA

舱房面积：约 15 平方米
舱房设施：私人露台、落地玻璃窗、起坐间、独立私人浴室、淋浴、吹风机、电视机、DVD 放映机、冰箱、保险箱及电话、免费欢迎果盘。</td>
<td>豪华套房 AB

舱房面积：约 29 平方米
舱房设施：独立客厅、独立睡房、方形窗、私人浴室、淋浴和浴缸、吹风机、电视机、DVD 放映机、冰箱、保险箱及电话、免费欢迎果盘和红酒。</td>
</tr>
</table>

资料来源：上海港国际邮轮旅行社

三、邮轮餐饮和娱乐

（一）邮轮餐饮

在邮轮上用餐是一种难得的享受。这里不仅有丰富的餐饮品类，而且还提供各式各样的周到服务。在正式餐厅里，在甲板上，在比萨店或者咖啡厅等，游客白天有多种不同的用餐选择，当然这只是其中的一小部分。大部分邮轮晚间也提供多个用餐场所。甚至有些邮轮上的餐厅可以一次性容纳所有游客。一般来说，邮轮上除了每天定时三餐提供高级五道式正统西餐料理外，亦可要求厨房供应适合亚洲人的食物，如炒饭、炒面或主食。另外，游客 24 小时均可在不同式样的餐厅内享用如汉堡、热狗、比萨、国际性自助餐，甚至日式寿司等。

图1－3　邮轮上的西餐厅

除正式餐厅外，有些邮轮上提供多次晚餐时间安排，有些餐厅提供24小时餐饮服务。还可以到任何其他餐厅享用晚餐，如意大利特色、亚洲风味或者我国西南部特色餐厅（图1－3）。而且现在越来越多的邮轮开放露天游泳池作为晚餐场地，在轻松愉悦的气氛中，游客甚至可以在夜空下一边看星星，一边用餐。还有很大部分邮轮提供浪漫的房间就餐。每一餐，游客都能享受到各种风味的菜品，并且保证每一天的菜都有新花样。尽管邮轮提供如此丰富的美味佳肴，但是这并不代表游客将大腹便便地回到家。因为邮轮上还提供许多低卡路里、低碳水化合物、矿泉水、素食等健康食物，而且这些食物和常规食物一样诱人（图1－4）。最好的一点是，除了特殊餐厅外，邮轮上的菜单上没有标注价格，因为用餐费用都已经包含在邮轮船票里面了。

图1－4　邮轮上的美食

大部分邮轮上还提供无盐食品、低碳水化合物食品、低胆固醇食品、素食和糖尿病患者专用食品等其他特殊食品。了解邮轮上的菜单后，如果有特殊需要，还能提前联系公司并告知要求，公司能为游客安排相应的饮食。

餐厅对于想交朋友的旅客来说是一个好去处。许多有经验的游客愿意和陌生朋友共享一张餐桌，有些终生朋友就是这样结识的。但是邮轮服务人员会考虑到每一位游客的意愿，可以根据游客的特殊需要周到而又礼貌地为游客调换餐桌。

（二）邮轮娱乐

除了美食外，邮轮上最主要的体验就是娱乐活动。邮轮上的休闲娱乐设施可谓多种多样，保证每位客人都能找到适合自己的娱乐方式。邮轮上一般都有一个能容纳几百人的大剧场，每晚都有不同的节目上演，由专业的表演团体表演音乐剧、时装秀、魔术秀、经典歌剧等（图1－5）。

邮轮上还有几个酒吧乐队现场演唱，并有专人组织游客做游戏。大部分的邮轮上至少设有一个游泳池和日光浴场。取一杯饮料安静地在这里沐浴阳光似乎是不错的享受。对于想要购物消费的人来说，船上也设有商店，而对于那些爱好运动的游客而言，体育设施、健身中心和户外运动似乎才是他们最想要的。另外邮轮在公海上航行时还开放赌场。总之，力求为每位游客提供最称心的服务。

沿途停靠港口的时候，精彩的陆上旅程也就随之展开了。游客可以选择独自探索美景或者选择在导游的带领下游览岸上风光。游客既可以游览古代遗迹，也可以前往商场购物。如果时间允许，还能学捉鱼、航海、潜水。

图 1－5　邮轮上的娱乐表演

四、针对中国客人的邮轮产品

近年来，随着国人消费能力的提高，消费品位的提升，乘坐邮轮度假休闲已经成为一种时尚，而且可选择的产品越来越多。既有以中国港口为母港的日韩航线、香港越南及台湾航线，也有以东南亚国家，特别是新加坡为母港的航线。目前，虽然中国游客选择亚洲航线的居多，但是越来越多的人开始选择搭乘邮轮周游世界。

（一）国内母港出发邮轮产品

近年来，运营以我国沿海港口出发的邮轮主要有歌诗达邮轮公司的“经典”号、“维多利亚”号、“大西洋”号邮轮，皇家加勒比邮轮公司的“海洋神话”号、“海洋航行者”号、“海洋水手”号邮轮，丽星邮轮公司的“宝瓶星”号、“双子星”号等国际邮轮，也有少数本土邮轮推出的航线，如 2013 年投入运营的海航集团的“海娜”号邮轮。

目前我国一般公司员工每年享有超过 115 天的假期，包括 104 个周末和 11 天的节日假期，以及 5 ~ 15 天的带薪年假。对于学生和老师来说，每个夏季和冬季更能额外享受长达 3 个月的假期。而我国放假时间的不连续性决定了我国邮轮游客的邮轮假期选择多以短线为主，因而歌诗达、皇家加勒比等邮轮公司在我国开设的邮轮母港航线多为 7 天以内的短途航线。以 2013 年为例，主要代表航线如表 1 －8 所示。

表 1-8 2013 年我国邮轮母港主要运营邮轮航线

航行区域	代表航线	母港邮轮	时间
日韩航线	上海—釜山—上海	"双子星"号	5天4晚
	上海—济州岛—釜山—上海	"大西洋"号	5天4晚
	上海—济州岛—仁川/首尔—上海	"大西洋"号	6天5晚
	上海—济州岛—上海	"海洋水手"号	4天3晚
	上海—济州岛—香港	"海洋水手"号	5天4晚
	上海—济州岛—釜山—上海	"海洋水手"号	6天5晚
	上海—济州岛—丽水—上海	"海洋水手"号	5天4晚
	天津—釜山—天津	"海洋航行者"号	5天4晚
	天津—仁川—天津	"海洋航行者"号	5天4晚
	天津—济州—首尔/仁川—天津	"海洋航行者"号	7天6晚
	天津—釜山—丽水—天津	"海洋航行者"号	6天5晚
	上海—济州—上海	"海娜"号	5天4晚
	天津—济州—天津	"海娜"号	5天4晚
东南亚航线	三亚—下龙湾—岘港—三亚	"双子星"号	4天3晚
	三亚—岘港—三亚	"双子星"号	3天2晚
	三亚—下龙湾—三亚	"双子星"号	3天2晚
	厦门—澎湖—高雄—香港—厦门	"双子星"号	6天5晚
	上海—基隆/台北—台中—上海	"大西洋"号	6天5晚
	上海—基隆/台北—花莲—高雄—台中—上海	"维多利亚"号	8天7晚
	上海—台中—基隆—花莲—上海	"海娜"号	7天6晚
	上海—台中—基隆—上海	"双子星"号	6天5晚
	上海—基隆/台北—台中—高雄—上海	"宝瓶星"号	7天6晚
	香港—马尼拉—长滩岛	"宝瓶星"号	5天4晚
	香港—马尼拉—长滩岛—沙巴	"宝瓶星"号	7天6晚
	香港—胡志明市—新加坡	"海洋水手"号	6天5晚
日韩+东南亚航线	天津—长崎—福冈—冲绳—香港—胡志明—曼谷—新加坡	"海洋航行者"号	17天16晚

资料来源：根据邮轮公司发布的 2013 年航线计划整理

此外，有些邮轮公司还推出了长途航线以迎合有着环游世界愿望的中国游客，如歌诗达邮轮公司推出了 2014 年 3 月上海出发的 83 天"中国人专属的环球航行"航线。

（二）国外出发的邮轮产品

由于我国东北亚航线的季节限制以及东南亚航线的区域条件限制，加上我国游客邮轮旅游意识的增强，越来越多的国内游客选择了先出境，到达国外港口乘坐邮轮的旅游方式，或称长线邮轮"Fly Cruise"。邮轮旅游目的地主要以欧洲的地中海、北美的加勒比海、东南亚等地区为主，如表 1 -9 所示。各地区的航线和景点见第二章的介绍。

表 1 -9　2013 年国外出发的邮轮航线产品列举

航行区域	代表航线	母港邮轮	时间
东南亚航线	新加坡—槟城—普吉岛—新加坡	“处女星”号	6 天 5 晚
	新加坡—普吉岛—兰卡威—新加坡	“维多利亚”号	5 天 4 晚
	新加坡—马六甲—槟城—新加坡	“维多利亚”号	6 天 4 晚
	新加坡—关丹—苏梅岛—新加坡	“维多利亚”号	5 天 4 晚
	新加坡—巴生港—槟城—普吉岛—新加坡	“海洋水手”号	8 天 6 晚
	新加坡—巴生港—普吉岛—新加坡	“海洋水手”号	6 天 4 晚
	新加坡—吉隆坡—普吉岛—新加坡	“海洋水手”号	5 天 4 晚
欧洲航线	热那亚—那不勒斯—梅西纳—突尼西亚—巴塞罗那—马赛—热那亚	地中海“珍爱”号	11 天 9 晚
	威尼斯—巴里—卡塔科隆—圣托里尼—雅典—科孚—杜布罗夫尼克—威尼斯	地中海“幻想曲”号	11 天 9 晚
	罗马—西西里岛—雅典—库萨达斯—克里特岛—罗马	“海洋领航者”号	11 天 9 晚
	巴塞罗那—马赛—尼斯—佛罗伦萨—罗马—那不勒斯—巴塞罗那	“海洋自主”号	10 天 8 晚
美洲航线	布法罗—华盛顿—纽约—迈阿密—巴哈马—圣汤姆斯—圣马丁	“海洋魅丽”号	16 天
	纽约—费城—华盛顿—迈阿密—西加勒比海	“海洋绿洲”号	13 天
	美国—海地—牙买加—墨西哥	“海洋绿洲”号	15 天
	迈阿密—海地—牙买加—墨西哥—洛杉矶—拉斯维加斯	“海洋魅丽”号	15 天

资料来源：根据途牛旅游网网站资料整理．http：//www. tuniu. com/

第二章

邮轮航线及港口

目前，世界邮轮航线分布比较集中，加勒比海（Caribean Sea）、百慕大（Bermuda）地区占27%，地中海（Mediterranean Sea）和欧洲（Europe）占21%，夏威夷（Hawaii）、美国西海岸、加拿大（Canada）占18%，阿拉斯加（Alaska）占12%，北欧航线占7%，东南亚、大洋洲占10%，其他航线占5%，如图2－1所示。

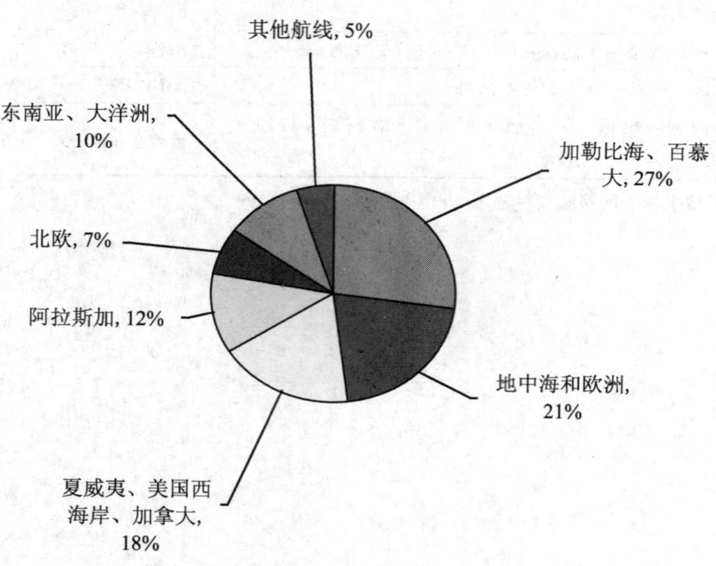

图2－1　世界主要邮轮航线区域分布图

图 2－2　世界主要航线区域分布情况

由图 2－2 可知，欧洲、北美集中了世界近一半的邮轮航线，是世界邮轮产业的主要市场。

第一节　美洲邮轮航线及港口

一、北美洲航线

该区域航线可分为阿拉斯加海域（占全球邮轮市场 10%）、美东加拿大海域（占全球邮轮市场 3%）、墨西哥太平洋海岸（占全球邮轮市场 2%）、巴拿马运河航域（占全球邮轮市场 2%）、加勒比海航线（占全球邮轮市场 51%）5 个区块。

（一）阿拉斯加航线

阿拉斯加州位于北美洲西北角，是美国最大的州，面积 153.07 万平方千米。三面临海，西临白令（Bering）海峡、白令海，与西伯利亚相望（图 2－3）。

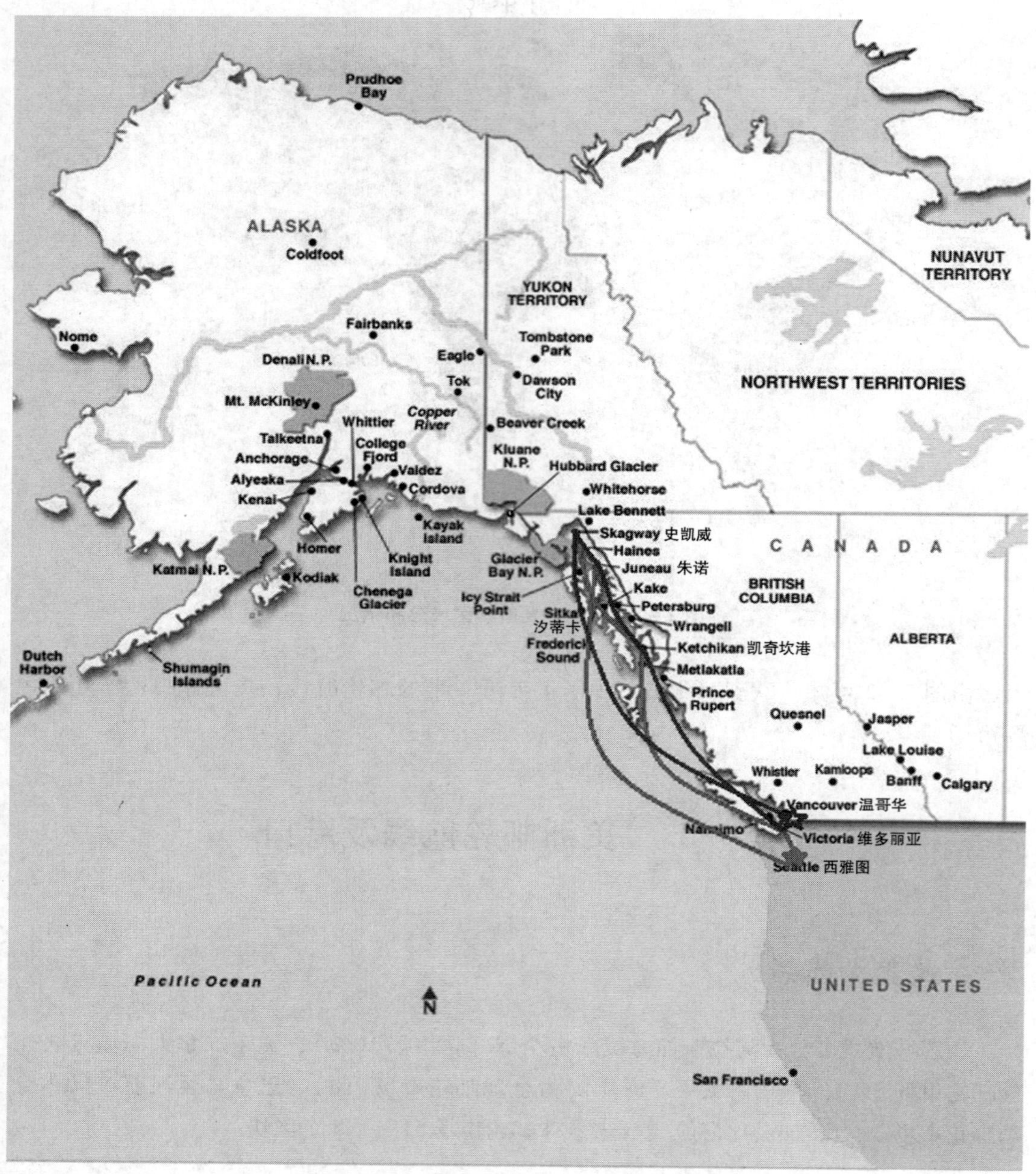

图 2-3 阿拉斯加邮轮区域及经典航线示意图

资料来源：vacations to go 网站

阿拉斯加原始居民为印第安人和因纽特人，据说他们是从北极经白令陆桥迁移到此。阿拉斯加山脉将阿拉斯加湾的曲线清晰地勾勒出来，也形成了阿拉斯加中南区的外观。阿拉斯加州一半以上的居民都居住在此，这里有冰川、峡湾、路旁湖泊、平静的海滩和孕育鲑鱼的河川，一年四季，美不胜收。这里有大片的农田、钓鱼区、国家公园、滑雪胜地和国际都市安克雷奇。

阿拉斯加邮轮旅游适合的季节：在白令地区，每年 5 月 10 日太阳升起后，在随后的 3 个月里将不再落下；每年 11 月 18 日之后，当地居民将有 2 个多月看不见太阳冉冉升起。所以每年的 5 ~9 月是阿拉斯加邮轮旅游最适合的季节，也是观看野生动物的好时机，狼、麋鹿、海豹、海象、北极熊等只能在电视上看到的动物，这时都结束冬眠、活生生地呈现在游客面前。

在阿拉斯加邮轮旅行中，游客可以亲身体验冰川、巍峨山岭、古代森林的壮丽景致，以及观赏数之不尽的野生动物。旅途中，邮轮航游于壮观的哈伯（Hubbard）冰川及梭亚（Sawyer）冰川，穿越内湾航道（Inside Passage），并造访多个阿拉斯加历史港口，如史凯威（Skagway）、朱诺（Juneau）、汐蒂卡（Sitka）及科奇坎（Ketchikan）①。

阿拉斯加主要有如下两条邮轮旅游航线：

1. 内湾航线（Inside Passage）

内湾航线通常是从加拿大英属哥伦比亚省的温哥华或者美国华盛顿州的西雅图开始，向北穿梭于狭长的海峡内湾（Inside Passage）之间，经过森林密布的岛群来到返程点史凯威（Skagway）附近，然后邮轮再向南驶回温哥华或西雅图。航程中常见的停靠港口城镇如下：

（1）西雅图（Seattle）

美国华盛顿州的西雅图市是美国太平洋沿岸西北部最大的城市，位于华盛顿州普吉特海湾和华盛顿湖之间，距美国与加拿大的边境约 180 千米。西雅图是典型的海洋性气候，多雨湿润，所以，它有时也被称为“雨城”；它的正式昵称为“翡翠之城”；这里是波音飞机的故乡，也被叫作“飞机城”；由于是海洋性气候，西雅图的气候温和，冬天不太冷，夏天不太热。西雅图的气候和气温与附近的加拿大最大城市之一温哥华差不多。空气十分湿润、清新、洁净。

西雅图建于 1869 年，是美国太平洋西北部商业、文化和高科技的中心，也是贯穿太平洋及欧洲斯堪的纳维亚半岛的主要旅游及贸易港口城市。

北美大陆桥桥头堡之一的西雅图港有两个邮轮码头：贝尔大街邮轮码头、30 号邮轮

① 环世邮轮网，http：//www.66cruises.com/destination_ Alaska_ intro.asp

码头。贝尔大街邮轮码头有5200平方米的双层停靠码头，南北长488米，东西长122米；30号邮轮码头长610米，有2个邮轮泊位。挪威邮轮、加勒比邮轮、精英邮轮以贝尔大街邮轮码头为始发码头；荷美邮轮、公主邮轮以30号邮轮码头为始发码头。两个码头的交通都十分便捷。

（2）维多利亚（Victoria）

维多利亚散发着18世纪的经典与魅力，五颜六色的鲜花随处可见，芬香飘逸。维多利亚市是加拿大不列颠哥伦比亚（British Columbia）的省会，维多利亚市位于加拿大西南的温哥华岛的南端，地处北纬48°25′，西经123°22′，是温哥华岛上最大的城市和不冻港。维多利亚市气候温和，属海洋性气候。1月气温4℃～5℃，一年霜冻期只有20天，雨季为冬季。维多利亚市秀美宁静，素有“花园城市”之称，人口有32万人，维多利亚市以英国19世纪维多利亚女王的名字命名，三面环海，北面和西面由于冰河作用形成的悬崖、暗礁和潟湖构成了海岸线的一部分，其余的海岸则是被海湾分隔成片段的鹅卵石海滩和沙滩。

（3）温哥华（Vancouver）

温哥华位于加拿大不列颠哥伦比亚省（British Columbia）南端，是一座美丽的城市。温哥华三面环山，一面傍海，虽处于和中国黑龙江省相近的高纬度，但南面受太平洋季风和暖流影响，东北部有纵贯北美洲大陆的落基山脉作为屏障，终年气候温和、湿润，环境宜人，多次被评选为全球最宜居城市，是加拿大著名的旅游胜地。温哥华是加拿大仅次于多伦多、蒙特利尔的第三大城市，也是加拿大西部最大的工商、金融、科技和文化中心。

温哥华与加拿大其他地区不同，夏季温度在20℃左右，而冬季也很少低于0℃。温哥华给人印象最深的是覆盖冰川的山脚下是众岛点缀的海湾，绿树成荫，风景如画，是一个富裕的绿色住宅城市、世界著名的旅游城市。温哥华沿海岸线而筑的街道极富特色，走在其中，感觉清爽放松。温哥华空气新鲜，其卓越的生活品质令人称叹，盛行帆船、垂钓、远足运动、滑雪。温哥华四周尽是自然景致。乘车由市区出发，只需30分钟，便可看见广阔的大平原。要想置身繁华大街又想亲近大自然的话，温哥华便是一个不可不去的好地方。

温哥华邮轮港口是世界著名的邮轮港口之一，是温哥华至阿拉斯加航线的邮轮母港，每年接待邮轮300艘次，接待游客100万人次。温哥华邮轮港口也是提供阿拉斯加之旅邮轮航线最多的港口，有2个邮轮码头，距机场仅有30分钟车程。

（4）凯奇坎（Ketchikan）

凯奇坎是阿拉斯加最东南的城市，是邮轮进入阿拉斯加的第一站。“凯奇坎”在印第安语里是“展翅之鹰”的意思。凯奇坎依山傍海，民宅五颜六色，所以这里充满了鲜艳的色彩。凯奇坎小城的两大支柱产业是旅游业和三文鱼，也称为鲑鱼养殖业，所以小城享有“世界鲑鱼之都”的美称；此外，这里还有世界上最多的图腾柱。

凯奇坎拥有诸多的原住民历史遗迹。您可以登岸徒步前往溪街，这个风景如画的港口有一个建在高脚柱上的滨海区。著名的溪街就是昔日的红灯区，如今已重新整修成一间间独具特色的商店街。另外，不可错过的就是图腾博物馆，在那里可以领略当地印第安文化的异域风情。

（5）汐蒂卡（Sitka）

汐蒂卡原是俄罗斯的一个边境殖民地，也是俄属美洲的首府，带有浓郁的俄罗斯殖民遗风。

（6）朱诺（Juneau）

朱诺是一个仙境般的地方，1880 年因发现金矿兴建，1906 年起为阿拉斯加州首府，是一个优良的不冻港，鱼类加工、采矿、林业等较盛。附近罗伯茨山曾是著名的金矿区。阿拉斯加原本的首府锡特卡因为捕鲸业与兽皮交易业逐渐下滑而没落；相反，朱诺正因为蓬勃发展的金矿开采而逐渐凸显其重要性。朱诺境内曾经一度有三座大型的金矿，产量高居世界第一，因此该州首府正式迁到朱诺。除此之外，在美国本土州的首府里面，朱诺是唯一没有道路与美国其他部分的土地相连的，欲到达朱诺非得靠海空运输不可。今天的朱诺不仅是著名的黄金矿产区，而且是欣赏美丽的冰川和壮丽山脉景色的绝佳目的地。

（7）史凯威（Skagway）

“史凯威”在印第安语中的意思为“风”。漫步在“风之城”中，从码头开始走入市区最热闹的 Broadway Street，沿途皆是展示着 19 世纪时因淘金热潮而兴盛的小镇模样。如同美国西部拓荒时期的木制酒吧门随着人潮进出而左右晃荡，吧台的侍者穿着蓬蓬裙，像煞有其事地端着大啤酒杯走来走去，而门口的马车更适时地发出马蹄声。

史凯威小镇风景很美，头顶蓝天、四周雪山、绿树挺拔、小桥流水，阳光普照很温暖。公园里摆放着当年的淘金器具，叙述着淘金的故事；街上的商店卖的全是旅游商品。小镇汽车不多，唯一的公路只到加拿大。在小镇上漫步非常宁静放松，有时会有时光凝固的感觉，唯有飞机起降的片刻才会打破这片安静。史凯威只有一条街，约百米长。据说现在有居民 1000 多人；想当年，来这里做淘金梦的人们，曾使它成为阿拉斯加最大的城市。那时，在此地聚集了从美国各地来的 2 万多淘金客。

1898 年淘金热的鼎盛时期开始修建铁路，1900 年建成，可惜淘金热头已过，铁路只能停运，直到 1988 年重新启用，成了旅游专用铁路。在这个阿拉斯加内湾巡道最北郊的淘金之城，游客可以在这里享受淘金的乐趣，追随淘金者的脚步，搭乘拥有“世界最美景致”的单轨铁路。在这辆拥有百年历史的火车上，游客沿着当年淘金者冒着生命危险的路线行进，欣赏沿途风光。阿拉斯加向来有着地球的“最后边界线”之美誉。靠近这地球边界线的阿拉斯加内湾的史凯威，守卫着北方边城山色的美丽，也细说了一段关于阿拉斯加百年前流金挖掘的过往历史。

（8）冰河湾航线（Glacier Bay）

阿拉斯加冰河湾是造访阿拉斯加州不可错过的“大自然最伟大的奇景”。整个冰河湾国家公园包含了 12 条冰河。整个冰河湾最北缘，即是所谓的大太平洋冰河（Grand Pacific Glacier），曾经一度占据整个海湾。如今它从 1794 年温哥华船长观察到的位置，已后退了 80 千米到现在的位置。从近乎垂直的冰崖崩裂下来的冰河，点缀在冰河湾上，天气好的时候每每受到阳光的照拂，形成了海上晶莹而狰狞的冰雕。现在，它是阿拉斯加州东南方最生动、最震撼人心的自然景观。自然学家约翰·缪尔（John Muir）就曾对冰河湾国家公园做过这样的描述，他说：“像一幅覆盖着无边无际的冰的画，画里面的冰，有股难以言喻的纯净和壮丽。”

2. 阿拉斯加海湾航线

乘坐邮轮进一步深入阿拉斯加海湾，不仅能看到内湾航道常年翠绿的岛屿和迷人的峡湾风光，而且能沿着阿拉斯加深入探寻这世界上最遥远、最崎岖的海岸线。驶往哈伯冰河的船只会越过冰河湾经冰峡驶入阿拉斯加海湾。这是一条世界上最壮观的海岸线。在威廉王子湾能看到更多的冰河，其中学院冰河是整个阿拉斯加海湾邮轮航线中的亮点。

（二）美东加拿大航线

美加东北部的航行季节，从每年晚春开始到秋季结束，其中以 9 月、10 月的秋季观赏枫叶之旅最受欢迎。美加东北部邮轮航线最常停靠点如下：

1. 纽约（New York）

纽约是整个美国的金融经济中心、最大城市、港口和人口最多的城市，在四个传统“全球城市”中位居首位，高于伦敦。它的一举一动无时无刻不影响着世界。作为全世界最大的都会区之一——纽约都会区的核心，在 100 多年间，纽约在商业和金融方面发挥了极为重要的全球影响力，它左右着全球的媒体、政治、教育、娱乐与时尚界，联合国总部也位于该市。位于曼哈顿下城的华尔街，自第二次世界大战后主导了全球的国际金融，纽约证券交易所亦位于此地。

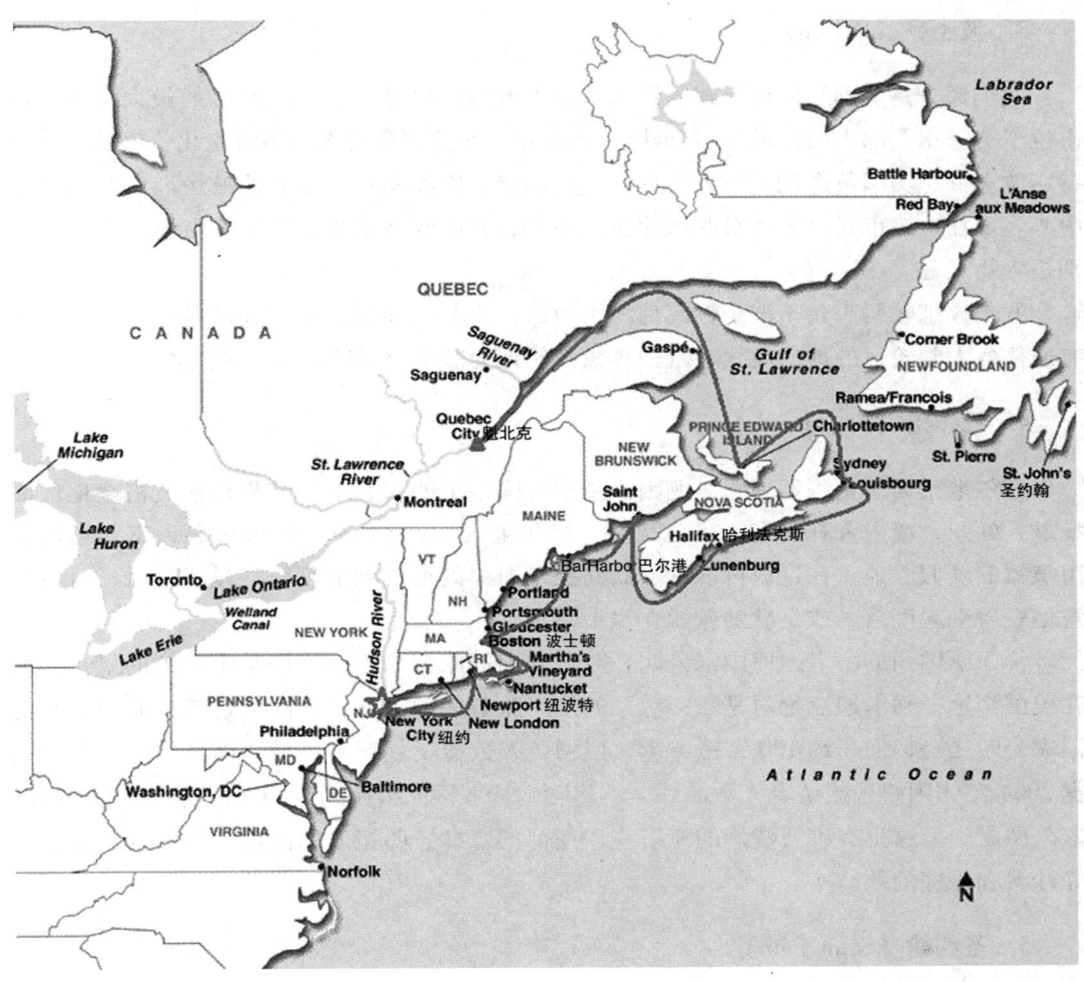

图 2－4　美东加拿大邮轮区域及经典航线示意图

资料来源：vacations to go 网站

2. 纽波特港/新港（Newport）

纽波特港位于罗得岛州，拥有美国最豪华的宅邸群聚。罗得岛州，全名罗得岛与普洛威顿斯庄园州（The State of Rhode Island and Providence Plantations）。它是美国最小的一个州，也是美国州名最长的一个州。新港（Newport）地处新英格兰地区最南端，在伸进大西洋的一条半岛的尽头，属于罗得岛州（Rhode Island）的一座小城市。

3. 波士顿（Boston）

波士顿，是美国马萨诸塞州的首府和最大城市，也是新英格兰地区的最大城市。该市位于美国东北部大西洋沿岸，创建于1630年，是美国最古老、最有文化价值的城市之一。波士顿是美国革命期间重要事件的发生地点，曾经是一个重要的航运港口和制造业中心。现在，该市是高等教育和医疗保健中心，它的经济基础是科研、金融与技术，特别是生物工程。

波士顿邮轮码头建于波士顿南部滨水地区，为北美地区最受欢迎的码头之一。码头有通往各大邮轮目的地的航线，且被多数邮轮评为航线上最值得停靠的邮轮码头。

4. 巴尔港（Bar Harbor）

巴尔港隶属于美国缅因州。缅因州位于美国本土的东北端，该州是新英格兰地区面积最大的州，境内森林密布，景色优美。巴尔港（Bar Harbor）是许多名人富翁远离城市喧嚣的度假胜地，在这里可以欣赏矗立在东海岸的最古老的灯塔。漫步沙滩，可以惬意地观看潮起潮落，或是欣赏蓝鲸在水中嬉戏。

位于缅因州的阿卡迪亚国家公园，对于外国的旅客来说，或许是个新鲜的景点；但在美国当地，阿卡迪亚绝对是数一数二的热门旅游休闲去处。它虽然是美国面积最小的国家公园之一，面积约190万平方米，但到访人数却屡创新高。美国国家公园管理局根据2004年休闲娱乐旅游者人数品评，就将阿卡迪亚国家公园列为十大最受欢迎的美国国家公园之一。这里有礁石嶙峋的海岸线、苍郁的森林、明镜般的湖泊、高耸的山脉、贝壳沙滩和深邃的峡湾。

5. 圣约翰（Saint John）

圣约翰隶属于加拿大新不伦瑞克省，是加拿大东岸沿海省份的两个主要城市之一，位于圣约翰·芬迪湾。芬迪湾国家公园在加拿大是面积不算大的国家公园。可是，由于它的奇特性，成为加拿大和世界知名度很高的景点之一。在联合国教科文组织评选的“世界七大自然奇观”中，加拿大的芬迪湾也是候选地之一。

芬迪湾位于加拿大新伯伦瑞克省和新斯科舍省之间，呈东北—西南走向。由于沿岸的独特地形（有些类似浙江的钱塘江口，当然大得多），潮水可上涨21米，是世界上潮位最高、潮差最大的海湾。每日有1000亿吨海水流入、流出。这是一处进行潮汐发电很理想的场所。海湾在东北端分为两汊，形成北部的希格内克托湾（Chignecto Bay）和南部的米纳斯湾（Minas Basin）。潮退的时候，流出海峡的潮水呈红色，显示海水对沿岸红色砂岩和页岩露头的溶蚀作用。

6. **哈利法克斯**（Halifax）

哈利法克斯市是加拿大新斯科细亚省的首府，是该地区的经济及文化中心，位于新斯科舍半岛东南岸中部，战略位置重要，有“北方卫士”之称。布雷顿角岛富有浓厚的苏格兰色彩，岛上有着号称全世界最美丽的卡波特径（the Cabot Trail），沿途富有变化的海岸线和高原美景，令人赞叹不绝。

新斯科细亚省的面积只有55491平方千米，是加拿大第二小的省份。它是加拿大东部四个滨海省份中人口最多的一个省，为北大西洋地区渔业产量规模最大的地区之一，沿海盛产大龙虾、鳕鱼和扇贝类海鲜；这里还是有名的赏鲸地。这里的旅游业发达，号称“加拿大的海洋游乐场”，在此可以欣赏壮阔的大海、高耸的悬崖峭壁、淳朴的滨海古城镇、宁静的海滩、优美的海湾以及迷人的村庄。新斯科细亚（Nova Scotia）原为拉丁语“新苏格兰”的意思，由新斯科细亚省半岛和布雷顿角岛（Cape Breton Island）组成。它是早期欧洲移民至加拿大的登陆点，也是历史上英法殖民者利益争夺的焦点地之一。至今这里的苏格兰风格仍处处可见。

7. **魁北克**（Quebec）

魁北克市位于加拿大魁北克省，具有早期北美法属殖民地遗风。魁北克港位于圣罗伦斯河旁，有两个专用邮轮泊位，长度共为530米，进出魁北克邮轮港的游客目前接近10万人次。游客乘邮轮沿着美丽的河流可领略冰河峡湾的壮丽风景，每年5月初到11月中旬，是赏鲸的最佳时机。

（三）墨西哥太平洋海岸航线

在墨西哥太平洋海岸的邮轮航线中，有两条线路最具有代表性。①从洛杉矶（Los Angeles）或圣地亚哥（San Diego）出发至墨西哥恩瑟纳达（Ensenada），途中有时会停在圣卡塔利娜（Santa Catalina）或圣巴巴拉（Santa Barbara）（图2-5）。这条航线全年开放，经常被称作初次邮轮旅游者的“样本”。②从洛杉矶或圣地亚哥之间运送游客，主要经过圣卢卡斯角（San Lucas Cape）、马萨特兰（Mazatlan）、巴亚尔塔港（Puerto Vallarta）等港口，该航程需7~8天。该航线经常向阿拉斯加地区或巴拿马运河地区拓展，形成10天以上的航程。该区域主要邮轮港口及景点城市如下：

1. **洛杉矶**（Los Angeles）

洛杉矶邮轮港坐落于圣佩德罗湾，距市中心约2千米，为世界上最繁忙、最大的沿海港口之一。邮轮码头有70千米的海岸线，3个泊位分别是91、92、93A/B号泊位，翻

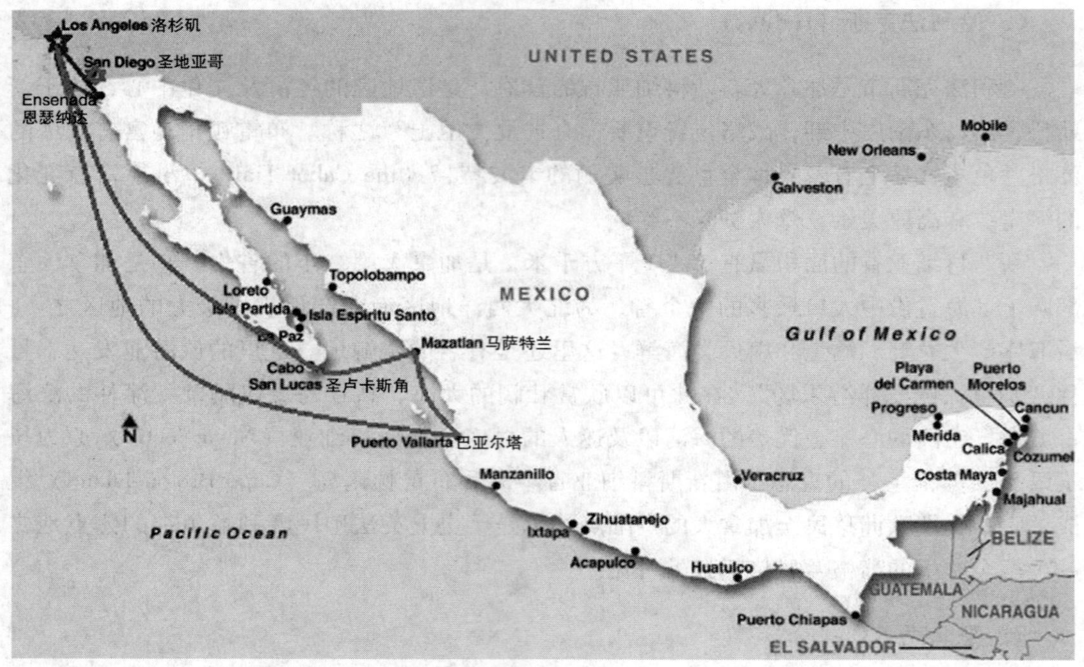

图 2－5　墨西哥太平洋海岸邮轮区域及经典航线示意图

资料来源：vacations to go 网站

新计划将会使其有能力接待超过3000 客位的邮轮船只。洛杉矶港附近设有娱乐设施，如水族馆、海洋博物馆；另外，还有迪士尼乐园、好莱坞、植物农场等。

2. 圣地亚哥（San Diego）

圣地亚哥邮轮码头位于市中心，附近景点颇多。每年接待超过 140 艘次的邮轮，荷美邮轮、精英邮轮以此为邮轮母港。另外，公主邮轮、挪威邮轮、水晶邮轮等也将此作为挂靠港。邮轮加勒比航线、墨西哥航线、夏威夷航线、大溪地航线都以圣地亚哥邮轮码头为节点。

3. 圣卢卡斯角（San Lucas Cape）

圣卢卡斯角是新开发的海滨旅游地，位于墨西哥加利福尼亚半岛最南端。当地人有一种说法，“到了圣卢卡斯角，就到了地球的尽头”。这里拥有可与希腊爱琴海相媲美的小港湾，盛行潜泳运动以及深海捕鱼等水上活动。当地有两处不得不看的大自然塑造的奇景，一处是有“太平洋之门”之称的圣卢卡斯角石拱，另一处是圣卢卡斯角爱情滩。

4. **马萨特兰**（Mazatlan）

马萨特兰是墨西哥西部太平洋沿岸的最大港口和游览胜地，位于锡那罗亚州西南奥拉斯阿尔塔斯湾的半岛上。主要输出金属矿石、皮革、烟草、龙舌兰纤维和海虾。城市沿半岛伸展，气候夏热冬暖，尤以优美的沙滩著称，为冬季休养胜地。此地为游客提供购物及各式民俗表演等活动，特别是钓鱼爱好者的好去处。

5. **巴亚尔塔港/瓦拉塔港**（Puerto Vallartaa）

巴亚尔塔港/瓦拉塔港是墨西哥哈利斯科州太平洋沿岸的一座旅游城市，此地绵延着未被破坏的原始海滩，具有产品丰富多样的传统市场等。

（四）巴拿马运河航线

该航域有两条经典航线：一条是阿鲁巴—安的列斯群岛—巴拿马航线，从劳德岱尔港出发经过巴哈马的半月礁、阿鲁巴、安的列斯群岛后在巴拿马运河进行巡游和观光，之后停靠哥斯达黎加的利蒙港后回到劳德岱尔港，该航程需 11 天左右。另一条航线是两组单程航线，一组是从劳德岱尔港出发（有时从旧金山或迈阿密出发），经过哥伦比亚，巴拿马运河巡游参观、哥斯达黎加、危地马拉、墨西哥等国家后抵达圣地亚哥或洛杉矶；一组是从洛杉矶出发，经过几乎同样的港口抵达劳德岱尔港，该航线历时 16 天左右（图 2－6 和图 2－7）。

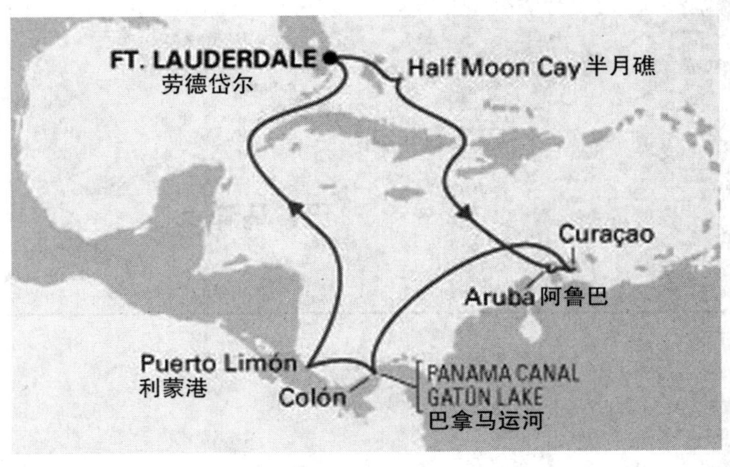

图 2－6　巴拿马运河代表邮轮航线图（1）

资料来源：根据邮轮假期网站资料整理. http：//www. youlunlife. com/

图 2－7　巴拿马运河代表邮轮航线图（2）

资料来源：根据邮轮假期网站资料整理. http：//www. youlunlife. com/

此外，邮轮公司经常将巴拿马运河航线与中南美、大溪地、南太平洋等航线编排在一起，形成 30～120 天不等的长线产品。

旅游业是巴拿马重要经济支柱之一，巴拿马运河、美洲大桥、国际金融中心以及被誉为“珍珠宝岛”的孔塔多拉，都是享誉国际的旅游胜地（图 2－8）。

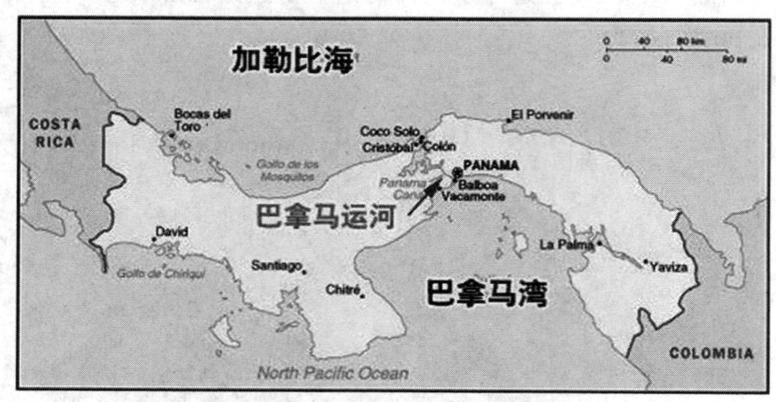

图 2－8　巴拿马运河位置示意图

资料来源：Google 地图

巴拿马运河（英语：Panama Canal；西班牙语：Canal de Panama）位于中美洲的巴拿马，横穿巴拿马地峡，连接太平洋和大西洋，是重要的航运要道，被誉为“世界七大工程奇迹”之一和“世界桥梁”，是世界上最具有战略意义的两条人工水道之一（另一条为苏伊士运河）。巴拿马运河由巴拿马共和国拥有和管理，属于水闸式运河。其长度从一侧的海岸线到另一侧海岸线约为 65 千米，而由大西洋（更确切地讲是加勒比海）的深水处至太平洋的深水处约 82 千米，宽的地方达 304 米，最窄的地方也有 152 米。从运河中线分别向两侧延伸 16.09 千米所包括的地带，为巴拿马运河区，总面积为 1432 平方千米。巴拿马运河主要有运河、水闸、防波堤、美洲大桥等景点。

巴拿马城（Panama City）是巴拿马的首都，也是巴拿马的政治、行政及文化中心。巴拿马城位于巴拿马运河太平洋端的入口，人口超过 80 万，都市圈有 120 万人口居住，十分繁华。巴拿马城分古城、老城和新城三部分。濒临巴拿马湾，背靠安康山谷，巴拿马运河从城市边缘缓缓流过，是一座临海靠山、风景如画的海口城市。主要景点有古城、老城、新城、国立博物馆、法兰西广场等景点。

（五）加勒比海航线

加勒比海是世界上最大的内海，也是沿岸国最多的大海。在全世界 50 多个海中，沿岸国达两位数的，只有地中海和加勒比海。地中海有 17 个沿岸国，而加勒比海有 20 多个。加勒比海湾有浓密的红树林，沿海地带有椰树林，各岛普遍生长仙人掌和雨林，珍禽异兽种类繁多。明媚的阳光及旅游区，已使该地区成为世界主要的冬季度假胜地。

加勒比海沿岸平原属热带雨林气候，年平均气温 23℃ ~26℃。山地属亚热带森林气候，年平均气温 16℃ ~19℃。列斯群岛地区，各岛北部和东部属热带雨林气候，南部和西部属热带草原气候，年平均气温在 25℃ ~26℃。加勒比气候温和，风景美丽，全年适合邮轮航行。

加勒比海邮轮航线是世界上最繁忙的航线，该地区堪称世界首选的邮轮旅游胜地。该地区包括四条邮轮旅游航线：东加勒比海航线、西加勒比海航线、南加勒比海航线以及巴哈马群岛邮轮航线。四条航线为邮轮游客提供了多样化的航行选择，这也是该地区深受邮轮游客欢迎的原因之一。其多样性同时影响了该航域邮轮游客的结构，加勒比海地区接待不同年龄和阶层的各类游客。

1. 东加勒比海航线

该航线通常以佛罗里达州迈阿密、劳德岱尔港、卡纳维拉尔港等港口各为起点和终点，途经圣马丁、圣胡安、拉巴地、维京群岛等港口及城市，当地拥有历史悠久的古城和绵延的沙滩，途经的主要港口如下（图 2 -9）：

（1）迈阿密（Miami）

享有“世界邮轮之都”美称的迈阿密拥有邮轮码头 12 个，泊位岸线长度达 2 千米，有近 20 艘邮轮以其作为母港，港口的邮轮年靠泊周转量位居世界第一，拥有完备的码

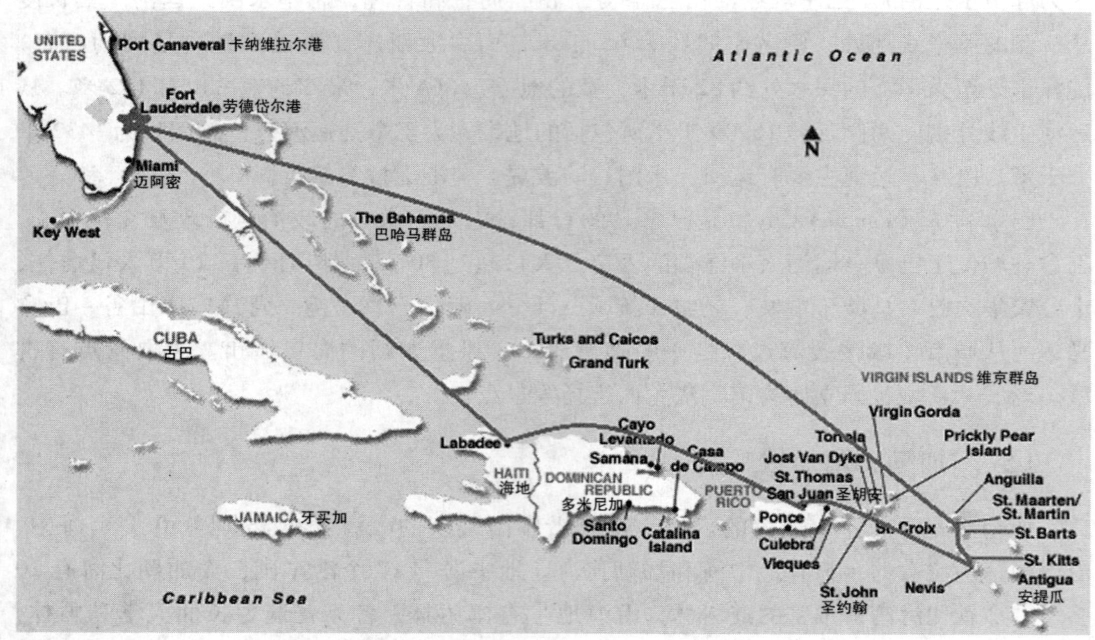

图2-9　东加勒比海邮轮区域及经典航线示意图

资料来源：vacations to go 网站

头配套设施，邮轮码头距机场仅15分钟车程，附近有大型购物中心、宾馆、餐饮区，进关边检程序便捷。自20世纪90年代起，迈阿密便与邮轮公司合作开始建设新码头，如今邮轮码头众多且符合人流、物流个性化的需求。

（2）劳德岱尔港（Fort Lauderdale）

劳德岱尔港码头的地理位置条件良好，距市中心和机场仅十几分钟车程，为世界上第二大繁忙的邮轮港口。430多千米的沿岸线，共有12个邮轮泊位为各大邮轮服务，每年接待300万邮轮游客。例如1号泊位，码头面积达434平方米，主要为New SeaEscape邮轮使用。

（3）圣胡安（San Juan）

圣胡安（西班牙语：San Juan）位于加勒比海大安的列斯群岛东部，是美国自治领地波多黎各的首府和最大城市，是美国管辖的第42大城市。该港是加勒比海地区最繁忙的邮轮码头之一，也是西半球第二大邮轮码头，如今每年有16家公司的700多艘次邮轮到港，拥有140万人次邮轮乘客的接待量。

圣胡安岛位于波多黎各群岛上的波多黎各主岛，是细小但构造完美的热带岛屿。该岛在1500年由西班牙殖民统治。港口圣胡安于1521年建成，是由美国管治的最古老城市。圣胡安岛上的文物扎根于西班牙和英国文化，两者都在当地建筑留下了印记。据当地旅游局表示，游客将“在16世纪的环境中，找到21世纪的便利”。不过，旧式殖民时期的建筑，并不是唯一吸引游客到访圣胡安的原因。

这个小岛包罗的各种景观，样式多得难以置信。即使是阳光充沛的海滩，也要让路给高地热带雨林。岛上除了现代高楼大厦外，还有具有300多年历史的旧城镇和千年古树，以及一大片热带雨林和干旱仙人掌林。

（4）卡纳维拉尔港（Port Canaveral）

卡纳维拉尔邮轮码头是热带地区的门户，也是奥兰多旅游风景区的必经之地。码头交通位置便利，无论是距离奥兰多国际机场还是主题公园、地区酒店都在50分钟车程范围内。另外，港口的引航条件也是世界一流的。

东加勒比航线航行时间通常为7天以上，沿途经过的岛屿有：美属维京群岛、英属维京群岛、圣马丁、安提瓜、瓜德罗普和马提尼克岛以及其他岛屿：如多米尼加、圣卢西亚、圣文森特、格林纳达和圣基茨等。

（5）美属维京群岛（The United States Virgin Islands）

美属维京群岛，为美国“未合并领土”，由圣克鲁斯岛、圣托马斯岛以及圣约翰岛等岛群组成。人口主要分布在圣克鲁斯岛和圣托马斯岛，有12.2万人，其中黑人占80%，白人占15%，其他占5%。居民主要是西印度群岛人，还有美国人和波多黎各人等。英语为官方语言，广泛使用西班牙语和克里奥尔语。居民多信奉基督教、新教。首府为夏洛特·阿马里（Charlotte Amalie），位于圣托马斯岛。

（6）英属维京群岛（The British Virgin Islands）

英属维京群岛的纯净气息和湛蓝海水一直让世界上的富豪和王室贵族趋之若鹜，罗斯沃德小迪克斯湾酒店，理查德·布兰森的私人岛屿力克岛，以及彼得岛，就是这些皇亲贵胄经常光顾的地方。英属维京群岛是英国在加勒比领土的一部分，群岛坐落在加勒比海的东北角，位于美属维京群岛的东北部。富于异国情调的沙滩在整个加勒比地区都是出类拔萃的，而钓鱼、帆船、潜水这些活动在本地更是闻名遐迩。

（7）安提瓜（Antigua）

在西班牙语中，“安提瓜”的意思是“古老的、古代的”，对于这个迷人的热带海岛而言，真是个完美的名字。安提瓜岛位于西印度群岛，15世纪时是西班牙的殖民地，这里绝对是加勒比之旅的必游之地，而且安提瓜也是世界上举办婚礼的最佳地点之一。安提瓜虽然古老，但并未丧失活力，它独特的风景和魅力使得世界各地的游客心向往之。

（8）多米尼加（Dominica）

多米尼加是一座多姿多彩、历史悠久的岛屿。最吸引游人的，当数岛上的历史建筑和可爱人民。这里有太多的地方等着游客去发掘和探索，圣多明各的圣玛丽亚大教堂就是其中之一，而聚集各种海洋生物的水族馆也不容错过。蓬塔卡纳岛和喀巴里特岛的海滩享誉世界。要享受世界一流的潜水，就可以去绍纳岛和卡塔利娜岛。

（9）圣卢西亚岛（St. Lucia）

在加勒比群岛中，圣卢西亚岛是比较小的，游客可以在岛上享受到更加悠闲的时光。和其他岛屿相比，圣卢西亚岛的海岸条件更适合开展帆船、滑翔等水上运动。岛上有近 100 家酒店和度假村，随时欢迎八方游客长期驻留。

（10）格林纳达（Grenada）

格林纳达是一个风景秀丽的岛国。岛上有金色的沙滩、飞流的瀑布以及葱郁的青山，而盛产香料的格林纳达更是有"香料之岛"的美誉。格林纳达环岛有 46 个绝佳的日光浴沙滩，但每年秋季的狂欢节才是游客到访的最大理由。

2. 西加勒比海航线

邮轮经过巴哈马线路上的佛罗里达诸港口，可以快速地进入西部加勒比海地区，偶尔也可以经过休斯顿、加尔维斯顿或者新奥尔良等地（图 2－10）。在某些时段，西加勒比海邮轮航线还包括墨西哥大陆的部分港口。西加勒比航线提供丰富的海岛岸上观光项目，吸引了众多的游客。

该区域的主要航线通常由新奥尔良港和劳德岱尔港开出，分别经过科苏梅尔（墨西哥）、伯利兹城（伯利兹）、罗丹岛（洪都拉斯）、科斯塔玛雅（墨西哥）和拉巴第（海地）、法尔茅斯（牙买加）、乔治城（大开曼）、科苏梅尔（墨西哥）等港口后回到始发港。沿途最常见的港口和景区如下所述：

（1）坎昆（Cancun）

坎昆是墨西哥著名国际旅游城市，位于尤卡坦半岛东北角，加勒比海岸。人口超过 10 万。阳光明媚，海水清澈，沙滩白色细软。年平均气温为 27.5℃，每年仅有雨、旱两季，全年晴天 240 余天，阴雨天不足 50 天。

坎昆市划分为国际机场、市区和旅馆区 3 个部分，属墨西哥的金塔纳罗奥州华雷斯港管理。市区的各行各业都为旅游业服务，市内的旅馆建筑风格多种多样，色彩各异。其中谢拉顿旅馆是一座 6 层楼的金字塔形建筑，因南北会议曾在这里举行而闻名于世。海边有一片长达 20 千米的白色沙滩，铺满了由珊瑚风化而成的细沙，柔如毯、白如玉，被分别命名为"白沙滩"、"珍珠滩"、"海龟滩"和"龙虾滩"。在海滩上还建有以棕榈叶为顶、石为柱的玛雅式凉亭和小屋。岛上还有玛雅文化的圣米盖里托古迹废墟等建筑。此外，在距坎昆 130 千米处还有图伦遗址，据说，这是迄今为止墨西哥保存最好的一座玛雅和托尔特克人的古城。

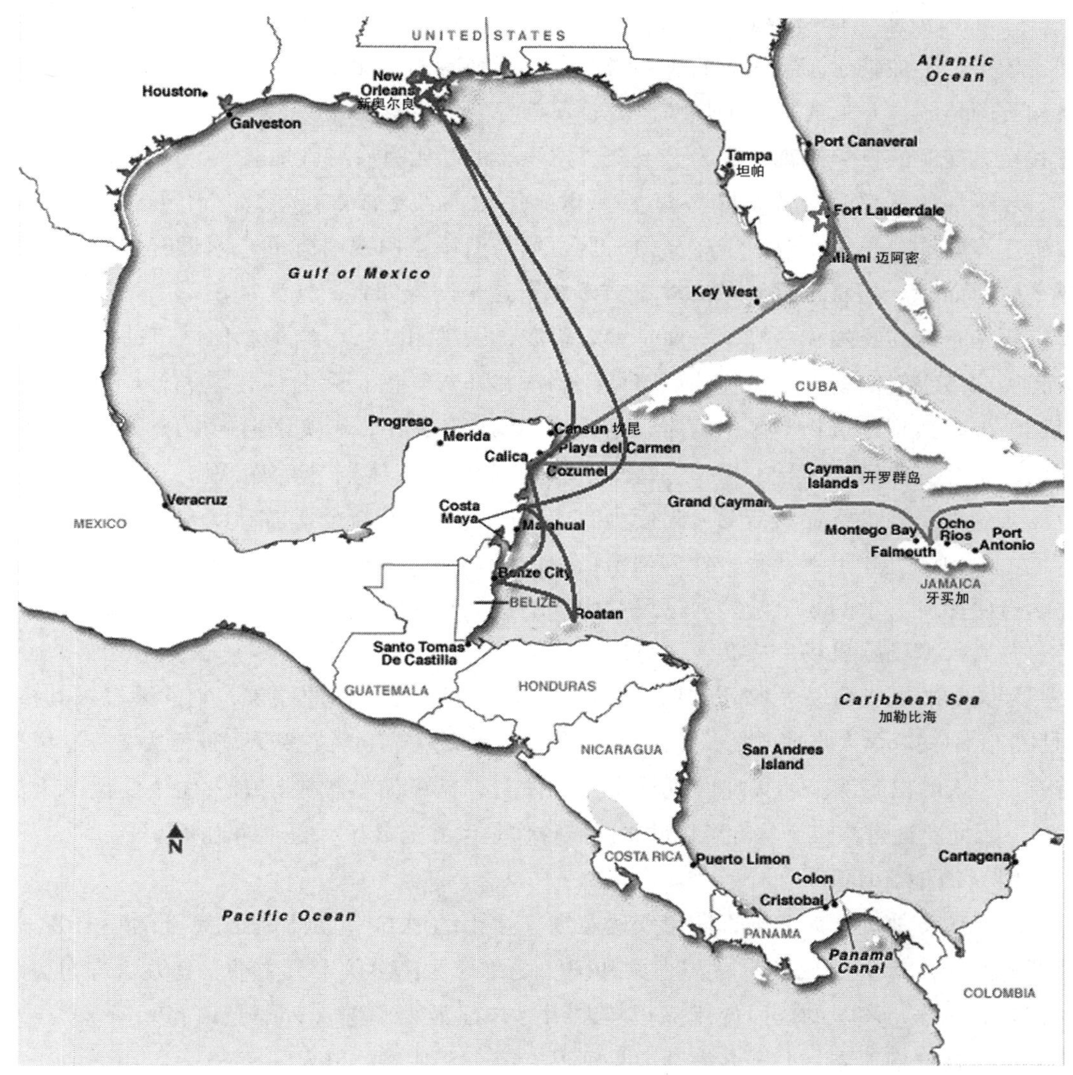

图 2－10 西加勒比海邮轮区域及经典航线示意图

注：线路中未标出港口为海地的拉巴第港口，已在东加勒比航线中分析

资料来源：vacations to go 网站

（2）开曼群岛（Cayman）

开曼群岛（有时也译为凯门群岛）是英国在西印度群岛的一块海外属地，由大开曼、小开曼和开曼布拉克 3 个岛屿组成。开曼群岛是世界第四大离岸金融中心，也是著名的潜水胜地。

（3）牙买加（Jamaica）

牙买加是加勒比海域最大的讲英语国家，其独特的文化融合了非洲色彩、西班牙风格和英国传统，并形成了一个热情洋溢、友善好客的民族。牙买加还以其优越的地理位置和曼妙瑰丽的自然景观，成为海上交通枢纽及加勒比海旅游胜地。

牙买加的首都金斯敦（kingston）是世界第七大天然深水良港，是牙买加金色沙滩旅游疗养胜地。它位于东南岸海湾内岛上、最高山峰兰山西南脚下，附近有肥沃的瓜内亚平原，面积（包括市郊）约500平方千米。这里四季如春，气温常在23℃~29℃。城市三面是苍绿的丘陵和山峰，一面是远海碧波，风景如画，有“加勒比城市的皇后”之美誉。城市空气清新，道路整洁，路旁棕榈树和开着鲜艳花朵的马合树成行。市区除政府机关外，大型建筑物不多，商店、电影院、旅馆等集中在卑支诺斯街中段。

市中心有广场、议会大厦、圣托马斯教堂（1699年建）、博物馆等。北郊有国家体育场，这里经常举行赛马活动。附近为商业中心，被称为新金斯敦。城东端有罗克福德古堡。兰山脚下8千米处有一处大型植物园，热带果树品种齐全。西郊有西印度群岛最高学府西印度大学的6个学院。这里兰山产的优质咖啡，闻名世界。铁路、公路通往全岛，并有大型国际机场，旅游业十分发达。

牙买加的尼格瑞尔海滩能够成为世界十大著名海滩之一的原因是，它的天气极其棒，而且常年不变。令人吃惊的是，牙买加在整个10月飓风季节里不会受到任何影响。这里拥有非常迷人的白海滩。牙买加的夏季海滩上没有拥挤的游客，旅馆的入住率要比冬天低30%，因此更适宜旅行。傍晚可以欣赏到被称作是世界上最壮观的加勒比海落日。

（4）海地（Haiti）

海地位于加勒比海北部，印第安语意为“多山的地方”，是加勒比海上的一个岛国。该国的黑人占95%，因此有“黑人共和国”之称。居民多信奉天主教。官方语言为法语和克里奥尔语，90%的居民使用克里奥尔语。首都为太子港（Port - au - Prince）。1804年1月1日宣告独立，取国名海地，是世界上第一个独立的黑人国家。

太子港既是海地的首都，也是海地最大的城市、西印度群岛的著名良港。城市街道狭窄，港口商业街呈拱式，通往东面广阔练兵场的道路迂回曲折。地势较低的闹市区周围和工厂附近，是一般黑人和工人的住宅区，简陋而又拥挤。在山坡上，被浓密树荫和缤纷鲜花包围的小楼、别墅，舒适考究，是富人的住所。市中心的“独立英雄广场”是首都人民的骄傲。这座广场是为纪念在19世纪初海地人民武装起义中英勇献身的英烈而建，中央有一座高大的独立战争英雄纪念碑，四周花坛内鲜花争艳，绿草如茵。市内主要的建筑和古迹有：国家宫、新大教堂、政府大厦、最高法院、圣安娜教堂、圣何塞教堂、圣弗朗西斯科教堂、圣安东尼奥教堂和圣阿莱霍医院。

3. 南加勒比海航线

与加勒比海其他区域相比，南加勒比海区域的游客较少，主要有两条航线。航线通常起始或折返于波多黎各的圣胡安，一条航线沿途经ABC三岛、特立尼达岛（英属维京群岛）、巴巴多斯岛等岛屿；另一条航线沿途经过特尔托拉、菲利普斯堡（圣马丁）、巴斯特尔（圣基茨）、罗索（多米尼加）、布里奇敦（巴巴多斯）、圣托马斯、圣克罗伊（维京群岛）、圣约翰（安提瓜）、卡斯特里（圣卢西亚）等港口或岛屿。此外，该线路有时还包括南美大陆的部分岛屿，如委内瑞拉的拉瓜伊尔和哥伦比亚的卡塔吉纳等（图2-11）。

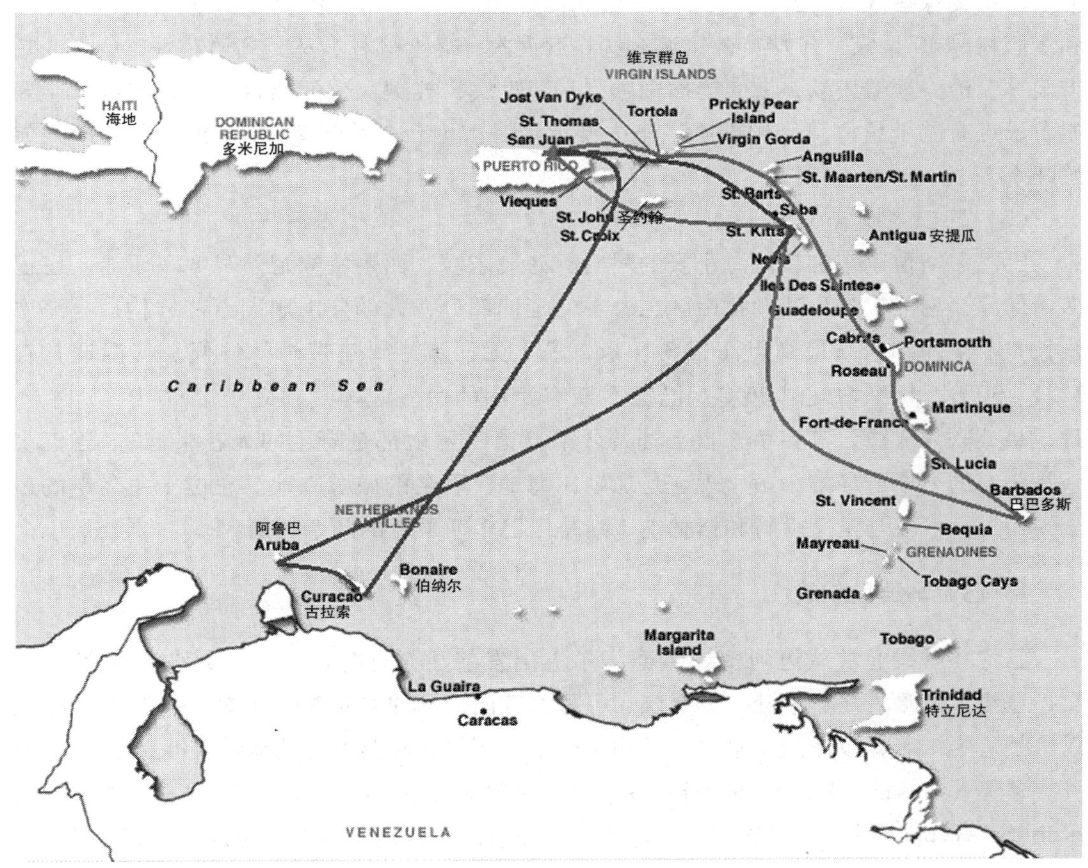

图2-11 南加勒比海航线邮轮区域及经典航线示意图

资料来源：vacations to go 网站

（1）ABC 三岛

ABC 为阿鲁巴、伯纳尔和古拉索三岛的首字母（Aruba、Bonaire、Curacao）组合。阿鲁巴和古拉索拥有风光旖旎的沙滩、赌场以及独具特色的荷兰建筑，伯纳尔岛则是加勒比海地区最大的潜水胜地之一。对于每个到古拉索岛旅游的人来说，水族馆是必去之地。在那里，游客可以和海豚一起畅游，与海狮亲密接触。美丽的火烈鸟也是古拉索岛的一景。

（2）特立尼达岛（Trinidad）

特立尼达岛是铜鼓乐队和凌波舞的发源地，而凌波舞是西印度群岛特有的一种舞蹈。特立尼达岛上的主要景点有：沥青湖（Pitch Lake）、阿萨赖特自然中心（看蜂鸟）、卡洛尼鸟类保护区（看红鸟等）、马拉加斯湾海滩；多巴哥经济以旅游业为主，有旅馆和度假村等 40 余家，年接待外国游客约 6 万人次。岛上椰林丛丛，鸟语花香，中部为热带雨林，沿海沙滩松软，海底为珊瑚礁，水清见底，五颜六色的热带鱼游戏其间。主要旅游景点有鸽子角海滩、珊瑚礁、海中游泳池、古炮台。每年 2～3 月狂欢节期间是旅游旺季。

（3）巴巴多斯（Barbados）

巴巴多斯位于东加勒比海小安的列斯群岛最东端，西距特立尼达岛 322 千米。巴巴多斯岛原是南美大陆科迪勒拉山脉在海中的延伸部分，大部分由珊瑚石灰岩构成。海岸线长 101 千米。全岛最高点海拔 340 米。岛上无河流，属热带雨林气候。气温通常在 22℃～30℃，年平均气温 26℃。巴巴多斯有稳固的民主政体，独立于 1966 年 11 月 30 日，是英联邦成员，其名字来自于葡萄牙语，指"遍地都是野生的无花果树"。巴巴多斯是小安的列斯群岛的一员，现在是加勒比海地区著名的旅游胜地。它位于主岛链的最东端，圣卢西亚与圣文森特和格林纳丁斯是巴巴多斯最近的两个邻国。

4. 巴哈马群岛航线

巴哈马航线通常从迈阿密或劳德岱尔港出发前往，有时也从卡拉维尔港或坦帕起航，途经大巴哈马岛、拿骚、大镫礁、可可湾等巴哈马的主要港口（图 2－12）。其中尤以拿骚最为知名，以产品丰富多样的购物街市、历史名胜及潜水胜地闻名世界。

拿骚（Nassau）是巴哈马的首都和港口。它位于西印度群岛最北部，新普罗维登斯岛东北岸，毗邻天堂岛。气候温和，海滩优美，旧市区有殖民时期古老建筑，为著名的冬季旅游地。市区狭小，建筑群沿拿骚海滩向东、西郊扩展。港口东端辟有海上公园，游客可乘玻璃底游艇，观赏海里的珊瑚和鱼类。南郊辟有现代化蔬菜农场、家禽场和奶牛场。它是国际金融中心之一，聚集了 250 多家外国银行的分支机构。西郊有国际机场。拿骚和天堂岛这一对姊妹岛屿将国际大都会的魅力和热带旖旎风光完美地融于一体。来此消遣度假

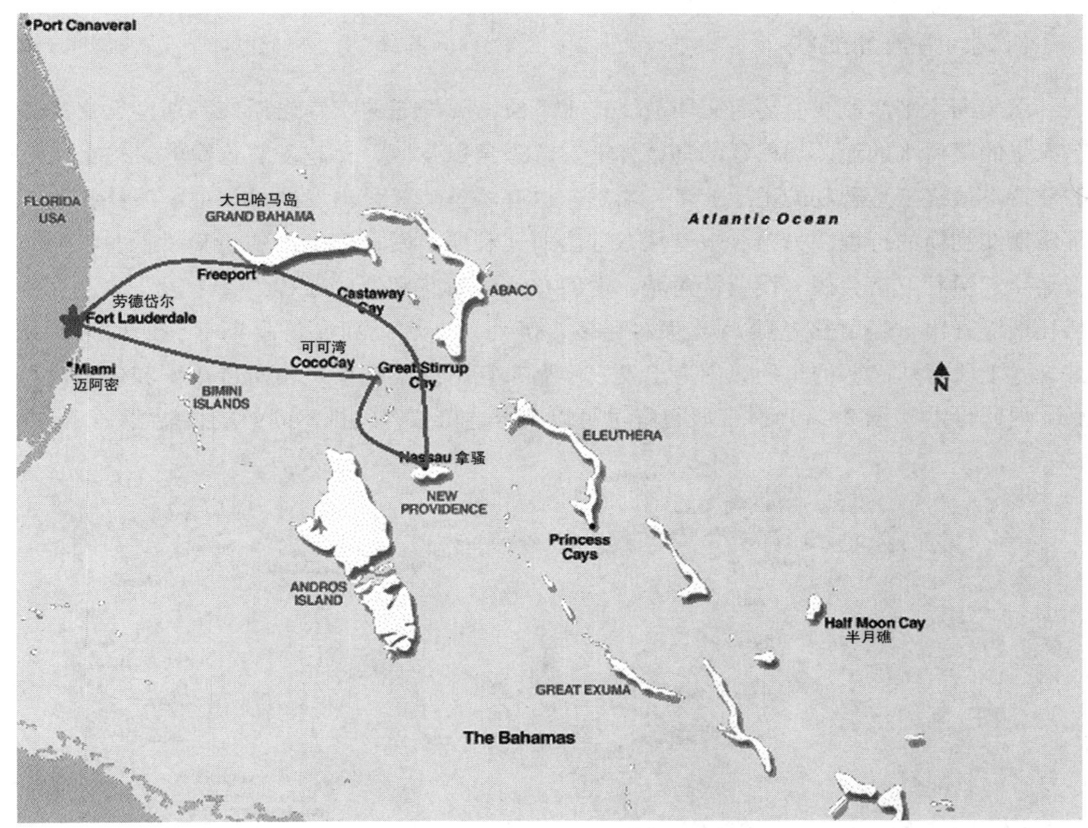

图 2－12　巴哈马群岛邮轮区域及经典航线示意图

资料来源：vacations to go 网站

的游客们，有的尽情地四处观光游玩，有的则什么也不做，只是陶醉在美景之中。

二、中南美洲航线

中南美洲各国自然景观多样，人文景观丰富，主要有以下两条航线。

（一）中美洲航线

中美洲是世界上最主要的生态旅游目的地之一，本航线经常与巴拿马运河或西加勒比海航线相结合推出。航行季节为每年 10 月至次年 4 月。大西洋沿岸典型的航线，从波多黎各的圣胡安或巴西的里约热内卢启航，中途停靠点包括法属圭亚那外海的魔鬼岛，巴西的贝伦、瑞西非和萨尔瓦多等港口城市。亚马孙河航线则沿河逆流而上，经连绵不绝的热带雨林，最终到达玛瑙斯。

（二）南美洲航线

南美洲太平洋航线主要有三段航线：①下段：阿根廷的布宜诺斯艾利斯港开出经由乌拉圭的蒙得维的亚，阿根廷的马德林港、合恩角风景区，穿越麦哲伦海峡，途经智利的蒙特港最终抵达智利的圣地亚哥。当然，也有从圣地亚哥出发经过相似的线路抵达布宜诺斯艾利斯的行程。另外，也有从布宜诺斯艾利斯出发，经巴西的伊哈贝拉、杜斯布济乌斯、伊利亚格兰德、埃斯特角城，返回布宜诺斯艾利斯的航程。②中段：由巴西的桑托斯港开出，经过格兰德岛、萨尔瓦多、伊列乌斯和杜斯布济乌斯后，返回桑托斯港。③上段：从巴西的里约热内卢出发，停靠布宜诺斯艾利斯、埃斯特角城和伊哈贝拉后，返回母港（图 2 – 13）。三段行程也可以结合港口位置编排不同的较长航线。

图 2 – 13　南美洲航线邮轮区域及经典航线示意图

资料来源：vacations to go 网站

1. **布宜诺斯艾利斯** (Buenos Aires)

布宜诺斯艾利斯是阿根廷的首都，位于南美洲东岸，当地人被称为 porteños（意为港口居民）。城市的名称在西班牙语中的意思是“好的空气”。此处不仅是南美洲最富有的城市之一，而且具有丰富的文化、音乐和艺术气息。城市布宜诺斯艾利斯划分为 47 个小区（barrio），每个区都有其独特风格。小区里科莱塔（La Recoleta）使人联想到巴黎，而小区圣提尔摩（San Telmo）则显示该市的跨国历史遗迹，其中包括西班牙殖民建筑、意大利建筑和优美的法式建筑。在布宜诺斯艾利斯度假期间，探戈舞和购物是两大绝佳的活动选择。

2. **里约热内卢** (La Cidade Maravilhosa)

里约热内卢是巴西第二大城市，被称为“狂欢的城市”或“奇妙的城市”，这里充满桑巴节奏、阳光、热情好客之道、丰富色彩和真正的度假气氛。该市的主要地标——巨型的救世基督像，该像位于科科瓦多山或被称为“糖包山”的山顶；一块花岗岩巨石也坐落于该市。大自然爱好者将会因美丽的奇久卡森林（Tijuca Forest）而深感叹服。这个林区面积达 32 平方千米，是地球上最大的市区森林。事实上，美丽的景点在里约热内卢比比皆是，当然少不了市内多个著名的海滩。例如，柯巴卡巴纳和伊帕内玛，这是绵长的白色沙滩最美丽的两段，是游客悠闲地享受日光浴的完美之地。

3. **蒙得维的亚** (Montevideo)

蒙得维的亚是乌拉圭最大的城市、首都与主要港口，也是美洲最重要的港口之一。美丽的海滩是这个国家的特点。蒙得维的亚是一个迷人且历史悠久的城市，有19～20世纪的典雅建筑、美丽公园和历史文物等。

多年来，不少西班牙、葡萄牙、法国和英国的移民涌到这里，在这个小镇留下了印记，这点可通过款式多样的建筑风格反映出来，包括殖民建筑和装饰艺术等，包罗万象。

游客可从旧城附近漫步到邻近的卡拉斯科，也可沿着河岸前行，可以看到渔民打鱼归来的景象。繁华热闹的港口地区，遍布餐厅、咖啡室和酒吧；到了周末，港口市场（Mercado del Puerto）也会开放。

第二节 欧洲邮轮航线及港口

欧洲是传统邮轮旅游发源地，亦以汇集历史、古迹、美食以及优雅闲适的生活方式于一身而得名。除位于内陆的瑞士外，全欧洲境内几乎各国均有各种邮轮通航于北起挪威峡湾、波罗的海、莱茵河、多瑙河，南达地中海沿岸各国港口城市，是一个极具魅力的邮轮旅游大洲。欧洲的主要邮轮航线可划分为西地中海航线，东地中海航线，欧洲大西洋沿岸航线，爱尔兰、大不列颠和北海航线以及波罗的海航线5条。地中海的欧洲邮轮旅游季是5～10月，北欧邮轮旅游季是5～8月。欧洲的邮轮航程一般为10～18天。

一、地中海航线

地中海作为世界上最大的陆间海，比较平静，加之海岸线曲折、岛屿众多，拥有许多天然良好的港口，是世界上最古老的海洋之一。地中海邮轮旅游可达意大利、希腊、土耳其、埃及、突尼斯、西班牙、法国、克罗地亚、摩纳哥、马耳他、塞浦路斯、以色列、葡萄牙、乌克兰、保加利亚、利比亚等国家。

（一）西地中海航线

西地中海以精致的旅游方式、古老的村庄、优雅时尚的精品专卖店、展品丰富的美术馆、上好品位的葡萄酒、精致的菜肴等闻名于世。典型的西地中海航线途经西班牙、法国和意大利三国。西地中海航线范围有直布罗陀海峡、科西嘉群岛、马耳他岛以及位于北非的摩洛哥等（图2－14）。西班牙的巴塞罗那，法国的尼斯、马赛、萨沃纳与意大利的热那亚、罗马外港最受邮轮游客欢迎。

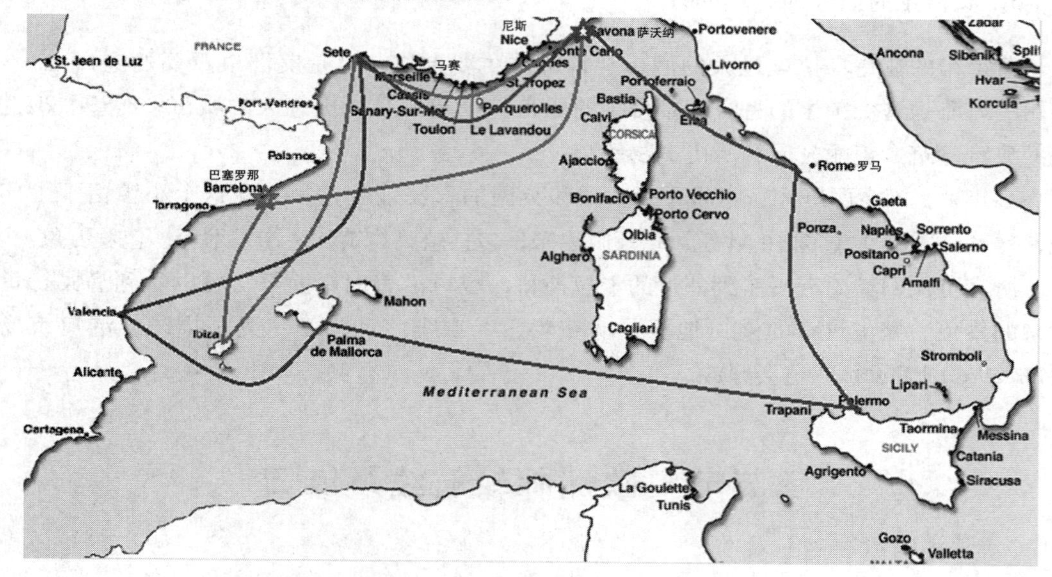

图2－14　西地中海航线邮轮区域及经典航线示意图

资料来源：vacations to go 网站

1. **巴塞罗那**（Barcelona）

巴塞罗那港是地中海的主要邮轮港，设有7个专门邮轮码头，可同时停靠多艘邮轮，距机场25分钟车程，其宾馆、餐饮、交通的便利性在地中海各城市中处于领先地位，年接待100万~200万人次邮轮游客。巴塞罗那是世界邮轮游客和邮轮公司最为青睐的目的港口之一，根据皇家国际邮轮杂志（Lloyd's Cruise International）的统计资料，巴塞罗那是欧洲及地中海最受欢迎的邮轮目的地港口。其中邮轮码头B有6500平方米的面积，700米长的泊位可停泊14万吨、载客量为3600人的邮轮；邮轮码头D南北邮轮码头共有824米长的停泊岸线，其中南码头可以同时停泊2艘邮轮，最长的达253米。

2. **尼斯**（Nice）

尼斯是一个典型的地中海港口城市，码头交通便利，距机场10分钟车程，附近多有时装店、博物馆、餐饮名店。港口由3个码头组成，可同时接待5艘邮轮。

3. **罗马**（Rome）

世界著名旅游胜地罗马，旅游景点丰富，购物场所多，有众多世界顶级的奢侈品牌专柜。罗马的邮轮码头并不在罗马城市中，而是在Civitavecchia，距罗马约60~90分钟车程。

（二）东地中海航线

具有悠久历史的东地中海邮轮航线，从意大利水都威尼斯、希腊雅典、土耳其伊斯坦布尔出发，航向荷马、希罗多德、科夫群岛、米克诺斯、克里特岛、桑托林岛、罗德岛以及其他具有传奇色彩的土耳其、以色列和埃及等南欧及西亚各古城港口城市（图2-15）。

1. **威尼斯**（Venice）

意大利威尼斯被称为“欧洲的入口”，风光旖旎，充满艺术特色。威尼斯邮轮中心港共有3个专业的邮轮码头，第3个邮轮码头从2002年开始运营，拥有9000平方米的现代建筑特征的客运中心为游客提供全方位的服务。邮轮中心可同时接待9艘大小不等的邮轮。

2. **雅典**（Athens）

雅典西南8千米，临萨罗尼克湾的希腊东南部港市比雷埃夫斯港是雅典的外港。比雷埃夫斯港是地中海地区重要的邮轮旅游港口，邮轮码头有1685米长的码头岸线，12个泊位可同时接待邮轮，曾经同时停靠过11艘邮轮，其中就有当时世界上最大的邮

图 2－15　东地中海航线邮轮区域及经典航线示意图

轮——长 340 米的玛丽女王Ⅱ。共有 7 个邮轮专用码头，邮轮可停泊 48 小时，码头提供外币兑换、修船、行李、免税商店等服务。

3. 伊斯坦布尔（Istanbul）

伊斯坦布尔横跨欧洲和亚洲，历史悠久。伊斯坦布尔邮轮码头是希腊诸岛和土耳其邮轮航线的重要母港，码头靠近文化悠久的老城区，周围遍布大型酒店、餐馆，交通亦非常便利。

二、欧洲大西洋沿岸航线

欧洲大西洋沿岸港口的邮轮旅游线路通常经过葡萄牙、法国、西班牙、爱尔兰和英国。其中，一条较长的航线起点是西班牙南部海岸马拉加，绕行至葡萄牙的里斯本，继续北行至法国的波尔多，最后结束于英国的伦敦。另一条较短的航线则起始于里斯本，结束于巴黎北部的勒阿弗尔。

葡萄牙首都里斯本是著名的旅游胜地，里斯本邮轮码头靠近市中心，距老城区仅 6

千米，周边服务设施完备，酒店、餐馆林立；与机场相距不远，交通方便。

三、爱尔兰、大不列颠及北海航线

该地区的城市和文化远近闻名，风土人情别具一格，因此航线也变化多样，有的线路环绕爱尔兰，有的则环绕大不列颠。常见的航线起始于英格兰，途经比利时、荷兰阿姆斯特丹、德国汉堡、挪威西部峡湾、丹麦哥本哈根等港口城市。

1. 阿姆斯特丹（Amsterdam）

阿姆斯特丹是荷兰最大的城市和第二大海港，阿姆斯特丹港是最受游客欢迎的邮轮港口之一，平均每季接待10万人次的海洋邮轮游客和6万人次内河游船游客。邮轮码头位于汉德尔斯卡德港区，邮轮码头海域面积6900平方米，陆域面积35000平方米，岸线长600米，深10.5米，可同时进行3艘邮轮的进出港服务，可允许330米长邮轮的自由掉转，游客接待室提供完备的餐饮、快速通关等服务。

2. 鹿特丹（Rotterdam）

荷兰鹿特丹港是世界上最大的港口，有“欧洲门户”之称。邮轮码头距市中心2千米，码头岸线长698米，码头周围水深12米，可以提供顶级的邮轮港口服务，同一时间可最多接待游客3000人。邮轮码头附近的辅助设施有旅游信息中心、外汇兑换、公共电话、餐厅/酒吧、的士服务等。

3. 南安普顿（Southampton）

南安普顿港是英格兰南部港口，是英国最繁忙的邮轮港口，被誉为“英国的邮轮中心”，距伦敦市中心大约80千米，有QueenElizabeth Ⅱ Cruise Terminal（伊丽莎白女王2号）、City Cruise Terminal（城市邮轮码头）和Mayflower Cruise Terminal（五月花邮轮码头）3座邮轮码头共4个邮轮泊位，每年接待邮轮超过240艘次，并成为英国公主邮轮、加勒比海邮轮的母港。另外，如水晶邮轮、歌诗达邮轮、银海邮轮等世界著名邮轮常年停靠此港。距英国伦敦1小时车程。南安普顿港旅游设施齐全，邮轮旅游的配套设施完善。

四、波罗的海航线

该区域的邮轮航线通常从德国汉堡或丹麦哥本哈根出发，航行至瑞典的斯德哥尔摩及芬兰的赫尔辛基，结束于俄罗斯的圣彼得堡。另一条偏南航行的线路，途经立陶宛、拉脱维亚和爱沙尼亚3个波罗的海国家，其中最可能在爱沙尼亚的塔林短暂停留（图2－16）。

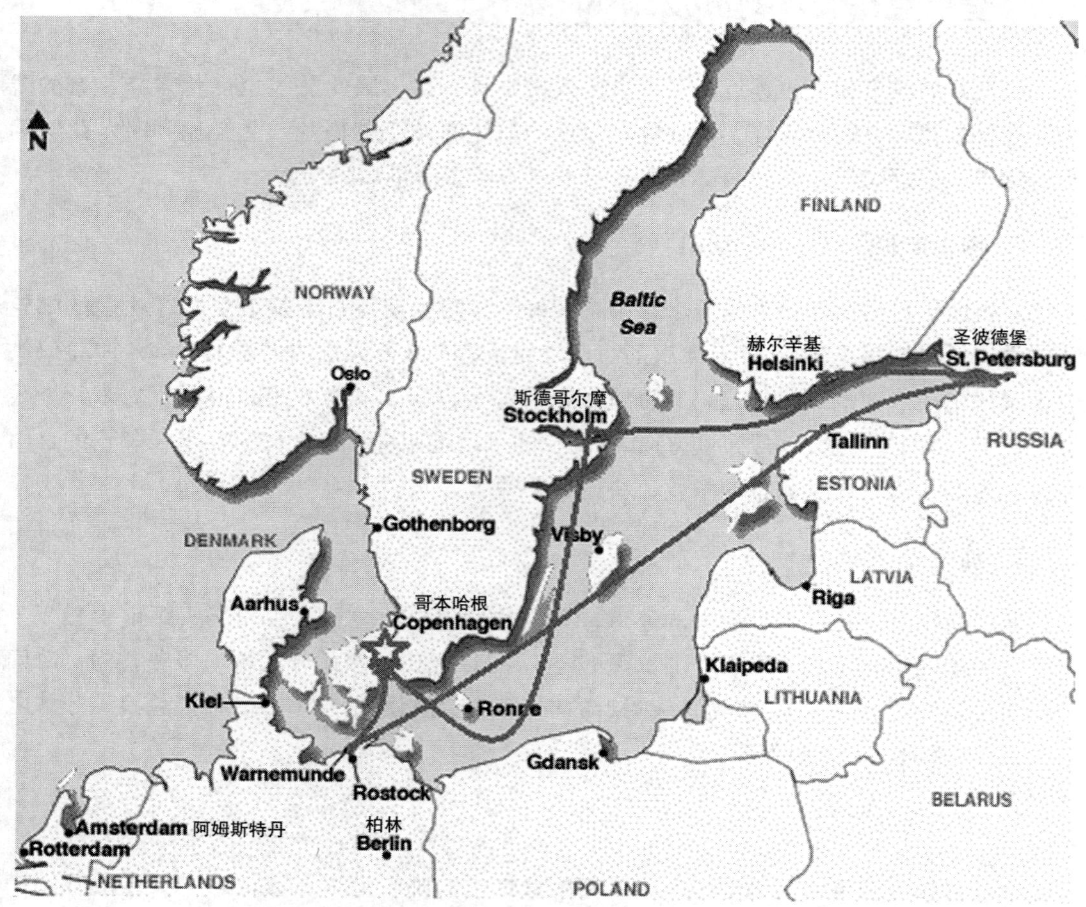

图2－16　波罗的海航线邮轮区域及经典航线示意图

资料来源：vacations to go 网站

斯德哥尔摩（Stockholm）是欧洲波罗的海最受欢迎的邮轮旅游目的地，每年约有260艘次邮轮，28万多人次国际游客到访此地，港口有专门停靠邮轮的码头，亦有专门为小游艇所设的码头；165～167号泊位就是专设的邮轮泊位，长414米，水深8～9米。另外，还有一些泊位供小型游船使用，如长137米、水深5米的4～6号泊位，长210米、水深6米的106～107号泊位等。

第三节　亚太邮轮航线及港口

一、亚洲邮轮航线

亚洲是一个快速发展的新兴市场。近年来，越来越多的邮轮公司在开发亚洲邮轮市场。例如，歌诗达邮轮公司和皇家加勒比国际邮轮公司先后于2006年、2009年顺利开拓中国等区域的亚洲市场；丽星邮轮近些年在亚洲市场的表现则有些低迷。亚洲地区的主要邮轮航线有东南亚航线和东北亚航线两条种。

（一）东南亚航线

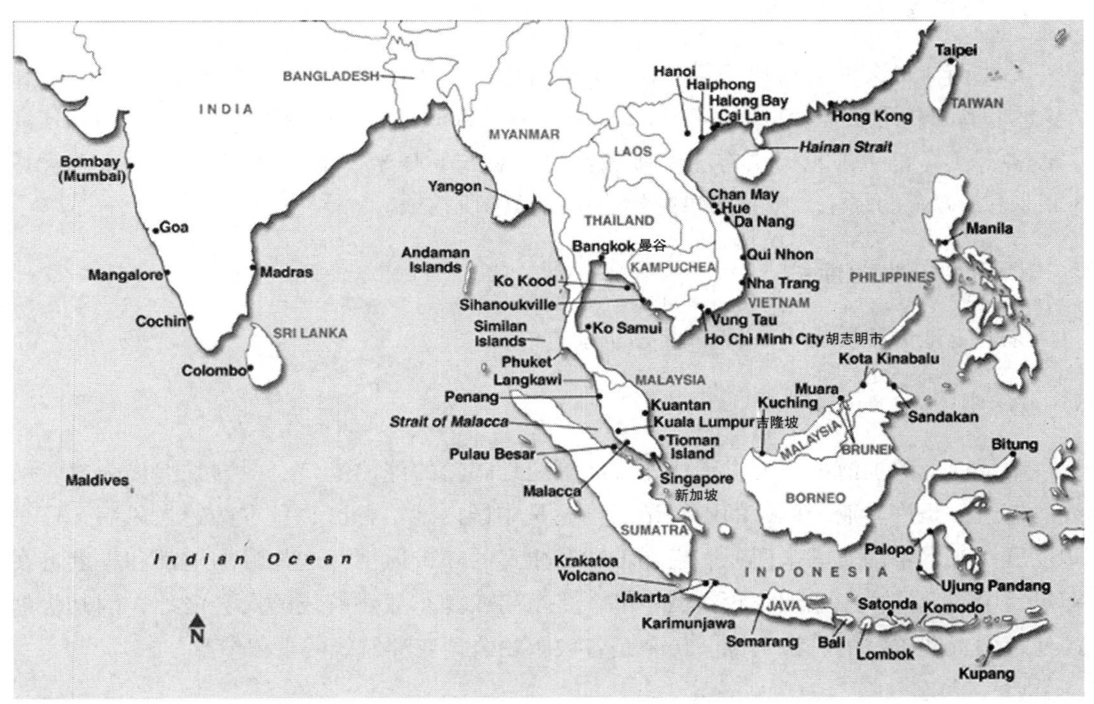

图2-17　东南亚航线邮轮航行区域图

资料来源：vacations to go 网站

该区域的邮轮航线通常于印度尼西亚、马来西亚、菲律宾和新加坡的众多岛屿中往来穿梭，形成几条颇为热门的航线。该区域的航线一般会经停以下港口：新加坡，马来西亚的吉隆坡（巴生港）、槟城、兰卡威岛，泰国的曼谷、芭堤雅、普吉岛、苏梅岛，越南的胡志明市、岘港、河内和顺化等（图 2－17）。

1. 新加坡（Singapore）

新加坡邮轮产业的发展历史始于 1991 年，是亚洲邮轮旅游发展最快的地区之一。1991 年政府耗资 5000 万新币兴建邮轮码头，1994 年开始着力发展邮轮业，1998 年政府又投资 2300 万新币重建码头，使其向海岸线延伸，可同时停靠 8 艘邮轮。2001 年被世界邮轮组织誉为“全球最有效率的邮轮码头经营者”。

新加坡邮轮中心分为新加坡国际邮轮码头及地方客运码头。国际邮轮码头有达到 12 米的天然水深，长度分别为 310 米、270 米的 2 个泊位。4 个大型邮轮泊位，供航行于新加坡、马来西亚和印度尼西亚之间的区域性邮轮使用。

2. 巴生港（Port Klang）

马来西亚最大的港口巴生港于 1995 年启用，距吉隆坡 45 分钟的车程，1997 年在“梦想世界邮轮之旅”（Dream World Cruise Destination）杂志评选中，获得“世界最佳港口设备”奖。巴生邮轮码头有 3 个邮轮泊位，总长 660 米，水深 12 米，可接待总长达 300 米、5 万吨的邮轮，曾是丽星邮轮公司的总部所在地。

（二）东北亚航线

东北亚地区主要由中、日、韩三国构成。

1. 中国

中国内地的上海、三亚、天津、青岛等地是邮轮的停泊港口；中国香港作为邮轮航线的枢纽，是许多亚洲之旅的中转站。不论是中国内地、韩国、日本的迷人风貌，还是印度尼西亚、泰国、马来西亚、新加坡和菲律宾的热带风情，这些目的地都和香港近在咫尺；中国台湾位于亚洲邮轮航域中部，是东南亚和东北亚航线的交会之地，因其优越的地理位置和丰富的旅游资源，历来是各大邮轮公司亚洲航线的重要节点。

（1）大连

大连是我国最早接待国际邮轮停靠的港口之一，从 20 世纪 80 年代到现在，每年都有多艘邮轮停靠。大连国际邮轮中心选址在大连东部港区，位于大连“钻石海湾”（大连港）南岸，毗邻大连东港商务新区。交通便利，距大连机场 15 千米，距大连火车站 2.3 千米，规划中的地铁、地下快速路、海底隧道等多条城市快速路经过本区域，具有优越的区位优势。

根据规划，大连国际邮轮中心南区项目将建设以国际邮轮中心为主线，港口服务、金融、商贸、文化娱乐、高标准住宅等七大功能区，建设4个国际邮轮客运泊位。项目占地23万平方米，规划建筑面积123万平方米，是集贸易咨询、高档酒店、购物中心、酒店式公寓、写字楼、休闲娱乐于一体的高端城市综合体（图2－18）。

图2－18　大连港国际邮轮中心南区项目规划效果图

2011年，重点推进了邮轮中心南区土地整理、邮轮中心基础设施建设。2011年8月1日，大连港国际邮轮中心南区项目暨大连港多元都会发展区改造项目举行了盛大的奠基仪式。

（2）天津

天津国际邮轮母港于2010年6月26日正式开港，意大利歌诗达“浪漫”号、美国皇家加勒比“海洋神话”号均以天津作为母港首航。天津港国际邮轮母港位于天津港东疆港区南端，与东疆保税港区毗邻，总建筑面积160万平方米，岸线长2000米，6个泊位，初期开发面积70万平方米，计划建设2个大型国际邮轮泊位及配套客运站房，码头岸线长625米，可停靠目前世界上最大邮轮，设计年旅客通过能力50万人次。同时，依托国际邮轮泊位与客运站房，邮轮母港区域内拟布置包含邮轮码头管理、港务口岸服务、出入境管理、邮轮公司办事机构、船舶代理、旅游服务和金融保险等在内的综合性写字楼，以及餐饮宾馆和商业设施，配合东疆保税港区拟后续建设国际商务采购中心、五星级酒店、大型商业设施，以及特色型旅游会展温泉度假设施，从而逐步形成与北方最大邮轮母港目标定位相适应的完善的邮轮母港复合产业体系。

（3）上海

目前上海有北外滩上海港国际客运中心和上海吴淞口国际邮轮港2个国际邮轮码头。

2004年1月3日，位于上海市虹口区北外滩的上海港国际客运中心项目正式开工，2009年8月上海港国际客运中心码头和客运综合楼正式对外开通启用。该项目以邮轮码头为主体，码头面积约2万平方米，水深9～13米，岸线长880米，可停靠3艘7万～8万吨级国际大型邮轮，另有一段300米左右的备用码头。此外，项目还包括国际客运大楼、港务大厦以及宾馆、商业等配套设施，总建筑面积达30万平方米，每年可为上海提供超过100万人次的游客接待能力。

图 2－19　上海港务大厦和"一滴水"客运综合楼

北外滩拥有 2.5 千米的黄金滨水岸线，良好的景观区域和得天独厚的水深条件是发展邮轮经济独特的区位优势。北外滩航运文化底蕴深厚、悠久的航运历史沉淀留下了下海庙、海员医院等航运历史文化资源和建筑。上海港国际客运中心位于有着 160 年装卸历史的高阳码头区域内，与环球金融中心、东方明珠、金茂大厦隔江相望，一些世界著名企业的大型商业活动纷纷安排在国际客运中心码头举行。

上海港国际客运中心的邮轮码头岸线景观环境优美，客运综合楼"一滴水"的外观造型成为上海邮轮母港建设的重要标志。上海港国际客运中心本着"客为中心"的企业宗旨和"心中为客"的服务理念，以码头为依托，携手邮轮公司为邮轮乘客提供休闲、舒适的邮轮旅游产品。既能满足出入境口岸管理要求，又能为国际客运班轮、访问港邮轮、换乘港邮轮和母港邮轮提供便捷、安全、畅通和人性化的服务。

图 2－20　吴淞口客运码头客运大楼

上海吴淞口国际邮轮码头及其公共配套设施项目位于上海市宝山区吴淞口北侧的炮台湾防波堤水域岸线，于2008年12月开工建设，2011年10月15日正式投入使用。码头水域资源条件良好，水域航道宽约220米，航道水深9～13米，没有泥沙淤积，可满足大型邮轮的通航，码头水域规划岸线总长1500米，陆域配套设施建筑5万多平方米。一期工程新建2个大型邮轮泊位，岸线长774米，宽32米，可同时靠泊1个10万吨级邮轮和1个20万吨级邮轮。码头综合通过能力为60.8万人次/年，满足预测的2015年56万人次/年的旅客通过需求。二期工程在一期工程两侧另增建2个码头。

吴淞口炮台湾位于长江、黄浦江和蕴藻浜三江交汇处，可满足远洋、近洋和内河不同类型的邮轮和游船综合发展；吴淞口地区基本形成综合道路网络和轨道交通系统，可满足大型邮轮3000人左右旅客的交通需求。已接待皇家加勒比国际邮轮旗下的豪华邮轮“海洋神话”号、歌诗达邮轮公司的“钻石公主”号等大型邮轮的靠泊。

客运大楼选址于通关平台上，建筑外形宛如贝壳，表现出与水的交融，与海的互动，建筑寓意“城市之眼，长江之睛，放眼世界”，其形态成为吴淞口邮轮港的标志性景观。功能上满足2艘10万吨级以上邮轮的旅客舒适便捷的候船、通关、换乘、旅游等多项服务。总建筑面积24417平方米，其中主体建筑面积22222平方米，登船廊道建筑面积2195平方米。出入境通关换票大厅办票面积为2310平方米，可集旅客办票、候船、送客等功能于一体。边检出入境通道可满足20人同时出关，2小时通关可达3200人，最大限度满足通关要求，为游客提供方便、快捷的通关服务和舒适的通关环境。

（4）厦门

为把厦门打造成“中国最佳旅游城市”和“国际性海滨旅游城市”，同时适应“厦金航线”的快速发展，2002年，厦门市政府启动国际邮轮中心的建设。国际邮轮中心包括客运码头和联检大楼两大部分。主体码头岸线长463米，前沿水深12.4米，岸线海阔水深，可停靠14万总吨的大型邮轮兼停靠3万吨级集装箱货轮，另有2个3000吨级客运泊位和2个工作船泊位。客运联检大楼按一级国际客运站标准设计，共三层，配有大型室内停车库、候船大厅和联检大厅，总建筑面积8万多平方米，按年旅客吞吐量150万人次和高峰集中旅客到达量3000人功能要求。2008年6月28日，厦门国际邮轮中心暨厦金客运码头正式启用。

2009年5月，“厦门国际邮轮中心”更名为“厦门海峡国际邮轮中心”，致力于发展区域性邮轮母港，立足于发展海峡两岸的邮轮航线，同时也接待国际邮轮。根据2011年9月签订的《邮轮码头设计规划备忘录》，厦门将着力打造“邮轮母港规模世界第一、邮轮综合体规模世界第一、奢侈品店规模世界第一”的世界级国际邮轮母港商旅综合体（图2－21）。拟建的邮轮母港南至海湾公园北侧，北至海沧大桥南侧，东至疏港路，西至东渡港区码头，未来还可能往两侧和对岸的海沧延伸。项目总投资约 513 亿元，规划建筑总面积约 270 万平方米，其中港口及配套设施面积约 55 万平方米，酒店面积约 58 万平方米（含 18 万平方米公寓式酒店），商业总面积约 45 万平方米，娱乐业面积约 30 万平方米，行政办公面积约 22 万平方米。

图 2－21　厦门邮轮母港商旅综合体规划图

2011 年 10 月 23 日，厦门邮轮母港首航第一艘邮轮“海洋神话”号搭载 2000 多名旅客从厦门赴台湾，拉开了厦门建设邮轮母港的序幕。2012 年，“海洋神话”号将分别以上海、天津、香港和厦门为母港，开设前往日本、韩国、越南等地的航线，使厦门成为中国第四个国际邮轮母港。

（5）三亚

三亚凤凰岛位于三亚市三亚湾度假区“阳光海岸”的核心，是在大海礁盘之中吹填出的人工岛。该岛四面临海，由一座长 394 米、宽 17 米的跨海观光大桥与市区滨海大道光明路相连，距三亚市繁华商业主路解放路垂直距离小于 1000 米，南侧临鹿回头公园，东南侧临三亚河入海口，西侧为东、西玳瑁岛，北侧濒临优美的 17 千米长三亚湾海滩。

三亚凤凰岛国际邮轮港 2007 年正式建成通航。嘉年华、皇家加勒比以及丽星等世界知名的大邮轮公司纷纷落户三亚凤凰岛国际邮轮港，开通了数条经停三亚的航线，特别是丽星邮轮公司于 2011 年 11 月起开辟了三亚至越南的数十条母港航线。目前，三亚凤凰岛国际邮轮港二期工程正在筹建中，计划将建设 1 座 8000 吨级、1 座 8 万吨级（现有，2004 年建成）、1 座 10 万吨级、2 座 15 万吨级和 1 座 22.5 万吨级 6 个泊位。配套建设国际金融中心、国际邮轮中心、国际港务中心、国际游客服务中心、国际邮轮供应中心、海员俱乐部、邮轮会所和新客运大厦均在计划建设中。

相对便利的口岸通关，为三亚发展邮轮经济提供了支撑。三亚在享受落地签证和免签证等政策优惠的同时，积累了丰富的邮轮及游客出入境通关服务保障经验，实现了邮轮出入境“零等待”，确保通关高效运行。

（6）香港

图 2－22　香港邮轮码头分布图

目前，香港地区可以停靠邮轮的码头有 3 处，分别为海运码头、招商局码头、货柜码头（图 2－22）。随着亚太区经济稳定发展，越来越多的消费者开始关注邮轮旅游，香港特区抓住机会发展成亚太区的邮轮中心，正全力兴建启德发展区内的邮轮码头（Kai Tak Cruise Terminal）（图 2－23）。

图 2－23　正在兴建的启德邮轮码头规划效果图

新启德邮轮码头大楼和第一个泊位已经在 2013 年年中启用，第二个泊位的相关工程预计在2015年完成。两个泊位都可停泊世界排水量最大的邮轮。两个泊位最多可同时停靠3艘邮轮，大大提升了香港的邮轮旅游接待能力和地位。

（7）台湾

台湾共有4个国际商港，分别是处于台湾东北部的基隆港，处于中部的台中港，处于西南部的高雄港以及处于东部的花莲港。由于此四港的地理条件及人文风情各有不同，港埠设施亦有差异，各有其独特魅力。目前，停靠台中港、高雄港及花莲港的国际邮轮以不定期航线为主，少有定期航线，而基隆港除了不定期航线之外，丽星邮轮于1997年起进驻经营定期航线，提供基隆—石垣岛、基隆—石垣岛—那霸、基隆—与那国岛等航线，每年3～9月约有80个航次。

基隆港目前拥有4个邮轮泊位，长度分别为204米、385米、200米和350米，水深均为9米。客运大厦总面积为2282平方米（东岸）和1200平方米（西岸），一次性最大旅客接待能力为3500人次。丽星邮轮自1997年开始营运，以基隆港为母港，开启台湾海上旅游风潮，其主要航线为基隆至日本石垣岛、那霸或与那国岛之间的行程，或纯公海行程。2012年3月1日，“台湾港务公司”挂牌成立，基隆港改制成港务公司后，仍以“内客外货”为主轴发展，即内港努力成为国际邮轮的母港；外港则以维持近洋航线的货轮往来。基隆港邻近台北都会区，有台北故宫、101大楼等知名景点，相较于其他港口，能吸引更多国际邮轮停靠。

高雄港目前拥有3个邮轮泊位，长度分别为137米、150米和150米，水深均为9米。现有地面三层楼之新滨旅运大楼及国际旅运中心，位于1号码头边，占地4179平方米，供邮轮或客轮旅客候船、通关使用。高雄市政府与高雄港务局目前正积极推展邮轮观光产业，政策目标期能将高雄发展为访问港或中转港，进而以邮轮母港为最终目标。

台中港目前拥有2个邮轮泊位，长度分别为273米、260米，水深分别为9米、11米。客运大厦总面积为13582平方米，一次性最大旅客接待能力为1500人次（图2－24）。

图2－24 台中港旅客服务中心及旅客船桥

台中港位于台湾西海岸中央，与大陆东南沿海各港呈辐射状等距展开，也是上海至香港航线的中点，地理位置适中，为两岸直航最佳港口；中国远洋企业股份有限公司所属香港籍“中远之星”号邮轮，自2009年11月起经营台中—厦门定期客货运直航航线，另亦有不定期国际邮轮到港，如皇家加勒比邮轮公司“海洋神话”号、丽星邮轮集团“宝瓶星”号、意大利歌诗达邮轮公司“经典”号及“浪漫”号等。据港务局提供的数据，2011 年台中港接待访问港国际邮轮 10 艘次，邮轮出入境旅客 28514 人次。

花莲港对国际观光邮轮来港，相当重视，于邮轮抵港时，安排各项迎宾活动，以表欢迎之意。花莲港目前虽然尚未设置邮轮专用码头及旅运中心，但对邮轮来港仍优先安排靠泊码头及提供便捷之港埠服务，具体做法如下：优先安排泊外港 23、24 号码头（全长 543 米、水深 14 米）供大型邮轮停泊，另外，该座码头后线相当宽广，可供 50 台以上大型游览车同时上下客，旅客进出港区相当便利；协调相关单位办理旅客通关作业及提供外币兑换等服务，加速旅客通关速度；提供邮轮靠泊优惠方案，包括码头碇泊费、曳船费、带解缆费 8 折优惠；为争取邮轮旅游的商机，与花莲县政府合作于码头设置商品市集，全力营销地方纪念品和名产，充分掌握旅客登轮前的有限时间，让旅客了解花莲观光产业的特色，以期达到宾至如归的目的。

2. 日本

日本发达的经济水平、发展完善的旅游业为邮轮旅游的发展提供了较好的基础，加之日本是海洋型国家，四面环海的国土地理特征有利于邮轮港口的开发和多样性航线的开辟。根据日本旅游部门最新数据，日本全境现今有 23 个邮轮港口，其中，邮轮母港有横滨港、神户港、那霸港和长崎港，其余皆为停靠港。

（1）横滨港（Yokohama）

横滨港坐落于东京湾内，地理位置优越，比东京港离太平洋近 11 海里。横滨港是日本第一个现代国际贸易港口，于 1859 年开埠，现已成为日本第一大邮轮母港。港口有 4 个邮轮泊位，周围遍布种类丰富的旅游景点（图 2－25）。作为大都会东京以及日本东部和北部的门户港口，它发挥着至关重要的作用。2002 年建成的市政工程国际客运码头，周边交通便利，有横滨高速铁道港未来线和新干线 JR 新横滨车站，距东京国际机场 30 分钟车程。横滨港年接待邮轮艘次自 2004 年以来一直保持在百艘以上，到访的邮轮以日本本土的邮轮船队为主。

图 2－25　横滨港俯瞰图

（2）神户港（Kobe）

从古时代开始到中世纪，神户港作为与欧洲大陆和朝鲜半岛的贸易点得以蓬勃发展，自1868年开埠以来，已经发展成为日本的主要国际贸易港口之一。神户港连接环内海日本西部各地所有港口的国内航运网络，并充当世界上主要货运航线通往东亚的门户，为世界上大约130个国家超过500个港口提供中转服务。神户港拥有2个邮轮码头，其港口设施可接待15万吨级的邮轮访港（图2－26）。

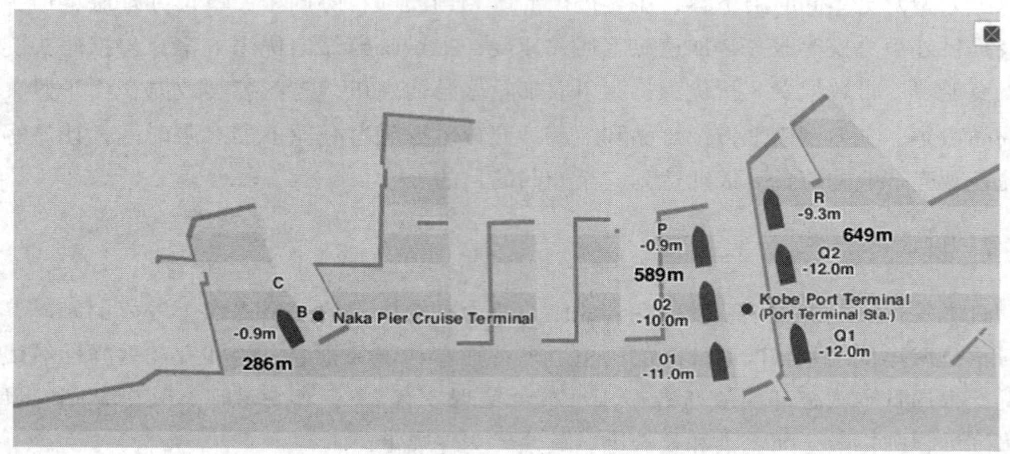

图2－26　神户港邮轮码头示意图

（3）那霸港（Naha）

那霸在500多年前就已经开发成为通往琉球王国的门户，并与中国、东南亚、韩国和日本本土进行了大量贸易往来。1944年，那霸港遭到第二次世界大战的破坏，但随着冲绳经济的战后复兴，它现在充当一个物流基地。距离冲绳大陆410千米的八重山群岛是石垣岛的故乡。它是日本具有特殊重要性的最南端港口。石垣岛经营前往日本本土、冲绳和中国的班轮航线。2010～2011年有歌诗达、丽晶七海、公主邮轮、皇家加勒比邮轮等国际公司的邮轮开辟那霸为母港或停靠港的航线，环游日本的航线产品是其重要组成部分。

（4）长崎港（Nagasaki）

作为日本主要的旅游停靠港，长崎港接收来自众多国家的观光邮轮，它是日本第一个配备停靠10万吨级轮船能力的港口，可容纳大型国际邮轮停靠。

3．韩国

韩国是一个三面环海且拥有众多港口都市的国家，海洋旅游资源十分丰富，海洋旅游业是该国重点发展的产业之一，具有发展邮轮旅游的理想条件。韩国已经成为亚洲新兴的邮轮市场，也是跨太平洋邮轮航线的重要中转站。韩国主要有釜山（Busan）、仁川（Incheon）、济州（Jeju）、丽水（Yeosu）、木浦（Mokpo）等邮轮港口，其中釜山和仁川是韩国的两大邮轮母港（图 2－27）。

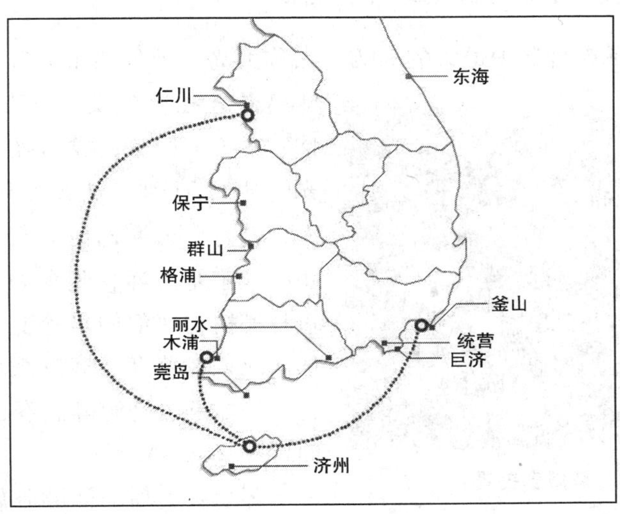

图 2－27　韩国沿海主要邮轮港口分布示意图

根据规划，韩国将在 2020 年前于济州岛、釜山和仁川等地兴建 6 个新邮轮专用码头，主要目标市场为韩国和中国。

（1）釜山港（Busan）

釜山是韩国东南端的港市，位于首尔南东部 450 千米处，为著名深水良港、半岛南部门户、韩国第二大城市。釜山本身就是著名的旅游城市，其海岸线上还有很好的沙滩和美丽的海滨风景；城市的周围被连绵的群山所环抱，城市中的温泉星罗棋布。无论是山川景色还是海洋风光，釜山都是一处旅游观光的理想之地。大多数邮轮造访釜山的时间集中在每年的 6～8 月，季节性较为明显。

（2）仁川港（Inchon）

仁川港是韩国的第三大城市和第二大（仅次于釜山）贸易港口，距离首尔仅 1 小时车程，作为东北亚的中心城市，是韩国走向世界的交通要塞，并拥有最先进的大型国际机场。

二、太平洋航线

与南大西洋相比，南太平洋并不是汪洋一片，而是有星罗棋布的小岛屿。由于南太平洋位于环太平洋板块的南部，所以在板块边沿都有很多火山岛，主要集中在西南太平洋。太平洋航线中，夏威夷、大溪地、澳大利亚和新西兰等都是邮轮的热门目的地。

（一）夏威夷、大溪地及南太平洋航线

夏威夷，是夏威夷群岛中最大的岛屿，又称大岛，地处热带，气候却温和宜人。夏威夷得天独厚的美丽环境以及当地人的热情、友善、诚挚，成为吸引邮轮游客前来观光的主要原因。夏威夷风光明媚，海滩迷人，日月星云变幻出五彩风光：晴空下，美丽的威尔基海滩，阳伞如花；晚霞中，岸边蕉林椰树为情侣们轻吟低唱；月光下，波利尼西亚人在草席上载歌载舞。夏威夷的花之音，海之韵，为游客们奏出一支优美的浪漫曲（图 2－28）。

图 2－28 夏威夷美景

环夏威夷岛屿间的邮轮航线提供夏威夷 4 个岛屿——瓦胡岛（O'ahu）、毛伊岛（Maui）、可爱岛（Kaua'i）和大岛间的巡游，通常邮轮在每个岛屿停靠 1～2 天。

挪威邮轮公司提供火奴鲁鲁（华人称“檀香山”）往返的环夏威夷岛屿航线。还有一些邮轮公司提供从美国本土到夏威夷的邮轮航线。这些航线的美国本土基地是洛杉矶和圣地亚哥，航程多为两周。

（二）大溪地—汤加—库克群岛—斐济—新西兰航线

大溪地（Tahiti），也译为塔西提岛，正式国名为法属波利尼西亚，位于南太平洋海域，是南太平洋中部法属波利尼西亚社会群岛中向风群岛中最大的岛屿。这里四季温暖如春、物产丰富。衣食无忧的当地人常常望着大海远处凝思，静待日落天亮。阳光跟着太平洋上吹来的风一同到来，海水的颜色也由幽深到清亮。当地人管自己叫“上帝的人”，大溪地被人们称为“最接近天堂的地方”。

大溪地悠久迷人的历史文化、优美的自然风光和多样的自然地貌为游客提供了多种旅游产品。例如，文化之旅、探险之旅、潜水之旅、邮轮之旅、健康之旅、SPA 之旅、高更足迹之旅、探秘黑珍珠等。此外，大溪地的黑珍珠被称为“上帝恩赐的礼物”，她迷人的魅力已经闻名于各大时尚城市。大溪地的木雕和手工艺制品也是游客不可错过的旅游纪念品。

（三）环绕新西兰和澳大利亚东海岸

该航线一般是从澳大利亚的悉尼港（或者布里斯班、墨尔本）起航，进入浩瀚的南太平洋，巡访风景宜人的新西兰，来到米尔福特峡湾、疑惑峡湾以及朦胧峡湾，登上梦中的斐济（图2－29）。进入充满绿色森林的最后天堂——新喀里多尼亚岛，就好像来到了《鲁滨孙漂流记》中的世外桃源，在新喀里多尼亚岛上盛传一句话："上帝在建造它的时候，心情特别好，所以把它塑造得分外美丽。"如果去瓦努阿图岛，可以欣赏那里的火山岛、珊瑚岛、高山绝壁、洞穴石柱、急流瀑布、温泉草原和阳光沙滩；在高山丛林，游客可以看到现在还过着较原始生活的土著人，他们赤身裸体，仅以一条草裙遮羞；住在草席搭建的茅屋里，席地而眠；以渔猎和采摘热带水果为生，善歌舞、怡然自得。

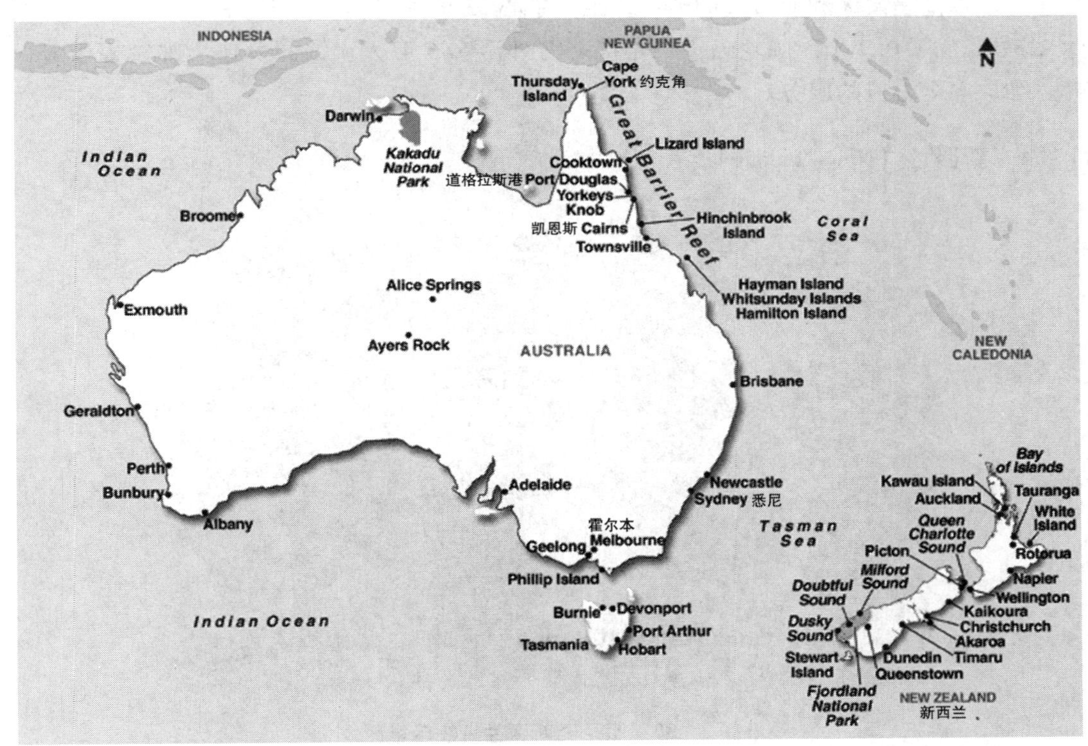

图2－29　澳大利亚—新西兰邮轮航行区域图

资料来源：vacations to go 网站

1. 悉尼（Sydney）

悉尼港是重要的邮轮旅游目的地，并且是澳大利亚唯一的有两个邮轮码头的港口，达令港区的 8 号码头和圆形码头的国际邮轮游客码头，都位于悉尼市中心，并接近主要旅游区。每年 4 月和 11 月的邮轮旅游旺季，悉尼邮轮港接待 30 多艘次国际邮轮，其中公主邮轮将其作为邮轮母港。

2．布里斯班（Brisbane）

位于澳大利亚一个重要的度假休闲胜地布里斯班河口处的布里斯班港，是澳大利亚近来发展迅速的港口。布里斯班共有 7700 米的海岸线，27 个泊位，其中 1 个为邮轮专门泊位，交通便利，距机场仅 30 分钟车程。

3．墨尔本（Melbourne）

墨尔本港是澳大利亚最大的港口，距市中心 15 分钟车程，有 4 个邮轮泊位，最长的达 223 米，深 10.9 米。邮轮码头每年接待海外游客 6 万人次，此外还为邮轮提供着保养、维护等全方位的服务。

4．新西兰（New Zealand）

图 2－30　悉尼至新西兰航线示意图

新西兰被称为“冒险仙境，神奇国度”。奥克兰位于新西兰北岛，依海而建，景色优美，是新西兰第一大城市，人口约 11 万。奥克兰四周被海洋和火山环抱，有美丽的港湾和壮观的大桥。这里吸引了世界各国的帆船爱好者。奥克兰是全世界拥有私人船只比率最高的城市，有“帆船之都”的美誉（每年 1 月的帆船竞赛场面十分壮观）。在基督城，维多利亚式建筑比比皆是，是英国以外最具英国色彩的城市；皇后镇，这座被南阿尔卑斯山包围的美丽小镇有国宝级的榉树林、美丽的高原牧场和世界八大奇景之一的米佛峡湾，高山瀑布气势磅礴；电影《指环王》取景地第卡波湖，乳蓝色的湖水是摄影爱好者的天堂；罗托鲁阿，南半球最有名的泥火山和温泉区，欣赏壮观的地热喷泉、火山泥浆池，了解原住民毛利人文化，泡波利尼西亚温泉，看剪羊毛，动手挤羊奶。

（四）悉尼—艾尔利海滩（大堡礁）—凯恩斯（约克角）—威利斯岛

1. 艾尔利海滩（Airlie Beach）

艾尔利海滩是一个面派厄尼尔湾而建的小城市，在这里游客可以前往野生动物园。在这里游客不仅可以看到考拉、袋鼠、袋獾等700多种澳洲特色动物，而且可以观看喂鳄鱼表演。艾尔利海滩左依珊瑚海，右靠国家公园。与其说它是一个海滩，倒不如说它是背包客或蜜月旅客通往圣灵岛屿的必经“小都会”。无论是纪念品商店、餐厅、酒吧，还是前往圣灵岛群的邮轮代理商或岛上骆驼之旅的一日游，都可一一在艾尔利海滩找到。海滩邻近机场，而附近的Shute Harbour更是通往圣灵群岛（Whitsundays）大小各岛的主要门户。

2. 凯恩斯（Cairns）

凯恩斯被称为“澳大利亚的北大门”，背依壮丽的高山和茂密的雨林，是通往大堡礁及热带雨林的门户，在棕榈树的环绕下，显得格外幽雅。

约克角被称为“世界上最后一块处女地”。13.7万平方千米的广大地域，蛮荒原始而未开发，不仅历史悠久，景观、林相和动植物种类丰富，而且面积十分辽阔。这里是探险者的天堂。任何人来到这里，冒险因子在心里都忍不住跳动，不管是四轮驱动越野车，或从空中、陆地甚至海上行程，都可以追随原住民足迹探寻这块人间自然瑰宝。

3. 道格拉斯（Douglas）

这是个幽静的小城市。沿着马克罗森街往北走，这里有为纪念第二次世界大战中牺牲的战士的澳新军团公园，人们为纪念碑献花的行为从未停止过。每到星期天，在这个公园还举办星期天市场，密密麻麻的摊位上出售当地工艺品及当地有名的现榨甘蔗汁。

4. 威利斯岛（Willis）

威利斯岛位于大堡礁以东的太平洋上，是大堡礁珊瑚群岛中唯一有常住人口的岛屿。澳大利亚气象局的气象监测站的三名工作人员是威利斯岛上的常住人口。在威利斯岛上一定不要错过的就是当地特色海鸟。它们的样子很像戴着面具的海鸥。

三、中国邮轮航线及港口发展远景

我国沿海港口众多，是东北亚邮轮经济发展的重心所在，是该区域的主要目的地国家，也是重要的客源输出地。随着国际邮轮公司在中国的业务拓展与国内本土邮轮船队的探索性发展，我国邮轮航线与港口将会有新的发展。

（一）中国邮轮航线日益丰富

目前，我国已逐步形成了较为成熟的几条主要邮轮航线：上海、天津等地至日韩的东北亚航线；厦门、三亚、香港及台湾等地至越南等东南亚航线；我国南部沿海港口开往香港、台湾等地的海峡航线。根据我国近年来邮轮旅游市场的发展趋势来看，我国邮轮航线将会在一定时期内呈现邮轮接待航次持续增加，航线安排灵活多样，邮轮航线短途为主、长线邮轮稳步升温等发展趋势。

1. 邮轮接待航次持续增加

2006 年以来，国际邮轮公司在我国投放的邮轮运力不断增加，从最初的试水式的邮轮航线开辟到如今的多元化航线设计编排，都说明了中国邮轮市场的加速前进。定量来讲，即使面对 2008 年世界金融危机的不利环境，中国港口邮轮接待量仍然逐年上涨。2008～2012 年我国内地主要邮轮港口接待国际邮轮情况如表 2－1 所示。

表 2－1　2008～2012 年中国内地主要港口接待国际邮轮艘次统计

港口	2008 年	2009 年	2010 年	2011 年	2012 年
天津	15	26	40	31	35
大连	4	—	11	17	18
青岛	13	10	15	21	10
上海	60	79	107	105	121
厦门	56	26	58	11	19
三亚	132	34	15	35	86

资料来源：国际邮轮协会历年邮轮统计；中国交通运输部水运局 2013 年邮轮统计。

如今纷繁的邮轮旅游线路已消除了普通大众与邮轮旅游的隔阂，中国邮轮市场进入高速发展的快车道。据统计，2013 年，上海港访问港与母港邮轮合计 197 艘次，同比 2012 年增长 63%，出入境旅客达 76 万人次。我国邮轮航次数量必将节节攀升。

2. 航线安排灵活多样

2011 年的日本“3·11”地震引发了东北亚航线的大调整，这场事件在给邮轮公司和游客带来损失的同时，也体现出国际邮轮公司灵活应对突发事故、及时调整航线的能力和经验。2012 年，邮轮公司更是推出了针对丽水世博会的主题包船。2013 年，日韩邮轮航线在日本港口挂靠航次缩水的同时，几家邮轮公司着力推出韩国精品游航线、东南亚航线和台湾航线，总航次与2012 年相比不减反增。总的来看，面对不同的机遇和挑战，邮轮公司会根据游客的需求推出灵活多样的航线产品。

3. **邮轮航线短途为主、长线邮轮稳步升温**

由于中国邮轮游客现有的消费文化特征和带薪休假制度的不够普及的综合作用，我国邮轮游客多选择短途航线。对于具有丰富旅游经验的游客来说，长线邮轮（Fly + Cruise）具有更强的新颖性、异国文化的感受性等特点，因此也更有吸引力。

（二）中国邮轮港口群日臻成熟

中国沿海邮轮港口群已初具形态：2012 年上海正式确立了“两主一备”的邮轮港口格局，天津（东疆）国际邮轮母港和三亚凤凰岛国际邮轮码头的二期工程都在加紧建设，厦门国际邮轮中心也完成了向邮轮始发港的转变，并成为首批世界卫生组织口岸核心能力达标口岸；香港启德邮轮码头基本建成。从港口区位来讲，形成了以天津母港为核心的环渤海区域，以上海为核心的长三角区域，以香港、三亚为核心的华南区三大邮轮港口区域；从邮轮航行区域来讲，也已确定了东北亚邮轮圈、海峡两岸邮轮圈和东南亚邮轮圈三大邮轮圈，如图 2 – 31 所示。

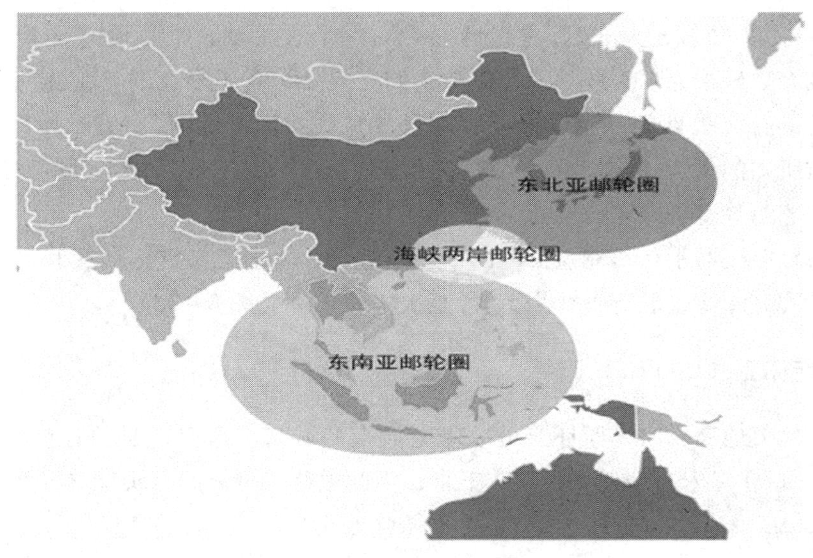

图 2 – 31　我国三大邮轮圈示意图

根据水上旅游促进中心理事长许培星的建议，“发展邮轮旅游经济要充分挖掘历史文化，同时要努力营造环境、提升管理、拓展航线，尤其是国内丰富的沿海旅游资源，大力开发国内航线，真正使邮轮旅游‘舶来品’广泛服务于国内外群众”。一个港口城市的资源禀赋与文化依托有限，因此母港要联合周边挂靠港口，凭借港口群的资源优势提升整体吸引力。

以长三角港口区域为例，上海、宁波、舟山和其他一些考虑发展邮轮业务的港口城市所拥有的资源禀赋和文化依托从某种意义上说有很大的差异。长三角邮轮港口会呈现出依托特色文化资源差异发展的局面，最终形成“以上海为母港，南北辐射、两翼共飞”的发展态势①。

伴随着国内邮轮港口的规模化建设，我国沿海城市的邮轮港口建设必将逐步趋于理性，邮轮港口的开发规划更为合理，邮轮港口定位更为准确，邮轮码头开发更加注重实用和特色结合，邮轮港口配套产业和设施的开发更为完善，邮轮旅游的经济和社会效益带动性将越发明显。

第四节　极地邮轮航线及港口

一、南极邮轮航线

南极洲又称“第七大陆”，是地球上最后一个被发现，唯一没有土著人居住的大陆，与南极大陆最接近的大陆是南美洲，它们之间是970千米宽的德雷克海峡。企鹅是南极大陆最具有代表性的动物，被视为南极的象征。南极地区的蓝鲸，身长可达37.8米，为目前所知的世界上最大的动物。南极洲的许多岛上还生活着雪鸟、信天翁、海鸥、贼鸥和燕鸥等鸟类。

南极邮轮航线通常从福克兰群岛的斯坦利港口、阿根廷布宜诺斯艾利斯或者乌斯怀亚港驶向德雷克海峡，航行季节为12月至次年的2月（图2－32）。

1. 乌斯怀亚（Ushuaia）

阿根廷的火地岛首府乌斯怀亚是地球上最南的城市。这里还是前往南极的启程地，距南极半岛1000千米，最近处仅800千米，因此被称为世界的尽头。乌斯怀亚西南面有

① 陈邦杆．建立长三角邮轮经济共同体的思考．中国港口，2011（1）：39－41

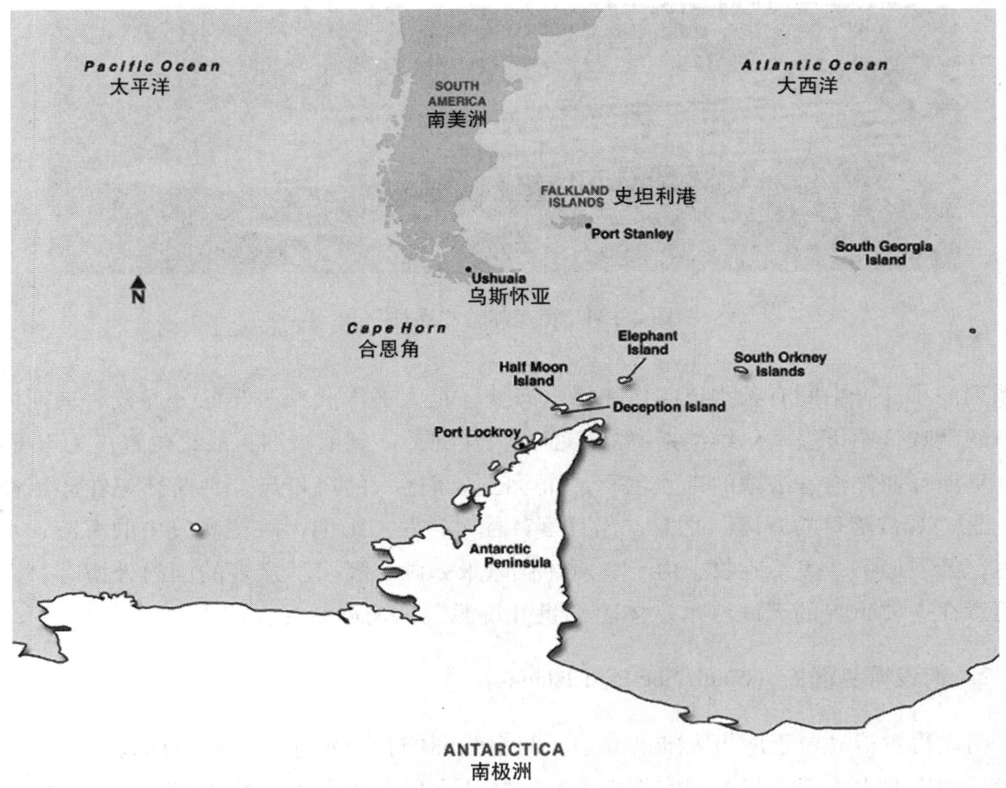

图 2 – 32　南极洲邮轮航行区域图

资料来源：vacations to go 网站

图 2 – 33　夸克邮轮“海钻石”号

图 2－34　荷美邮轮“维丹”号

一系列的小岛，中间有条水道叫作比格尔海峡，是太平洋和大西洋的分界线。乌斯怀亚扼海峡咽喉，东可去马尔维纳斯群岛，西达大洋洲，南到南极洲，战略位置极为重要。

乌斯怀亚洋溢着浓浓的奇妙色彩，如今已成了迷人的风景点。乌斯怀亚在印第安语中，是“观赏落日的海湾”之意。当日落黄昏时，登上山岗，眺望晚霞中的海湾，水天一色，云霞似锦，美不胜收。由于乌斯怀亚风景如画，吸引了众多的国内外游客，人们都愿意在这“世界的天涯海角”体验“世外桃源”的清静感受。

2. 南设得兰群岛（South Shetland Islands）

南设得兰群岛位于南极大陆的北边，与南美洲的合恩角遥遥相望，南设得兰群岛是科考站的主要大本营，很多国家都把考察站驻扎在群岛中最大的乔治王岛上，中国的长城站就在这里。长城站是中国最早的南极考察站，建于 1985 年。中山站是第二个设立的考察站，在东南极大陆伊丽莎白公主地拉斯曼丘陵的维斯托登半岛上，而最新设立的昆仑站在南极内陆的冰盖最高点冰穹 A 附近。南设得兰群岛的气候相对比较温和，夏季气温为 1.5℃，冬季则为 －5℃左右。夏天会有捕鲸船来往，以迪塞普申岛的福斯特港作为基地，而乔治王岛的铁矿煤矿丰富，是个不错的极地观测基地。群岛上除了科考站外，还有一些“土著居民”，企鹅和海鸥在这里栖息，它们与人类和谐美好地享受着这纯净天堂。

每年的 3 ~ 4 月间，南设得兰群岛都会迎来一些大个儿朋友的拜访。雄性南象海豹会不约而同地来到群岛上，找个舒服的地方进行为期三周的蜕皮期，然后去海中旅行大半年，再在春暖花开时，折返南极。

3. 福克兰群岛（史坦利港）（Port Stanley）

在“志愿者站”（Volunteer Point）看国王企鹅是福克兰群岛最梦幻的行程，这里有 1200 只成年国王企鹅，加上数百只小企鹅，是除南乔治亚岛之外，世界最大的国王企鹅社群。在这里，能够近距离接触国王企鹅，与其互动，这将是令最资深的旅行者皆感极度兴奋的体验。除了国王企鹅外，这个地区还有约 1000 只的巴布亚企鹅（Gentoo Penguins，又名绅士企鹅、金图企鹅）、数千只的麦哲伦企鹅。志愿者站距离福克兰群岛 2.5 小时车程，大多数的路位在一个新造的砾石路上，仿佛测试司机的驾驶技术，车辆行驶过小溪、桥、小沟、泥泞地各种地形。但当看到坐落在一片美丽白沙滩与滨海湖间的国王企鹅社群时，一切都值得！仿佛穿着白色、金黄色、黄和黑色的华丽盛装打扮的国王企鹅，时而昂首姿态优雅，时而敏捷跃入水中。活泼好动的企鹅不怕人类，这绝对是不寻常且永生难忘的体验。

企鹅是地球上最可爱的动物之一。世界上总共有 17 种企鹅，它们全部分布在南半球；南极与亚南极地区约有 8 种，其中在南极大陆海岸繁殖的有 2 种，其他则在南极大陆海岸与亚南极之间的岛屿。企鹅常以极大数目的族群出现，国王企鹅是大型和漂亮的企鹅，嘴比较长，颜色很鲜艳。

4. 南极德雷克海峡和合恩角（Drake Passage & Cape Horn）

1577 年 12 月，德雷克承英皇伊丽莎白一世之密令，率旗舰金鹿（Golden Hind）等 5 艘帆船及人员 166 人做其首度的环球航行。在南美发现了合恩角和德雷克海峡，德雷克海峡就是用他的姓氏命名的。德雷克海峡位于南美洲大陆与南极半岛间，海域狭窄，由于宽度变小，海流强烈常有风暴，古代常令航行者闻之色变。而南极附近海域，西方航海界有种说法："咆哮的40°S、狂暴的0°S 及尖叫的60°S。"海峡彼端有个三角形突起的海岬，那就是位于南美火地岛最南端的合恩角（55°S）。英国人弗朗西斯·德雷克（Francis Drake，1540～1596 年），是继麦哲伦后第二位环球航行者。合恩角是世界最南端的聚落，整座城镇建在冰积石的山坡上，房子都用斜顶建筑，冬天才不会堆积沉重的雪，半年以上的日子里都会下雪，有着世界五大海角（合恩角、好望角、鲁汶角、塔斯梅尼亚的西南角、斯地沃尔特的西南角）名称之一。它也有"海上坟场"之称，因为其位于美洲大陆最南端，隔德雷克海峡与南极相望，属于次南极疆域，堪称世界上海况最恶劣的航道。

5. 火地岛国家公园

阿根廷于 1960 年在岛上建立了国家公园。火地岛国家公园是世界最南端的国家公园，是世界最南部的一个自然保护区，雪峰、湖泊、山脉、森林点缀其间，极地风光无限，景色迷人，到处充满着奇妙色彩。

6. 莫雷诺大冰川

阿根廷冰川国家公园，位于阿根廷南部圣克鲁斯省卡拉法铁城西 80 千米，从巴里洛切往南直到南美大陆的尖端。这里已经接近南极，到了麦哲伦海峡。当地最有特色的旅游点要数莫雷诺大冰川。莫雷诺大冰川是经过几十万年的冰雪堆积而形成的活冰川，形成于2万年前的冰川时期。整个冰川高达60多米，面积有200多平方千米。莫雷诺大冰川白茫茫一片，千姿百态，有的像飞禽走兽，有的如人物浮雕，有的形似利剑直刺蓝天，有的好比晶莹璀璨的珊瑚。由于极地气候变化无常，夏日昼长夜短，晚上10点以后太阳才慢慢地消失在远处山谷，经过三四个小时又迎来了新的黎明。漫长的白昼艳阳高照，突然间又狂风骤起，风雨交加，转瞬间又风平浪静，真是一日之内气象变幻万千。它的著名之处在于它是世界上少有的现在仍然“活着”的冰川，在这里每隔几十分钟就可以看到冰崩的奇观。

1945年阿根廷将此地列为国家公园加以保护，1981年被列入联合国世界自然遗产。冰川国家公园是一个奇特而美丽的自然风景区。有着崎岖高耸的山脉和许多冰湖，其中包括阿根廷湖。在湖的远端三条冰河汇合处，乳灰色的冰水倾泻而下，像小圆屋顶一样巨大的流冰带着雷鸣般的轰响冲入湖中。

二、北极邮轮航线

北极是地球上最北的地区，夏季气温上升到冰点以上，北冰洋的边缘地带融化，太阳连续几个月都挂在天空。北冰洋中有丰富的鱼类和浮游生物，这为夏季在这里筑巢的数百万只海鸟提供了丰富的食物，同时也是海豹、鲸和其他海洋动物的食物，表层土解冻，植物生长开花，为驯鹿和麝牛等动物提供了食物。同时，狼和北极熊等食肉动物也依靠捕食其他动物得以存活。

通常，北极邮轮区域包括加拿大、挪威、格陵兰岛、冰岛和俄罗斯的部分地区。北极邮轮航行季节为每年的5~9月。该区域的主要邮轮港口有斯瓦尔巴德群岛的巴伦支堡（Barentsburg，Svalbard），挪威的熊岛（Bear Island，Norway），挪威的霍宁斯沃格（Honningsvag，Norway），挪威的希尔克内斯（Kirkenes，Norway），挪威的罗弗敦群岛的莱克内斯（Leknes，Lofoten Islands，Norway），挪威的罗弗敦群岛（Lofoten Islands，Norway），挪威的斯匹次卑尔根的朗伊尔城（Longyearbyen，Spitsbergen，Norway），俄罗斯的摩尔曼斯克（Murmansk，Russia），斯瓦尔巴德群岛的奥尔松（Ny－Alesund，Svalbard），挪威的斯匹次卑尔根岛（Spitsbergen Island，Norway），挪威的斯瓦尔巴群岛（Svalbard Archipelago，Norway）和挪威的特罗姆瑟（Tromso，Norway）等（图2－35）。

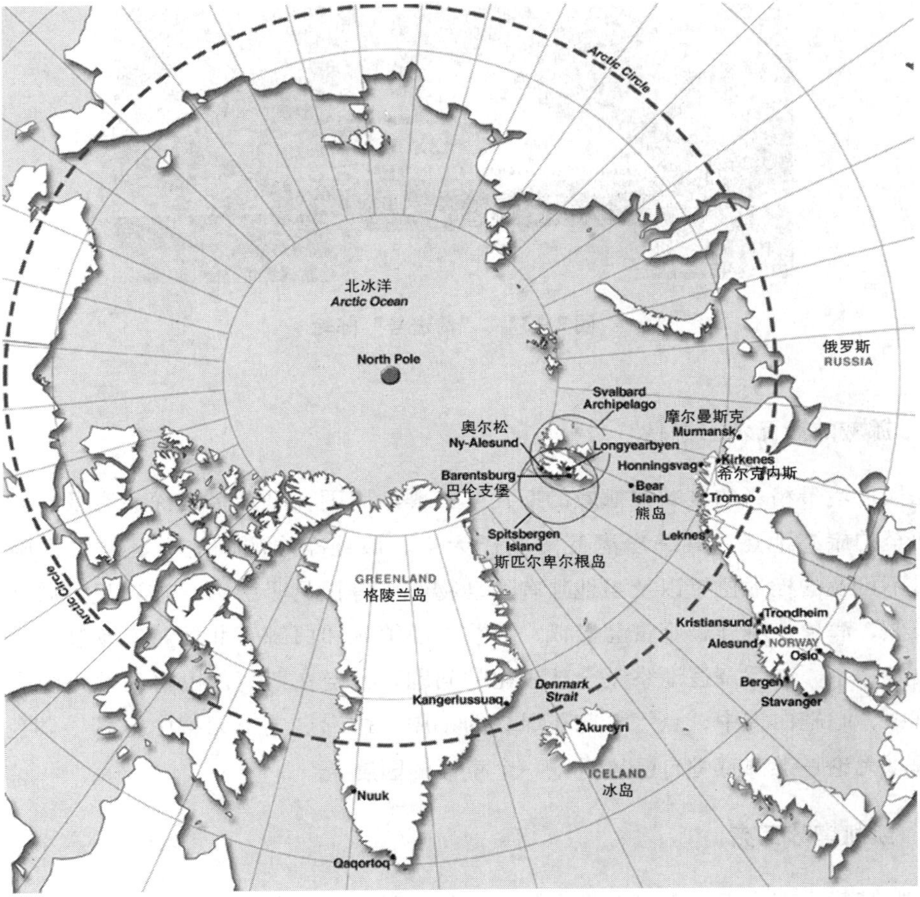

图 2－35 北极邮轮航行区域图

资料来源：vacations to go 网站

图 2－36 “北极探秘”号邮轮

图2-37 “前进号”邮轮

1. 挪威的斯瓦尔巴群岛

北极秘境最精彩的区域在挪威的斯瓦尔巴群岛周围，是众多资深旅客及首航旅客所蜂拥而至的旅游地点。其纯净湛蓝的北极天空、最纯净凛冽的空气、优美而险峻的地势、遥不可及的极地位置以及当地独有的动物花卉等极具吸引力。在这里，游客可以追寻北极熊、海象、驯鹿，观赏北极狐、海豹、小须鲸和白鲸等北极特有动物，感受大自然的奥妙之余，亦无奈逐渐察觉全球暖化的问题。行走在斯瓦尔巴群岛北极色彩斑斓的小村落中，皑皑白雪中，点缀着花花绿绿的小屋，仿佛是上帝无意中打翻了调色板，色彩斑斓。无论是谁都感觉自己置身于一个童话的国度。

2. 凯凯塔苏瓦克

凯凯塔苏瓦克位于迪斯科老火山岛，是北极研究站的所在地；该站是哥本哈根大学研究本地动植物项目的一部分。游客可以留一些时间到海滩上散步，欣赏岸边巍峨的冰山；也可以参加“风之峡谷”（Blaedalen）徒步游，在那里可以看到非常丰富的北极植物种群。

3. 伊卢里萨特

伊卢里萨特在格陵兰语中译为冰山，这是一座名副其实的冰山小镇。瑟梅哥·库雅雷哥（Sermeq Kujalleq）是北半球最多产的一座冰川，将大量的冰山送入冰峡湾中；这些壮观的景致已经被列为联合国教科文组织世界遗产。

4. 格陵兰岛

在全球海洋千千万万的岛屿中，面积达2175600平方千米的格陵兰岛绝对排名第一。

以面积大小而论，它比排名第二的新几内亚岛、排名第三的加里曼丹岛、排名第四的马达加斯加岛的面积总和还要多54559平方千米。因此，格陵兰岛当之无愧为“环球诸岛大哥大”。

格陵兰岛出现极地特有的极昼和极夜现象。越接近高纬度，一年中的极昼和极夜就越长。每到冬季，便有持续数个月的极夜，格陵兰岛上空偶尔会出现色彩绚丽的北极光，它时而如五彩缤纷的焰火喷射天空，时而如手执彩绸的仙女翩翩起舞，给格陵兰岛的夜空带来一派生气。在夏季，则终日头顶艳阳，格陵兰岛成为日不落岛。这个岛屿拥有一些世界上最古老的岩石，这些岩石估计至少有37亿年的历史。

格陵兰岛大部分位于北极圈以北，因此在漫长的冬季看不见太阳。但到夏季，格陵兰岛迎来了大量来此繁殖的鸟类，许多植物生长旺盛。

第三章 邮轮销售基础

第一节　邮轮旅游签证与费用

一、邮轮旅游签证须知

签证（visa），是一个国家的主权机关在本国或外国公民所持的护照或其他旅行证件上的签注、盖印，以表示允许其出入本国国境或者经过国境的手续，也可以说是颁发给他们的一项签注式的证明。概括地说，签证是一个国家的出入境管理机构（如移民局或其驻外使领馆），对外国公民表示批准入境所签发的一种文件。

一般地，邮轮旅游都有境外游历的航线编排，游客在邮轮挂靠境外港口时进行岸上观光游览，需要提供有效的签证文件。签证一般都签注在护照上，也有的签注在代替护照的其他旅行证件上，有的还颁发另纸签证。例如，美国和加拿大的移民签证是一张 A4 大的纸张，新加坡对外国人也发一种另纸签证。一般来说，签证必须与护照同时使用，方有效力。

护照是持有者的国籍和身份证明，签证则是主权国家准许外国公民或者本国公民出入境或者经过国境的许可证明。我国公民办理外国签证，一般需要以下几个程序：

（1）递交有效的护照。

（2）递交与申请事由相关的各种证件，例如有关自己出生、婚姻状况、学历、工作经历等的证明。

（3）填写并递交签证申请表格。签证不同，表格也不同，多数要用外文填写，同时提供本人照片。

（4）前往国驻该国大使馆或领事馆官员会见。有的国家规定，凡移民申请者必须面谈后才能决定；也有的国家规定，申请非移民签证也必须面谈。

（5）大使馆或者领事馆，将填妥的各种签证申请表格和必要的证明材料呈报国内主管部门审查批准。有少数国家的使领馆有权直接发给签证，但仍须转报国内备案。

（6）前往国家的主管部门进行必要的审核后，将审批意见通知驻该国使领馆。如果同意，即发给签证。如果拒绝，也会通知申请者（对于拒签，使领馆方面也是不退签证费的）。

（7）缴纳签证费用。一般来说，递交签证申请的时候就要先缴纳费用，也有个别国家是签证申请成功的时候才收取费用。一般而言，移民签证费用略高，非移民签证费用略低。也有些国家和地区的签证是免费的。

游客需要根据选择的邮轮航线、经过的国家准备相关文件，办理适当的旅游签证①。

二、各航线签证

（1）美国签证热门航线：加勒比航线、巴哈马航线、墨西哥航线、夏威夷航线等。

（2）需同时办理美国签证和加拿大签证的热门航线：阿拉斯加航线、新英格兰航线等。

（3）需办理欧洲申根签证的热门航线：地中海航线、北欧航线、北极航线等（部分涉及大不列颠及北爱联合王国的港口，须加办英国签证）。

（4）需办理阿根廷或智利签证的热门航线：南美洲航线、南极航线。

（5）需办理阿联酋签证的热门航线：中东航线（部分涉及阿曼等中东港口，须在邮轮上办理所经国落地签证）。

（6）需办理日本签证的热门航线：日韩航线。（截至目前，单韩国邮轮航线的团队旅游签证已简化。具有出境资质的旅行社在团队出发前可向韩国移民局指定地接旅行社申请“赴韩团队登陆证”，取代纸质签证，视作给予团队客人的入境许可，且没有户籍限制。）

（7）需办理澳大利亚/新西兰签证的热门航线：澳新航线。

备注（1）：台湾航线：游客需在户籍所在地办理《大陆居民往来台湾通行证》及有效团队（L）/个人（G）签注，随后由旅行社负责向台湾地区“移民署”申请《台湾地区入出境许可证》（简称“入台证”），“两证一注”齐全后方可前往台湾（目前为止，台湾旅行证件办理仍有属地化和户籍化要求，且运作流程时间较长，一般《通行证》及

① 注：本节有关各航线所需国家签证的签证申请条件和申请资料等信息均摘自环世邮轮网网站资料．资源网址 www.66cruises.com

签注办理时间为10个工作日左右，《入台证》办理时间为5个工作日左右）。

备注（2）：欧洲申根国：所谓的申根国，即申根公约的签署国和执行国，申根国之间取消边境管制，持申根签证或是申根国有效证件的游客可以在申根国范围内自由行动。目前申根国有25个，分别是：奥地利、比利时、丹麦、芬兰、法国、德国、冰岛、意大利、希腊、卢森堡、荷兰、挪威、葡萄牙、西班牙、瑞典、匈牙利、捷克、斯洛伐克、斯洛文尼亚、波兰、立陶宛、拉脱维亚、爱沙尼亚、马耳他、瑞士。

相关链接 搜索

邮轮旅游大致的区域签证

1．欧洲区域：地中海、爱琴海、北欧等

（1）欧洲申根旅游签证（个人旅游签证或团队旅游签证）。

（2）欧洲邮轮基本都要求多次往返签证，而不是常规飞机团的单次签证。

（3）签证须提前至少3个月预约。

（4）签证基本材料：表格、护照、照片、身份证明（身份证、户口本），工作证明（在职证明），资产证明（收入、存款、不动产），同行人关系证明（亲属关系公证、婚姻关系公证等），行程安排文件等。

2．美洲区域：加勒比海、阿拉斯加、极地等

（1）美国、加拿大、南美国家等签证。

（2）搭乘加勒比航线，航行中的岛国（如墨西哥、海地等）均只需美国有效多次往返签证即可，不用另办签证。

（3）签证须提前3个月预约。

主要国家签证材料：

美国：首先预约本人的面试时间，然后网上在线填写个人签证资料表，提供相关工作、资产、身份的复印件；之后带好原件材料、根据约定时间前往签证中心面试；

加拿大：表格、护照、照片、身份证明（身份证、户口本），工作证明（在职证明），资产证明（收入、存款、不动产）。

3．东南亚区域：马六甲、泰国、越南等

（1）新加坡、泰国、越南、马来西亚签证。

（2）签证无须预约，各个基本周期在1周左右；但要注意多次和单次的要求。

（3）东南亚国家签证较为简单，大多只要护照、照片、表格、身份证明即可。

（4）除搭乘国际航班进出国要求游客持有有效签证以外，部分东南亚航线的他国经停港，游客可在邮轮上付费申请该经停港所属国的落地签证。

4．中东区域：类同于东南亚区域

5．夏威夷区域：参考美国签证

——资料来源：上海锦江旅游有限公司

三、邮轮费用构成

邮轮报价并不简单。邮轮旅游的费用根据邮轮条件、旅行时间和航班而定。以下因素会影响整体费用：

1. 舱室费用

不同的舱室类型、大小、位置和内部设施都会影响价格。

2. 预订优惠

提前预订和付款，邮轮公司会按照规定给予相应的优惠。邮轮票价的优惠也是根据情况而定，有时甚至会出现5折的折扣。但折扣取决于航线和市场对该航线或邮轮的需求。大部分的探险航线和豪华航线很可能十分畅销，故而没有过多折扣。绝大部分邮轮公司会把船票交给旅行社进行销售，当然其中已包含了旅行社的佣金。部分旅行社为了促进销售，也会采取让出部分佣金，从而降低船票直观价格，达到快速销售的目的。

销售人员应该注意，大部分邮轮公司网站上公布的价格都是内舱房的最低价格。如果客人需要更高级的房间，如海景房、阳台房等，费用会高于内舱房30%～50%。除了基本船票的费用，客人还需要支付一些不可避免的额外费用。例如：①港口税：大部分邮轮公司会把港口税作为额外费用列入报价表。②停泊费：有些邮轮公司会把停泊费计算在报价内。③登船后需额外付费：房间内的瓶装水和迷你酒吧，酒吧和休息室中的酒类和软饮料，美容沙龙和SPA服务，赌场，在部分特殊餐厅就餐，电话，网络，船上免税店，岸上观光游览等。④小费：客人每人每天需要支付的小费在5～15美元（该费用视不同邮轮公司规定，或同一邮轮上不同舱位等级而有所不同）。

事实上，选择邮轮旅行比普通的旅游方式更加经济实惠。通过表3－1既可以得出邮轮费用构成，又可以比较邮轮旅游成本和典型的陆地旅游成本差异，最后可以得出结论：客人用更少的钱可以在邮轮上享受到更多的优质服务。

表3－1　邮轮费用构成及其与普通陆地旅游度假的比较

普通的航空/海上旅游度假		普通的陆地旅游度假
邮轮票价	$	N/A
房价	已包含	$
交通（港到港）	已包含	$
陆地运输	已包含	$
早餐	已包含	$
午餐	已包含	$

续表

普通的航空/海上旅游度假		普通的陆地旅游度假
晚餐	已包含	$
午夜自助餐	已包含	$
体育活动	已包含	$
内容	已包含	$
娱乐	已包含	$
DISCO	已包含	$
夜总会/秀	已包含	$
机票	未包含	$
组织观光景点	$	$
SPA 服务	$	$
鸡尾酒和饮料	$	$
总价	$	$

资料来源：摘录自上海大唐邮轮代理有限公司《邮轮旅游指南》

3．领队服务费

对于团队游产品而言，自 2013 年 10 月 1 日《中华人民共和国旅游法》正式实施开始，明确规定了旅行社的团队游产品必须配备持《领队证》的专业领队负责带领团队。因此，团队旅游产品中还应该包含领队服务费项目，而具体的服务费标准则因各企业不同情况有所不同。

4．签证费及签证服务费

对于团队游产品而言，不同目的地国家的签证会有不同的签证费用产生。无论是母港航线，还是海外航线，都将涉及签证费用。当然，对于选择邮轮产品自助游的游客，也将涉及目的地国家的个人签证办理事宜。原则上，自助游游客本身可以通过不同的途径向外国使领馆申请个人签证，也可以通过旅行社进行协助办理（预约/制表/代送等服务）。由此除签证费用以外，旅行社还会收取一定比例的签证服务费。

5．海外航线

除上述费用以外，海外航线还将产生往返海外港口的机票，以及登船之前或下船之后，为了契合船期或航班，或为丰富海外邮轮产品的内容，所安排的陆地住宿、交通、司导服务、餐饮、景点门票等常规境外旅游所具备要素的费用。

6. 其他费用

部分阿拉斯加航线会涉及环境税（Environmental Taxation），也有人称之为生态税（Ecological Taxation）、绿色税（Green Tax）。它是20世纪末国际税收学界才兴起的概念，至今没有一个被广泛接受的统一定义。它是把环境污染和生态破坏的社会成本，内化到生产成本和市场价格中去，再通过市场机制来分配环境资源的一种经济手段，是以保护环境为目的，针对污染、破坏环境的特定行为征收的专门性税种。对于邮轮这种大体量运输游客至某一目的地的载体而言，其巨大客流的造访也给一些高度环保的区域带来集中性的影响。因此，此类特殊税种费用也会在少部分特色航线中显现。

第二节　邮轮岸上旅游活动

一、岸上旅游概况

邮轮岸上旅游（shore excursion）是邮轮停靠港口时游客到岸上进行旅游观光的活动，是邮轮旅游重要的组成部分。岸上旅游是可选的项目，游客也可以选择在挂靠港口时待在船上继续享受邮轮上的服务。对于岸上旅游，游客有3种选择：通过购买邮轮公司、旅行社的岸上旅游产品或者自己安排游览活动。

邮轮旅游的岸上旅游项目能给邮轮公司带来收入，对邮轮公司的盈亏平衡产生重要影响，这也是邮轮公司提供岸上旅游项目的原因。这种打包的邮轮旅游产品为游客提供了一种安全且无质量问题的度假模式。岸上旅游活动一般可以给游客带来当地景点观光、购物以及感受当地文化等旅游体验，这种旅游是不同文化背景下的相对安全、便于组织管理的旅游活动。由于有导游的服务，这种旅游体验很受散客欢迎。由于种种原因，邮轮公司会与旅行社协商，由旅行社来组织岸上旅游活动。有时邮轮公司会把岸上旅游产品打包在船票中出售给邮轮游客，但是这种情况比较少。

二、岸上旅游的分类

岸上旅游在类型、规模、主题和时间等方面各不相同，根据活动内容大致可以分为以下几种：

（1）观光游览。许多邮轮港口附近拥有非常吸引人的旅游景点，且交通十分便捷，因此，游客可在港口附近进行岸上观光活动。例如，从斯卡格维坐火车穿过怀特通道和玉康窄轨铁路，乘坐大西洋潜水艇去看巴巴多斯的珊瑚礁，乘坐水上飞机俯瞰新西兰的峡湾和冰川，甚至步行游览新奥尔良福克区。

（2）餐饮购物。不同的社会历史条件成就了世界各地别样的美食。邮轮所到地区的岸上餐饮为喜好美食的邮轮游客提供了难得的饮食享受。各地的小吃、手工艺品等纪念品等也成为游客进行岸上旅游活动的选择方式之一。以意大利罗马为例，当地购物场所多，有世界顶级的奢侈品牌，吸引了不少游客前来购买。

（3）运动娱乐。有些港口城市设置有高尔夫、网球、帆船、潜水、博彩等运动娱乐项目供游客选择。比如在阿拉斯加，游客可以尝试冰川徒步直升机之旅。

（4）混合型岸上旅游。有些港口城市得天独厚的旅游资源可同时满足游客多样化的岸上观光需求。各种类型的岸上旅游产品的“混搭”为邮轮游客提供了更为丰富的旅游行程。

三、岸上旅游过程

（一）登船之前的岸上旅游

游客有时候到达邮轮港口后直接办理手续上船，但是他们通常会花一天甚至更多的时间游览港口所在城市。因此，游客会提前一两天抵达邮轮港口所在城市。

对于到达邮轮港口需要乘飞机的游客，最简单的登船之前的体验是“fly + cruise”打包的方式。游客通常通过旅行社购买机票、从机场到码头换乘的交通服务，甚至由旅行社安排好住宿。有些邮轮游客通过邮轮公司预订机票，这种情况下，邮轮公司的相关负责人将同船的游客统一约在机场航站楼见面。这些服务，包括机票预订、换乘交通服务、住宿餐饮预订服务可以打包出售，也可以一项一项地出售。如果游客离港口很近，很可能直接开车或采用其他方式自行前往。

（二）停靠港口的岸上旅游

作为邮轮航线的一部分，大部分邮轮会停靠在一些港口。当乘客抵达每一个中途到访的地方，他们有以下 5 种选择：

通过邮轮公司购买岸上旅游产品。这样做的好处非常明显：岸上旅游的供应商的质量已经事先被邮轮公司评估过；抵达之前在船上或者到港后购买岸上观光服务，非常方便和容易；岸上旅游活动会将船上的餐饮和离开时间考虑在内；船上的员工通常会陪同游览；如果出现了错误或延迟，大部分船只一定会在离开之前等待旅游团返回。

通过旅行社购买岸上旅游产品。通常提前通过旅行社集团签订合同，这些公司有一个以港口为基础的旅行社经营者的网络，他们的价格通常比邮轮公司提供的价格稍低一些。

直接向当地供应商购买单项旅游产品。当地的旅游供应商通常在码头或者靠近码头的地方等待着游客。他们可能将公共汽车、大巴、出租车甚至私人车作为运载乘客的交通工具。通过公共汽车进行私人岸上旅游通常稍便宜一些，但是有两个问题：几乎没有可能享受预期的服务质量；可能会承担岸上旅游结束时邮轮已经离开的风险。

自行游览港口或市郊风光。游客们可能会在如画的街上散步、购物，并沉浸在任何让他们快乐的事物中。邮轮公司或旅行社可能会给他们提供港口的地图。乘客甚至可以回到船上吃午饭，然后下午再到港口参观。

待在船上继续享受邮轮服务。对于已经对所停靠港口进行过深度旅游的游客来说，他们可能会选择继续待在船上休闲放松，享受阳光，并感觉像是他们独自拥有这艘船（例如，他们很容易得到温泉预约或者可以随意使用健身房器材）。在港口停靠时留在船上的普遍原因是已经深度游览过这个港口。

（三）离船之后的岸上旅游

离船之后和登船之前岸上旅游的情况是十分相似的。邮轮公司或旅行社通过同一种方式进行销售，游客同样可以选择不同的返程服务和体验。有些乘客在邮轮之旅开始之前就安排好行程结束的岸上旅游活动，有些游客是在行程开始之后进行安排。然而，大部分游客不喜欢做详细的规划，他们更多是在邮轮行程结束的当天乘飞机离开。

四、岸上旅游注意事项

（1）岸上旅游行程和价格（即使是已经报名的旅游行程）可能根据情况有所变动，邮轮公司或旅行社保留最终更改权。

（2）大多数旅游需要一定程度的体力消耗。许多短途旅行包括广泛的步行和远足，而冰冷的阿拉斯加地形或欧洲的鹅卵石街道都会使步行和爬山难上加难。因此游客要根据自己的身体状况选择岸上旅游产品。

（3）选择体力消耗水平较高的岸上旅游活动的游客请穿着舒适、低跟的步行鞋，在参观寺庙等较为庄严的景点时请适宜着装、注意言行。

（4）计算好船舶的停靠、驶离时间以及登、离船手续办理时间，以免因岸上旅游时间过长延误登船时间。

第三节 邮轮法律法规

一、邮轮行业法规

邮轮相关的政策和法规十分复杂，包括海上环境、人员安全与健康、邮轮服务员雇佣等方方面面。

（一）海事安全法

主要用于控制船员职业技术素质和值班行为，公约的实施对促进各缔约国海员素质的提高，在全球范围内保障海上人命、财产的安全和保护海洋环境，有效地控制人为因素对海难事故的影响，起到积极的作用。

STCW 公约是国际海事组织（International Maritime Organization，IMO）约 50 个公约中最重要的公约之一，该公约最初于 1978 年 7 月 7 日通过，1984 年 4 月 28 日生效。该公约第一次突出地强调了人的因素，为各国提供了一个普遍能接受的船员培训、发证和值班标准方面最低标准①。

1995 年该公约完成了一次全面修改，即目前的《经 1995 年修正的 1978 年海员培训、发证和值班标准国际公约》（简称为《STCW78/95 公约》），生效日期为 1997 年 2 月 1 日。

对于邮轮来讲，海事安全法要求邮轮上要设置一名船舶安全官员，由安全官员负责邮轮的安全计划。安全官员一般是一名高级甲板官员，负责时刻监管，其职责包括：制订邮轮安全计划，确保对负责人和员工进行适当的、足够的培训，确保邮轮遵守安全计划，熟知国际法、国内法、当前的安全威胁、安全问题的类型等②。

（二）海上生命安全法

《1974 年国际海上人命安全公约》（简称 SOLAS74 公约）是对船舶及设备、船员操作、公司和船旗国等实施有效管理和控制，从而保障海上生命安全的国际公约，也是海上生命安全方面最古老、最重要的公约。SOLAS74 公约于 1980 年 5 月 25 日生效。我国

① 资料来源：STCW 公约网站 http：//www. stcw. org

② 资料来源：cruisejob 网站 http：//www. cruisejobfinder. com

政府于1980年1月7日核准了该公约。现行的公约由SOLAS74公约及其附则及附属于公约附则的单项规则和1988年议定书（2000年2月3日起生效），以及若干不同年份中不断对其附则加以修改、补充和更新的SOLAS74公约修正案组成。近期的修正案大都按“默认程序”生效。

截至2011年5月，SOLAS公约共有159个缔约国，占世界船舶总吨位的99.04%；SOLAS74公约1978年议定书于1981年5月1日起生效，有114个缔约国，占世界船队总吨位的96.16%；SOLAS74公约1988年议定书于2000年2月3日生效，有96个缔约国，占世界船队总吨位的94.4%。

SOLAS74公约规定了与船舶海上安全管理相关的船舶构造、设备及操作方面的最低标准，要求船舶须持有公约规定的证书以作为该船舶已达到公约标准的证明，并由船旗国负责确保悬挂其国旗的船舶达到这一要求。该公约由13个条款和1个附则组成。各缔约国承担义务实施该公约及其附则的各项规定，附则是公约的组成部分。凡引用该公约时，同时也就是引用其附则①。

（三）海洋污染法

MARPOL公约是国际防止船舶造成污染公约（The International Convention for the Prevention of Pollution From Ships）的简称（中文简称为“防污公约”）。MARPOL一词由Marine（海上的、海事的、海运的、海船的）和Pollution（污染）的两词头拼接构成，其出自于OILPOL。OILPOL公约是国际防止海上油污公约（The International Convention for the Prevention Pollution of the Sea by Oil）的简称（中文简称为“油污公约”）。它是世界上第一个旨在防止船舶造成海洋污染的国际公约，也是人类保护海洋环境的第一个国际公约。MARPOL公约是在OILPOL公约基础上进行修订，并全面替代、内容全新的、对船舶造成海洋污染具有普遍意义的国际防污染公约。《1973年国际防止船舶造成污染公约》及其议定书I（关于涉及有害物质事故报告的规定）和II（仲裁）由国际海事组织在1973年10月8日至11月2日召集的国际海洋污染会议通过。1978年2月6日至17日召开的国际油船安全和防污染会议（TSPP会议）期间，通过了其议定书的修订，故称为《经1978年议定书修订的1973年国际防止船舶造成污染公约》（简称《73/78防污公约》，MARPOL73/78公约。该公约再经1997年议定书修订，形成了一个具有6个附则的技术性专门公约②。

MARPOL公约的6个附则分别对不同类型的船舶污染做出了相关规定，这6个附则

① 资料来源：世界海事组织（IMO）网站 http：//www.imo.org/

② 资料来源：维基百科 http：//en.wikipedia.org/wiki/MARPOL_ 73/78

所针对的内容分别是：

- 附则一　防止油类污染规则
- 附则二　控制散装有毒液体物质污染规则
- 附则三　防止海运包装形式有害物质污染规则
- 附则四　防止船舶生活污水污染规则
- 附则五　防止船舶垃圾污染规则
- 附则六　防止船舶造成大气污染规则

MARPOL 公约是世界上最重要的国际海事环境公约之一。该公约旨在将向海洋倾倒污染物、排放油类以及向大气中排放有害气体等污染降至最低的水平。它的设定目标是：通过彻底消除向海洋中排放油类和其他有害物质而造成的污染来保持海洋的环境，并将意外排放此类物质所造成的污染降至最低。所有悬挂缔约国国旗的船舶，无论其在何海域航行都需执行 MARPOL 公约的相关要求，各缔约国对在本国登记入级的船舶负有责任。目前，MARPOL 公约的要求已成为几乎遍布全球的港口国监控组织的必查项目。如果防污染证书和设备不符合要求，违章操作和违反排放标志，记录不符合要求等，船舶就很可能被港口国滞留。

MARPOL73/78 公约的生效使海洋环境保护工作取得了积极的成效。随着人类对生活质量、可持续发展的认识和经济水平的提高，对人类赖以生存和发展的海洋环境提出了更为严格的保护要求。

（四）海事劳工公约

2006 年 2 月，国际劳工组织（International Labour Organization）发布《海事劳工公约》（*Maritime Labour Convention*）。该公约整合了该组织从 1920 年以来制定的 68 项海事公约和建议，并具有独特的形式和实施机制，堪称海员的权利宪章①。

《海事劳工公约》包含 3 个根本目标：①综合原有的海事劳工方面的公约和建议书，规定一套确定的权利和原则；②允许成员国在履行这些权利和原则的方式上有相当程度的灵活性（可以采取等效措施满足强制性规定，强制性措施的表述尽可能原则，以导则 B 的形式给予建议）；③以成员国立法、船籍国管辖、港口国检查的形式确保这些权利和原则得以妥善遵守和执行。

公约明确规定了海员在以下 5 个方面制定了相应的规则和标准，为世界 120 万海员享有体面工作环境提供了保障。①海员上船工作的最低要求；②就业条件；③起居舱室、娱乐设施、食品和膳食服务；④健康保护、医疗、福利和社会保障；⑤遵守与执

① 资料来源：世界劳工组织网站 http：//www. ilo. org

行：每项规则及守则分为 A 部分和 B 部分，A 部分具有强制性，B 部分为非强制性，但各成员国应充分考虑 B 部分的规定。

（五）卫生与清洁法

以美国公共卫生署（United States Public Health Service，USPHS）为例，它负责维持客轮的卫生条件的监管。根据船舶卫生计划，美国公共卫生署指导在美国港口的客轮进行定期和不定期的检查，主要检查饮用水、实物储备、实物配置和处理以及总体卫生条件。美国公共卫生署向公众公布每艘船舶的检查结果，并将每艘船的不卫生情况记录在案。其他国家也有类似的由国家机构执行船舶的卫生检查，如澳大利亚检验检疫局、英国的港口卫生局、加拿大公共卫生局等制定环境卫生官员执行此项检查①。

对邮轮公司来说，他们非常重视这些检查，因为这样可以赢得良好的游客满意度和公众美誉度，从而获得更好的利益。

二、邮轮安全与健康

随着 2011 年 1 月 13 日，世界最大邮轮集团嘉年华旗下的歌诗达“康科迪亚”号邮轮的触礁搁浅，再次使邮轮安全成为大众热议的话题。

邮轮作为海上的浮动“城市”，其安全性关乎着成百上千旅客以及船上工作人员的生命财产。因此，邮轮的安全一直受到邮轮公司、邮轮旅客以及国际和各国海事部门的重点关注。邮轮也一直被誉为最为安全的旅游交通方式之一。然而，在世界范围内，与邮轮安全相关的事故还是时有发生。

（一）邮轮安全相关国际公约

邮轮的安全受到来自三个层面规则的规定和监督，首先是国际公约，主要为世界海事组织颁布的与海事安全相关的公约，例如海上人命安全公约（SOLAS），以及国际船舶及港口设施安全规则（ISPS Code）。其次，邮轮船舶在设计、建造以及运营上受到其船籍注册国相关规章的制约，而船级社作为第三方机构也会对船舶的安全性进行定期的检查并颁发证书。最后，邮轮在其挂靠时需要遵守挂靠港的相关安全规章。

海上人命安全公约作为最为重要的国际海事安全公约，对邮轮安全，尤其是邮轮在防火、救生设施、无线电通信、航行以及运营等方面进行了全方位的规定。

---

① 资料来源：Philip Gibson 著．陈扬乐，赵善梅译．邮轮经营管理．天津：南开大学出版社，p. 45.

（二）邮轮安全相关建议及说明

1．个人人身安全

为了全体旅客的安全，船上安全部门员工将在所有沿途停靠港口对所有登船、离船人员及行李等进行安全检查（安全检查通过 X 光设备及金属探测器进行）以及严格检查乘客名单和乘客身份。

根据海上人命安全公约规定，邮轮运营方必须在邮轮起航后 24 小时内组织邮轮旅客进行安全预警演习，向旅客演示在紧急情况如何有组织地从船舱中进行有效的疏散，以及如何使用救生衣等救生设备。

一般邮轮上遇到紧急情况会为顾客提供多样性的安全设备和受过训练的人员。

每艘邮轮都配有与船上成员数量匹配的救生船及救生衣等设施。

限制个人进入任何敏感的船舶或码头区域，同时采取严格措施阻止未经授权的进入和非法活动。

2．财产安全

严守“财不露白”的最高原则，除船上消费一律于登轮时以信用卡为全程消费方式外，其余时间段应将个人的证照、贵重财物锁入客舱内个人保险箱中，以策安全。

3．小孩、老人、孕妇安全

对于小一点的孩子，家长请自行准备好奶粉、尿布等。大一点的孩子在登船时要领取并佩戴有身份信息的手环。嘱咐他们注意安全，使其认清紧急情况的集合地点。船上有托儿服务，有免费时段和收费时段。如果需要请上船时查询。

对于老年乘客，首先，要注意防止跌伤，这是船上最容易发生的事故；其次，注意饮食习惯，如果平时不吃冷餐，在船上也要避免吃凉的；最后，如果有慢性病，记得带上常用药品，最好带上医生开的证明文件。如果有较严重的残疾，可以在订票时先和邮轮公司联系说明情况，邮轮上会做特殊安排。孕妇一般 28 周之后就不允许上船，之前则请自己斟酌。

4．海上安全

GPS 全球自动定位系统：此配置不仅具有行星自动导航功能，而且兼具海上航行自动避碰的安全作用。

平衡翼：几乎所有的邮轮上都配有此装置，平衡翼的加装配用是避免船舶在遭遇强风巨浪时，引起乘客或本身乘组员晕船。

救生船艇：根据联合国规定，任何船舶在船身的任何一侧都得装置足够救生的船艇以及海上浮具等设备，其中紧急救生艇必须能一次装载船上所有全额成组员及旅客人数的125%的容量，从而确保旅客及乘组员的安全。

海洋环境：为了保护海洋环境的需要，根据《联合国海洋法公约》规定，船舶必须配置足以防止、减少、控制任何污染来源的设备。

为了把安全措施区分优先次序，必须通过确认港口设施在物质安全性、结构的完整性、保护系统、程序性的政策、通信系统、运输基础设施、公共设施以及港口设施中很可能成为目标的其他方面的弱点，要求港口开发港口设施的安全计划，要任命港口设施的安全官员，要有某些安全设施的通道。因此，对于潜在的安全问题，船上的安全人员更具有敏锐的观察力和警觉的行动力。这些对于训练有素的船员来说，是控制风险的一种优势。

邮轮上的检查者参与邮轮上的检测时，要核实消防安全，确认救生设备室可用且按要求置于合适的位置，检阅在船员指导下进行的消防演习和弃船演习，同时测试关键设备，如转向系统、消防浆和救生艇等。在同意船舶在美国口岸搭载乘客前，海岸警卫队有权要求纠正任何不足与缺陷，从而保障邮轮上面所有人的安全。

5. 邮轮安全

乘组员安全训练：邮轮上的每一位乘组员必须先通过严格的安全训练并取得测试合格登记才能上船。

消防安全：在邮轮上，凡是客舱、通道、梯间和公共设施等处所，都配有烟雾侦测、防火隔舱、防火建材以及指示逃生路径等安全设施。

门禁安全：邮轮上除了严禁乘组员及旅客接待任何外来访客登船外，旅客上下邮轮均应接受相关的安检。

在邮轮出发前，海岸警卫队将会检查所有的安全计划，而且还可以要求对安全措施进行改进。在游客踏上国际航程之前，其行李一般会被搜查或者经过检查设备进行检查。码头经营者和邮轮公司为乘客身份识别和访客管制设定严格的程序。在起航之前，邮轮上的所有乘客要提前跟邮轮公司核对好，所有这些安保措施的目的是防止非法武器和非法人员上船，保证游客在旅行时的安全。

在邮轮上，一些场所会提供通俗易懂的安全信息，内容包括：①如何识别邮轮上的紧急信号（一般会通过公共广播系统发布警铃和口哨信号，以补充公告）；②房间里的救生圈的位置（如有必要，客房服务员会提供儿童专用的救生圈）；③说明书和图片，用以解释如何使用救生圈，以及特定房间里乘客救生艇的安排。现代邮轮带有多种多样的救生艇。在紧急情况下，乘客会被安排到救生艇或其他类似的救生设备上。

每艘邮轮都设有一名船舶安全官员，他们负责邮轮的安全计划，他们的职责包括确保对负责人和员工进行适当的、足够的培训，同时遵守安全计划，熟知国际法、国内法规、当前的安全威胁、安全问题的形式等。

邮轮上的酒店部门的工作人员在安全程序方面也发挥着重要的作用，甚至可能是关键作用。他们一般负责协助和指导乘客进行应急演习，尽管他们会有其他的安全职责。规定要求，指引乘客通往救生艇的指示标志要张贴在邮轮的走廊上和楼梯口。负责每艘救生艇的船员要集中或者调动乘客，安排到他所负责的救生艇上，并最后一次说明如何正确穿上和调整他们的救生圈。如有必要，船员应准备好帮助乘客以及阐明应急步骤。

邮轮作为海上浮动的度假村，承载着成百上千旅客对于假期休闲放松的美好愿望。因此，提高邮轮的安全性应当成为邮轮公司以及其他相关部门工作的重中之重。

“康科迪亚”号灾难的发生，为国际及各国邮轮安全相关部门以及各国的邮轮公司敲响了警钟。许多专家认为，邮轮大型化的脚步远远超过与之相匹配的安全规程更新的速度，这将是邮轮安全的一个重大的隐患。“康科迪亚”号的灾难促使国际及各国相关部门加快了相关邮轮安全规定完善的脚步。希望各国的邮轮公司能够从事故中吸取教训，总结经验，加强管理力度，将邮轮打造成真正的最为安全的旅游交通方式。

（三）卫生与健康

邮轮上提供针对乘客和船员的紧急医疗救护措施，如有重病患者和重伤人员，经过船上医师的确诊后，将把病人转移到沿岸的医院。

邮轮上的饮食是关系到旅客生命健康安全的大事。船上的食品都要经过定期检查和不定期检查，主要检查饮用水、食物储备、食物配置和处理以及总体卫生条件。

邮轮在出发前，邮轮公司会提前警告游客潜在的风险，并建议他们在需要更多信息时联系他们的医生或寻求合理的建议。一般来说，在岸上喝水是不安全的，建议游客购买瓶装的水，而且不要加冰块的；食物在食用之前一定要洗一下。

根据港口卫生法规，港口卫生官员可以对船舶进行检查，他们将检查船舶的任何一个部分，以确保船舶运营是安全卫生的。船上的厨房常是检查的重点，因为这里关系到供消费的食物储存和准备。大部分大型船舶都雇用一名环境安全员，负责确保船舶符合规定并达到最低标准。

中国疾病预防控制中心（Chinese Center For Disease Control And Prevention，CDC）检查饮用水的供应，以确保饮用水的存储和输送设备是干净的，同时也要对饮用水进行微生物分析以确保饮用水的消费安全，要检查泳池和按摩池以确保它们是安全的，并且维护良好，对员工的检查主要侧重于传染、卫生管理、员工卫生知识以及食品安全的监督。

在船上时，游客不能在起居室或卧室进行食物制作，非食品工作人员不得进入食品准备、食品储藏和餐具洗涤区；短暂的参观必须经许可方能进入，并保证不接触食物、干净的仪器、餐具和餐布；要保护未包装的一次性服务和一次性使用的物品不受污染。

相关链接

（一）国家旅游局和国家工商行政管理总局编制2010版团队出境旅游合同

使　用　说　明

1. 本合同为示范文本，供中华人民共和国境内（不含港、澳、台地区）经营出境旅游业务的旅行社（以下简称“出境社”）与出境旅游者（以下简称“旅游者”）之间签订团队出境旅游（不含赴台湾地区旅游）合同时使用。

2. 双方当事人应当结合具体情况选择本合同协议条款中所提供的选择项，空格处应当以文字形式填写完整。

3. 双方当事人可以书面形式对本示范文本内容进行变更或者补充。变更或者补充的内容，不得减轻或者免除应当由出境社承担的责任。

4. 本示范文本由国家旅游局和国家工商行政管理总局共同制定、解释，在全国范围内推行使用。

团队出境旅游合同

合同编号：________

旅游者：________________________________等____人（名单可附页，需出境社和旅游者代表签字盖章确认）；

出境社：____；

旅行社业务经营许可证编号：____________。

第一章　定义和概念

第一条　本合同词语定义

1. 出境社，指取得《旅行社业务经营许可证》和《企业法人营业执照》、具有出境旅游业务经营权的旅行社。

2. 旅游者，指与出境社签订出境旅游合同，参加出境旅游活动的中国内地居民及在中国内地的外国人、在内地的香港特别行政区、澳门特别行政区居民和在大陆的台湾地区居民或者团体。

3. 出境旅游服务，指出境社依据《旅行社条例》等法律法规，组织旅游者出国及赴港、澳地区等旅游目的地旅游，代办旅游签证/签注，代订公共交通客票，安排餐饮、住宿、游览等服务活动。

4. 旅游费用，指旅游者支付给出境社，用于购买出境旅游服务的费用。

旅游费用包括：

(1) 必要的签证/签注费用（旅游者自办的除外）；

(2) 交通费（含境外机场税）；

(3) 住宿费；

(4) 餐费（不含酒水费）；

(5) 出境社统一安排的景区景点的第一道门票费；

(6) 行程中安排的其他项目费用；

(7) 导游服务费和出境社、境外接待旅行社（简称“地接社”）等其他服务费用。

旅游费用不包括：

(1) 旅游证件的费用和办理离团的费用；

(2) 旅游者投保的个人旅游保险费用；

(3) 合同约定另行付费项目的费用；

(4) 合同未约定由出境社支付的费用，包括但不限于行程以外非合同约定项目所需的费用、自行安排活动期间发生的费用；

(5) 境外小费；

(6) 行程中发生的旅游者个人费用，包括但不限于交通工具上的非免费餐饮费、行李超重费，住宿期间的洗衣、通信、饮料及酒类费用，个人娱乐费用，个人伤病医疗费，寻找个人遗失物品的费用及报酬，个人原因造成的赔偿费用。

5. 购物场所，指行程中安排的、专门或者主要以购物为活动内容的场所。

6. 自由活动，指《旅游行程计划说明书》中安排的自由活动。

7. 自行安排活动期间，指《旅游行程计划说明书》中安排的自由活动期间、旅游者不参加旅游行程活动期间、每日行程开始前、结束后旅游者离开住宿设施的个人活动期间、旅游者经领队或者导游同意暂时离团的个人活动期间。

8. 旅行社责任保险，指以旅行社因其组织的旅游活动对旅游者和受其委派为旅游者提供服务的人员依法应当承担的赔偿责任为保险标的的保险。

9. 旅游者投保的个人旅游保险，指旅游者自己购买或者通过旅行社、航空机票代理点、景区等保险代理机构购买的以旅行期间自身的生命、身体、财产或者有关利益为保险标的的短期保险，包括但不限于航空意外险、旅游意外险、紧急救援保险、特殊项目意外险。

10. 离团，指团队旅游者在境外经领队同意不随团队完成约定行程的行为。

11. 脱团，指团队旅游者在境外未经领队同意脱离旅游团队，不随团队完成约定行程的行为。

12. 转团，指由于低于成团人数，出境社征得旅游者书面同意，在出发前将旅游者转至其他旅行社所组的出境旅游团队的行为。

13. 拼团，指出境社在保证所承诺的服务内容和标准不变的前提下，在签订合同时经旅游者同意，与其他出境社招徕的旅游者拼成一个团统一安排旅游服务的行为。

14. 不可抗力，指不能预见、不能避免并不能克服的客观情况，包括但不限于因自然原因和社会原因引起的，如自然灾害、战争、恐怖活动、动乱、骚乱、罢工、突发公共卫生事件、政府行为。

15. 意外事件，指因当事人故意或者过失以外的偶然因素引发的事件，包括但不限于重大礼宾活动导致的交通堵塞、列车航班晚点、景点临时不开放。

16. 业务损失费，指出境社因旅游者行前退团而产生的经济损失。包括乘坐飞机（车、船）等交通工具的费用（含预订金）、旅游签证/签注费用、饭店住宿费用（含预订金）、旅游观光汽车的人均车租等已发生的实际费用。

17. 黄金周，指通过调休将春节、“十一”等3天法定节日与前后公休日相连形成通常为7天的公众节假日。

第二章　合同的签订

第二条　旅游行程计划说明书

出境社应当提供带团号的《旅游行程计划说明书》（以下简称《计划书》），经双方签字或者盖章确认后作为本合同的组成部分。《计划书》应当对如下内容作出明确的说明：

（1）旅游行程的出发地、途经地、目的地，线路行程时间（按自然日计算，含乘飞机、车、船等在途时间，不足24小时以一日计）；

（2）旅游目的地地接旅行社的名称、地址、联系人和联系电话；

（3）交通服务安排及其标准（明确交通工具及档次等级、出发时间以及是否需中转等信息）；

（4）住宿服务安排及其标准（明确住宿饭店的名称、地址、档次等级及是否有空调、热水等相关服务设施）；

（5）用餐（早餐和正餐）服务安排及其标准（明确用餐次数、地点、标准）；

（6）出境社统一安排的游览项目的具体内容及时间（明确旅游线路内容包括景区点及游览项目名称、景区点停留的最少时间）；

（7）自由活动次数和时间；

（8）购物安排（出境社安排的购物次数不超过行程日数的一半，并同时列明购物场所名称、停留的最多时间及主要商品等内容）；

（9）行程安排的娱乐活动（明确娱乐活动的时间、地点和项目内容）；

（10）另行付费项目（如有安排，出境社应当在签约时向旅游者提供《境外另行付费项目表》，列明另行付费项目的价格、参加该另行付费项目的交通费和导游服务费等，由旅游者自愿选择并签字确认后作为本合同的组成部分，另行付费项目应当以不影响计划行程为原则）；

《计划书》用语须准确清晰，在表明服务标准用语中不应当出现“准×星级”、“豪华”、“仅供参考”、“以××为准”、“与××同级”等不确定用语。

第三条　签订合同

旅游者应当认真阅读本合同条款、《计划书》和《境外另行付费项目表》，在旅游者理解本合同条款及有关附件后，出境社和旅游者应当签订书面合同。

第四条　旅游广告及宣传品

出境社的旅游广告及宣传品应当遵循诚实信用的原则，其内容符合《中华人民共和国合同法》要约规定的，视为本合同的组成部分，对出境社和旅游者双方具有约束力。

第五条　合同效力

本合同一式两份，双方各持一份，具有同等法律效力，自双方当事人签字或者盖章之日起生效。

第三章　合同双方的权利义务

第六条　出境社的权利

1. 根据旅游者的身体健康状况及相关条件决定是否接纳旅游者报名参团；

2. 核实旅游者提供的相关信息资料；

3. 按照合同约定向旅游者收取全额旅游费用；

4. 旅游团队遇紧急情况时，可以采取紧急避险措施并要求旅游者配合；

5. 拒绝旅游者提出的超出合同约定的不合理要求。

第七条　出境社的义务

1. 按照合同和《计划书》约定的内容和标准为旅游者提供服务；

2. 在出团前召开说明会，把根据《计划书》细化的《行程表》和《行程须知》发给旅游者，如实告知具体行程安排和有关具体事项，具体事项包括但不限于所到国家或者地区的重要规定和风俗习惯、安全避险措施、境外小费标准、外汇兑换事项、应急联络方式（包括我驻外使领馆及出境社境内和境外应急联系人及联系方式）；

3. 为旅游团队安排符合《旅行社条例》、《中国公民出国旅游管理办法》等法规、规章规定的持证领队人员；

4. 妥善保管旅游者提交的各种证件；

5. 为旅游者发放用中英文固定格式书写、由旅游者填写的载明个人信息的安全保障卡（包括旅游者的姓名、国籍、血型、应急联络方式等）；

6. 对可能危及旅游者人身、财产安全的事项和须注意的问题，向旅游者做出真实的说明和明确的警示，并采取合理必要措施防止危害发生，旅游者人身、财产权益受到损害时，应采取合理必要的保护和救助措施，避免旅游者人身、财产权益损失扩大；

7. 按照相关法规、规章的规定投保旅行社责任保险；

8. 提示旅游者购买个人旅游保险；

9. 按照合同约定安排购物和另行付费项目，不强迫或者变相强迫旅游者购物和参加另行付费项目；

10. 旅游者在《计划书》安排的购物场所所购物品系假冒伪劣商品时，旅游者提出索赔的，积极协助旅游者进行索赔，自索赔之日起超过90日，旅游者无法从购物点获得赔偿的，应当先行赔付；

11. 向旅游者提供合法的旅游费用发票；

12. 依法对旅游者个人信息保密；

13. 积极协调处理旅游者在旅游行程中的投诉，出现纠纷时，采取适当措施防止损失扩大；

14. 采用拼团方式出团的，出境社仍承担本合同约定的责任和义务。

第八条　旅游者的权利

1. 要求出境社按照合同和《计划书》及依据《计划书》细化的《行程表》兑现旅游行程服务；

2. 拒绝出境社及其工作人员未经事先协商一致的转团、拼团行为和合同约定以外的购物及另行付费项目安排；

3. 在支付旅游费用时要求出境社开具发票；

4. 在合法权益受到损害时向旅游、工商等部门投诉或者要求出境社协助索赔；

5.《中华人民共和国消费者权益保护法》和有关法律法规赋予消费者的其他各项权利。

第九条　旅游者的义务

1. 如实填写《出境旅游报名表》、签证/签注资料和游客安全保障卡，并对所填的内容承担责任，如实告知出境社工作人员询问的与旅游活动相关的个人健康信息，所提供的联系方式须是经常使用或者能够及时联系到的；

2. 向出境社提交的因私护照或者通行证有效期在半年以上，自办签证/签注者应当确保所持签证/签注在出游期间有效；

3. 按照合同约定支付旅游费用；

4. 按照合同约定随团完成旅游行程，配合领队人员的统一管理，发生突发事件时，采取措施防止损失扩大；

5. 遵守我国和旅游目的地国家（地区）的法律法规和有关规定，不携带违禁物品出入境，不在境外滞留不归；

6. 遵守旅游目的地国家（地区）的公共秩序，尊重当地的风俗习惯，尊重旅游服务人员的人格，举止文明，不在景观、建筑上乱刻乱画，不随地吐痰和乱扔垃圾，不参与色情、赌博和涉毒活动；

7. 妥善保管自己的行李物品，尤其是贵重物品；

8. 行程中发生纠纷时，本着平等协商的原则解决，采取适当措施防止损失扩大，不采取拒绝登机（车、船）等行为拖延行程或者脱团；

9. 在自行安排活动期间，应当在自己能够控制风险的范围内选择活动项目，并对自己的安全负责；

10. 在合法权益受到损害要求出境社协助索赔时，提供合法有效的凭据。

第四章　合同的变更与转让

第十条　合同的变更

1. 出境社与旅游者双方协商一致，可以变更本合同约定的内容，但应当以书面形式由双方签字确认。由此增加的旅游费用及给对方造成的损失，由变更提出方承担；由此减少的旅游费用，出境社应当退还旅游者。

2. 因不可抗力或者意外事件导致无法履行或者继续履行合同的，出境社可以在征得团队50%以上成员同意后，对相应内容予以变更。因情况紧急无法征求意见或者经征求意见无法得到50%以上成员同意时，出境社可以决定内容的变更，但应当就作出的决定提供必要的证明。

3. 在行前遇到不可抗力或者意外事件的，双方经协商可以取消行程或者延期出行。取消行程的，出境社向旅游者全额退还旅游费用（已发生的签证/签注费用可以扣除）。已发生旅游费用的，应当由双方协商后合理分担。

4. 在行程中遇到不可抗力导致无法继续履行合同的，出境社按本条第 2 款的约定实施变更后，将未发生的旅游费用退还旅游者，增加的旅游费用，应当由双方协商后合理分担。

5. 在行程中遇到意外事件导致无法继续履行合同的，出境社按本条第 2 款的约定实施变更后，将未发生的旅游费用退还旅游者，因此增加的旅游费用由提出变更的一方承担（但因紧急避险所致的，由受益方承担）。

第十一条　合同的转让

经出境社书面同意，旅游者可以将其在合同中的权利和义务转让给符合出游条件的第三人，因此增加的费用由旅游者承担，减少的费用由出境社退还旅游者。

第十二条　不成团的安排

当低于成团人数不能成团时，旅游者可以与出境社就如下安排在本合同第二十二条中做出约定。

1. 转团：出境社可以在保证所承诺的服务内容和标准不降低的前提下，经事先征得旅游者书面同意，将旅游者转至其他出境社所组的出境旅游团队，并就受让出团的出境社违反本合同约定的行为先行承担责任，再行追偿。旅游者和受让出团的出境社另行签订合同的，本合同的权利义务终止。

2. 延期出团和改签线路出团：出境社经征得旅游者书面同意，可以延期出团或者改签其他线路出团，需要时可以重新签订旅游合同，因此增加的费用由旅游者承担，减少的费用出境社予以退还。

第五章　合同的解除

第十三条　不同意转团、延期出团和改签线路的合同解除

低于成团人数不能成团时，旅游者既不同意转团，也不同意延期和改签其他线路出团的，视为出境社解除合同，按本合同第十四条、第十六条第1款相关约定处理。

第十四条　行程前的合同解除

旅游者和出境社在行前可以书面形式提出解除合同。在出发前30日（按出发日减去解除合同通知到达日的自然日之差计算，下同）以上（不含第30日）提出解除合同的，双方互不承担违约责任。出境社提出解除合同的，全额退还旅游费用（不得扣除签证/签注费用）；旅游者提出解除合同，如已办理签证/签注的，应当扣除签证/签注费用。出境社应当在解除合同的通知到达日起5个工作日内，向旅游者退还旅游费用。

旅游者或者出境社在出发前30日以内（含第30日，下同）提出解除合同的，由提出解除合同的一方承担违约责任。

第十五条　行程中的合同解除

1. 旅游者未按约定时间到达约定集合出发地点，也未能在出发中途加入旅游团队的，视为旅游者解除合同，按照本合同第十七条第1款相关约定处理。

2. 旅游者在行程中脱团的，出境社可以解除合同。旅游者不得要求出境社退还旅游费用，如给出境社造成损失的，应当承担相应的赔偿责任。

第六章　违约责任

第十六条　出境社的违约责任

1. 出境社在出发前30日以内（含第30日，下同）提出解除合同的，向旅游者退还全额旅游费用（不得扣除签证/签注等费用），并按下列标准向旅游者支付违约金：

出发前30日至15日，支付旅游费用总额2%的违约金；

出发前14日至7日，支付旅游费用总额5%的违约金；

出发前6日至4日，支付旅游费用总额10%的违约金；

出发前3日至1日，支付旅游费用总额15%的违约金；

出发当日，支付旅游费用总额20%的违约金。

如上述违约金不足以赔偿旅游者的实际损失，出境社应当按实际损失对旅游者予以赔偿。

出境社应当在取消出团通知到达日起5个工作日内，向旅游者退还全额旅游费用并支付违约金。

2. 出境社未按合同约定提供服务，或者未经旅游者同意调整旅游行程（本合同第十条第2款规定的情形除外），造成项目减少、旅游时间缩短或者标准降低的，应当采取措施予以补救，未采取补救措施或者已采取补救措施但不足以弥补旅游者损失的，应当承担相应的赔偿责任。

3. 出境社领队或者境外导游未经旅游者签字确认安排本合同约定以外的另行付费项目的，应当承担擅自安排的另行付费项目费用；擅自增加购物次数，每次按旅游费用总额10%向旅游者支付违约金；出境社强迫或者变相强迫旅游者购物的，每次按旅游费用总额的20%向旅游者支付违约金。

4. 出境社违反合同约定在境外中止对旅游者提供住宿、用餐、交通等旅游服务的，应当负担旅游者在被中止旅游服务期间所订的同等级别的住宿、用餐、交通等必要费用，并向旅游者支付旅游费用总额30%的违约金。如果因此给旅游者造成其他人身、财产损害的，出境社还应当承担损害赔偿责任。

5. 出境社未经旅游者同意，擅自将旅游者转团、拼团的，旅游者在出发前（不含当日）得知的，有权解除合同，出境社全额退还已交旅游费用，并按旅游费用总额的15%支付违约金；旅游者在出发当日或者出发后得知的，出境社应当按旅游费用总额的25%支付违约金。如违约金不足以赔偿旅游者的实际损失，出境社应当按实际损失对旅游者予以赔偿。

6. 与旅游者出现纠纷时，出境社应当积极采取措施防止损失扩大，否则应当就扩大的损失承担责任。

第十七条 旅游者的违约责任

1. 旅游者在出发前30日内（含第30日，下同）提出解除合同的，应当按下列标准向出境社支付业务损失费：

出发前30日至15日，按旅游费用总额5%；

出发前14日至7日，按旅游费用总额15%；

出发前6日至4日，按旅游费用总额70%；

出发前3日至1日，按旅游费用总额85%；

出发当日，按旅游费用总额90%。

如按上述比例支付的业务损失费不足以赔偿出境社的实际损失，旅游者应当按实际损失对出境社予以赔偿，但最高额不应当超过旅游费用总额。

出境社在扣除上述业务损失费后，应当在旅游者退团通知到达日起5个工作日内向旅游者退还剩余旅游费用。

2. 因不听从出境社及其领队的劝告而影响团队行程，给出境社造成损失的，应当承担相应的赔偿责任。

3. 旅游者超出本合同约定的内容进行个人活动所造成的损失，由其自行承担。

4. 由于旅游者的过错，使出境社遭受损害的，应当由旅游者赔偿损失。

5. 与出境社出现纠纷时，旅游者应当积极采取措施防止损失扩大，否则应当就扩大的损失承担责任。

第十八条 其他责任

1. 因旅游者提供材料存在问题或者自身其他原因被拒签、缓签、拒绝入境和出境的，相关责任和费用由旅游者承担，出境社将未发生的费用退还旅游者。如给出境社造成损失的，旅游者还应当承担赔偿责任。

2．由于第三方侵害等不可归责于出境社的原因导致旅游者人身、财产权益受到损害的，出境社不承担赔偿责任。但因出境社不履行协助义务致使旅游者人身、财产权益损失扩大的，应当就扩大的损失承担赔偿责任。

3．旅游者自行安排活动期间人身、财产权益受到损害的，出境社在事前已尽到必要警示说明义务且事后已尽到必要协助义务的，出境社不承担赔偿责任。

第七章　协议条款

第十九条　旅游时间

出发时间________，结束时间________；共____天____夜。

第二十条　旅游费用及支付

（旅游费用以人民币为计算单位）

成人________元/人；儿童（不满12岁的）________元/人；

合计________元（其中签证/签注费用________元/人）。

旅游费用支付的方式和时间________。

第二十一条　个人旅游保险

旅游者________（同意或者不同意，打钩无效）委托出境社办理旅游者投保的个人旅游保险。

保险产品名称：________________________________

保　　险　　人：________________________________

保　险　金　额：________________________元人民币

保　　险　　费：________________________元人民币

第二十二条　成团人数与不成团的约定

最低成团人数____人；低于此人数不能成团时，出境社应当在出发前____日通知旅游者。

如不能成团，旅游者是否同意按下列方式解决：

1．____（同意或者不同意，打钩无效）转至________出境社出团；

2．____（同意或者不同意，打钩无效）延期出团；

3．____（同意或者不同意，打钩无效）改签其他线路出团。

第二十三条　拼团约定

旅游者____（同意或者不同意，打钩无效）采用拼团方式出团。

第二十四条　黄金周特别约定

黄金周旅游高峰期间，旅游者和出境社对行前退团及取消出团的提前告知时间、相关责任约定如下：

提前告知时间	旅游者行前退团应当支付出境社的业务损失费占旅游费用总额的百分比	出境社取消出团应当支付旅游者的违约金占旅游费用总额的百分比
出发前 日至 日		
出发前 日至 日		
出发前 日至 日		
出发前 日至 日		
出发前 日至 日		

第二十五条 争议的解决方式

本合同履行过程中发生争议，由双方协商解决，亦可向合同签订地的旅游质监执法机构、消费者协会等有关部门或者机构申请调解。协商或者调解不成的，按下列第____种方式解决：

1. 提交____________________仲裁委员会仲裁；

2. 依法向人民法院起诉。

第二十六条 其他约定事项

未尽事宜，经旅游者和出境社双方协商一致，可以列入补充条款。

（如合同空间不够，可以附纸张贴于空白处，在连接处需双方盖章。）

____

____

____

____

____

旅游者代表签字（盖章）：________ 出境社盖章：________________

证件号码：____________________ 签约代表签字（盖章）：________

住　　址：____________________ 营业地址：____________________

联系电话：____________________ 联系电话：____________________

传　　真：____________________ 传　　真：____________________

邮　　编：____________________ 邮　　编：____________________

电子信箱：____________________ 电子信箱：____________________

签约日期：________年____月____日 签约日期：________年____月____日

签约地点：____________________

出境社监督、投诉电话：________________

________省________市旅游质监执法机构：

投诉电话：________

电子邮箱：________

地　　址：________

邮　　编：________

附件1：出境旅游报名表

旅游线路及编号________旅游者出团意向时间________

<table>
<tr><td>姓　名</td><td></td><td>性　别</td><td></td><td>民　族</td><td></td><td>出生日期</td><td></td></tr>
<tr><td>身份证号码</td><td colspan="3"></td><td colspan="2">联系电话</td><td colspan="2"></td></tr>
<tr><td>身体状况</td><td colspan="7">（需注明身体情况是否适宜出游、有无突发病史、有无药物过敏史；是否身体残疾，是否为妊娠中妇女，是否为精神疾病等健康受损情形，出境社在接受旅游者报名后在合理范围内给予特别关照，所需费用由双方协商确定。）</td></tr>
<tr><td colspan="8">旅游者全部同行人名单及分房要求（所列同行人均视为旅游者要求必须同时安排出团）：
________与________同住，________与________同住，________与________同住，
________与________同住，________与________同住，________与________同住，
__________为单男/单女需要安排与他人同住，__________不占床位，
______________全程要求入住单间（同意补交房费差额）。</td></tr>
<tr><td colspan="8">其他补充约定：

旅游者确认签名（盖章）：　年　月　日</td></tr>
<tr><td>备注</td><td colspan="7">（年龄低于18周岁，需要提交监护人书面同意出行书）</td></tr>
<tr><td colspan="8">以下由出境社工作人员填写</td></tr>
<tr><td>服务网点名称</td><td colspan="3"></td><td colspan="2">出境社经办人</td><td colspan="2"></td></tr>
</table>

附件2：带团号的《旅游行程计划说明书》（略）

（二）上海锦江旅游有限公司的团队出境旅游合同补充协议（2013版样本）

其他条款

本人已阅读并同意合同文本全数条款。

旅游者（以下简称甲方）：______________________等________人

代表人：________________

（名单可附页，需旅行社和旅游者代表签字盖章确认）；

组团社（以下简称乙方）：________________；

旅行社基本信息：

公司地址：________________

旅行社业务经营许可证编号：__________；组织机构代码：__________

许可经营业务：出境旅游业务

公司总机：__________咨询电话：__________质监、投诉电话：__________

一、旅游线路信息

1. 团号：________________

2. 线路名称：________________

3. 组团方式：详见行程单（以“最终确认行程单”为准）

地接社名称：详见行程单（以“最终确认行程单”为准）

联合组团社名称：详见行程单（以“最终确认行程单”为准）

4. 出发时间__________，结束时间__________，共____天____夜。

（飞机、车、船在途时间以及前往目的地和返回境内时间包括在行程天数之内）

5. 旅游出发地：详见行程单

6. 旅游途经地：详见行程单；游览城市：详见行程单

7. 旅游目的地：详见行程单

二、旅游费用及支付

（旅游费用以人民币为计算单位）

成人：____元/人；儿童（____周岁以下不占床位）：____元/人；儿童占床同成人价。

特殊费用：__________（单房差/升舱费用/加床费等）。

合计：________元（大写：________________元整。）

旅游费用支付的方式：__________

旅游费用支付的时间：签订本合同同时支付________元/人预付款，团队出发前付清余款。

三、个人旅游保险

旅游者________（同意或者不同意，打钩无效）委托组团社办理旅游者投保的个人旅游保险。

保险产品名称：________________；

保险人：________________

保险金额：详见保单；

保险费：详见保单。

本人确认：

本人已仔细阅读个人旅游保险的相关合同条款，尤其是限制、免除保险人责任的规定，并知晓三大年龄段（未成年人、成年人、老年人）承保、赔付的保险金额是不同的，其中未成年人、老年人保险赔付金额较低。本人对保险合同的内容说明和提示完全理解，没有异议，申请投保。

本人已收到书面的保单和《保险条款》，本人知晓所有保险责任均以本保险条款所载为准，且明确知道保险理赔的具体金额由保险公司依据该保险条款决定。旅行社仅协助游客办理保险理赔手续，但无任何决定权。

旅游者确认签名：____________________日期：______年____月____日

四、成团人数与不成团的约定

最低成团人数：____人；低于此人数不能成团时，组团社应当在出发前30日（不含30日）通知旅游者。

如不能成团，旅游者是否同意按下列方式解决：

1. ________（同意或者不同意，打钩无效）转至其他旅行社出团；

2. ________（同意或者不同意，打钩无效）延期出团；

3. ________（同意或者不同意，打钩无效）改变其他线路出团。

五、拼团约定

旅游者________（同意或者不同意，打钩无效）采用拼团方式出团。

六、团费包含：

1. 签证：团队签证申请费用。

2. 交通：国际往返团体机票、机票税费、当地游览车辆费用等。

3. 用餐数及餐标：详见行程单。（以“最终确认行程单”为准）

4. 酒店住宿天数、酒店标准：详见行程单。（以“最终确认行程单”为准）

其中________为单男/单女，需要尽量安排与他人同住，若拼不成房，同意承担单房差价________元人民币/人；

其中____________为____周岁以下儿童不占床位；

其中____________全程要求入住单间，同意承担房差____元人民币/人；

特别告知：境外大部分酒店不提供三张同等床型的三人房，而且房间面积较小。如游客要求三人同住一间房，则为双人房内加床（提供沙发床或钢丝床），应另承担加床费。

5. 景点门票包含：详见行程单所标注游览景点及游览时间。

6. 领队、境外导游（中文讲解）、司机服务。

备注：如有特殊情况另行约定。

____

____

七、团费不包含：

1. 旅游证件的费用；

2. 旅游者投保的个人旅游保险费用；

3. 按照国际惯例，旅游者支付住宿酒店、邮轮或要求机场人员提供服务的小费；

4. 合同未约定由旅行社支付的费用，包括但不限于行程以外非合同约定项目所需的费用、自行安排活动期间发生的费用；

5. 行程中发生的旅游者个人费用，包括但不限于交通工具上的非免费餐饮费、行李超重费、住宿期间的洗衣、通信、饮料及酒类费用，个人娱乐费用，寻找个人遗失物品的费用及报酬，个人原因造成的赔偿费用。

八、争议的解决方式

本合同履行过程中发生争议，由双方协商解决；亦可向合同签订地的旅游质监执法机构、消费者协会等有关部门或者机构申请调解。协商或者调解不成的，依法向仲裁委员会申请仲裁或依法向人民法院起诉。

九、其他约定事项

1. 为办理签证、预留机位、酒店及行程中交通等，甲方签订旅游合同时，应按本合同约定支付乙方预付款，乙方应出具该款项的收款凭证。

2. 甲方对办理旅游中提供的所有资料的真实性及完整性负责，并对签证审查中乙方提出的增补材料给予充分的理解和配合。如甲方因自身签证材料原因或领馆原因造成拒签的，所产生相关签证等损失费用由甲方承担；如甲方提供虚假签证材料的，乙方将不予送签，相应损失费由甲方承担。

3. 甲方应根据自身健康状况报名参加旅游活动，甲方在报名参团时应提供个人正确信息（包括健康状况等信息或证明），乙方有权根据甲方的身体健康状况及相关条件等因素决定是否接纳甲方报名参团。因甲方虚报、瞒报上述有关情况且有《旅游法》第 66 条第 1 款情形的，一经发现或旅途中发生意外，由甲方承担全部责任和后果；且乙方有权单方面解除旅游合同，拒绝甲方继续参团，给乙方造成损失的，甲方应当承担赔偿责任。

4. 乙方在甲方报名和签订本合同时已特别提醒：甲方旅游者是七十岁以上老人，或未成年人，或怀孕，或患有心脏病、高血压、呼吸系统等病史以及存在可能影响旅游行程或旅游项目其他情况的，请在签订本合同时向乙方提供征得医生或家属书面同意意见书，或家属陪同出行；便于乙方给予适当关注。如甲方在行程中因身体不适而终止旅游或变更行程时，应将要求书面明确向乙方提出，乙方应给予配合，由此所产生本合同团费以外的全部费用由甲方自行承担。

5. 甲方报名参团发生自然单间或加床时需另补差价，乙方将根据参团客源情况尽量拼房，甲方同意乙方拼房时，应对自身拼房结果及对拼房后的生活习惯差异等情况负责。

6. 甲方已清楚行程中关于酒店等级标准的说明，在不使用国际统一标准的国家和地区以当地行业标准为准。

7. 甲方已清楚且愿意遵守：乙方提供的机票系特价舱位机票或乙方与航空公司约定不签转、更改或退票的机票，不得签转、更改或退票。

8. 国家旅游局未发出中国公民暂停前往该目的地的旅游警告前，甲方自行取消本次旅游导致本合同提前解除时，由甲方根据本合同规定支付乙方费用。国家旅游局发出中国公民暂停前往该目的地的旅游警告时，本合同自动解除，但已产生的乙方向境外地接社或者履行辅助人支付且不可退还的费用（包括但不限于签证费等）由甲方承担。

9. 由于公共交通经营者（包括但不限于航空公司，铁路公司、航运公司等）的原因造成甲方人身损害、财产损失的，由公共交通经营者依法承担赔偿责任。乙方不承担责任，乙方应协助甲方向公共交通经营者索赔。

10. 凡持非中国大陆护照的游客，或者自备签证的旅游者已明确知晓：应自行办理本次旅游签证和再次回中国内地大陆的签证。如因签证问题造成出入境受阻，由此产生的一切后果和相关费用由甲方全部自行承担。

11. 甲方在前往国或地区入境时，由于自身原因而被当地移民局或海关拒绝入境或遣返，由此产生的一切后果及相关费用由甲方自行承担。

12. 凡参加欧洲、美洲、中东、非洲等旅游线路的旅游者，甲方应有义务按使领馆要求于规定时间地点前往使领馆进行签证面试；以及旅游回国后须按使领馆要求履行“销签”义务，或在规定时间内去使领馆面试“销签”。因此发生的路费和误工费由甲方自行承担。

13. 乙方已告知甲方：在境外旅游期间（包括团队活动、自由活动和自行安排活动期间）应当注意自身的人身、交通、财物、饮食等安全，尤其涉及参加高危活动带来的安全风险（包括但不限于潜水、游泳、浮潜、高速摩托艇、降落伞、攀岩、骑马、蹦极等），游客应当考虑自身的健康、疾病和各种条件后自愿参加；若因未遵守上述提示和警示而发生任何事故或任何后果，其责任自负；乙方不承担任何责任。

14. 甲方的随身行李物品、现金和贵重物品等应自行妥善保管，如发生损失，乙方不承担赔偿责任。甲方在旅游行程中自由活动或自行安排活动期间，应注意自身和他人的人身和财产安全，并在自己能够控制风险的范围内活动。该期间若发生任何意外事故，应及时联系乙方随团人员。乙方积极配合甲方处理意外事故，但不承担所产生的经济费用及责任。

15. 乙方已向甲方提示投保人身意外伤害保险，甲方已明确。乙方提示甲方应仔细阅读相关保险条款，如发生意外，保险公司按理赔细则进行处理。

16. 甲方自行保管护照证件，如发生遗失、毁损等，由此产生的一切后果和相关费用由甲方全部自行承担。

下篇
邮轮销售流程和技巧

第四章 邮轮销售技巧

销售是创造、沟通与传送价值给顾客，以及经营顾客关系以便让组织与其利益关系人受益的一种组织功能与程序。简单来讲，销售就是销售人员向顾客介绍商品提供的利益，从而促成顾客购买的过程。邮轮产品的销售也是如此，它是一种销售人员针对邮轮产品进行阐释，促成客户选择这项商品以满足自身需要的过程，其目标是满足客户需求。

由于客户对邮轮产品的认知程度不同，需要销售人员运用不同的销售技巧，向游客解说邮轮产品提供的利益，最大化地满足客户的需求。这就需要销售人员做到以下几点：深谙产品，全面推荐；了解需求，有的放矢；激发需求，按需销售。本章将介绍邮轮产品销售的入门知识、销售流程和销售技巧等内容。

第一节　成功邮轮销售入门

邮轮旅游带给游客的非凡体验是其他任何旅游产品所不能比拟的，而销售邮轮旅游产品又是销售所有旅游产品中利润回报最高的一种。作为邮轮销售人员应该要做到的是帮助旅游者快速、准确地定位信息从而满足其需要，并让其感知到邮轮旅游产品是他们最佳的选择。销售人员向游客推荐邮轮产品之前，应该对邮轮旅游掌握尽量多的信息。

一、激发游客购买兴趣

邮轮产品以其新鲜、时尚、浪漫、丰富及多层次的特色，成为集客运、娱乐休闲、住宿等多种元素于一体的综合型旅游产品。随着消费者偏好的旅游方式由“观光旅游”向“休闲旅游”的转变，邮轮旅游产品正受到越来越多消费者的青睐，并成为出境游市场极具开发潜力的新兴旅游产品。而引发消费者对邮轮旅游的需求使其转化为购买动机是达成购买行为关键的第一步。

消费者的需求是其购买邮轮的产品的原始动力，消费者对邮轮产品的购买行为来自于对其需求的确认。消费者通过对具体邮轮产品的消费来满足自身需求。

内在需求。消费者的内在需求存在多种形态，包括生活的各种污染、繁重的生活压力、对邮轮旅游方式的好奇、多个国家不同景点的向往等。当这些内在需求积累到一定强度，便会转化为消费者的购买动机，最终可能成为购买行为。

外在需求。外在需求也可以激发消费者的购买动机。例如，潜在客户受到目的地旅游广告宣传的吸引，邮轮公司推出的各种优惠政策，曾经尝试过邮轮旅游的消费者口述，法定长假的客观条件等一系列外在条件都会引起消费者的外在需求，当它们与内在需求结合，将极大可能地转化为消费者的购买动机。

二、消除游客的顾虑和抵触

由于邮轮旅游在我国仍是一个新鲜事物，许多旅游者还没有尝试过邮轮旅游，即使在邮轮旅游市场较为成熟的北美地区，也仅有10%的成年人有过邮轮旅游的经历。那些对于邮轮旅游一无所知，并且不知道自己想要什么的游客，往往会对邮轮旅游产生误解甚至抵触。因此，邮轮销售人员需要在这方面下功夫，向游客全面客观地介绍邮轮旅游，有针对性地打消游客的顾虑。

（一）价格昂贵

没参加过邮轮旅游的游客会认为邮轮旅游价格高昂，所以他们往往会推迟参加邮轮旅游的时间甚至取消邮轮旅游计划。

世界上确有超豪华邮轮，30平方米的精品客舱，晚餐吃龙虾之类，其船费每人每天的平均票价约为450美元，是普通邮轮的3倍左右。好在邮轮旅游并非“贵即是好”。各公司也存在降价的恶性竞争，对乘坐邮轮游客来说，邮轮旅游还是超值的，5000元左右的船票包含了交通、客房、餐饮、娱乐等服务，平均每天仅1000元，这要放在岸上旅游，恐怕1天的房费都不足够。所以，中国游客的邮轮假期虽不奢华，却是一种物超所值的新型旅游方式。而游客需要准备的仅仅是调整好心态，避免先入为主地勾勒一个“超豪华”的幻境。以歌诗达维多利亚号2012年5月上海—济州—福冈—细岛—上海航线为例，标准内舱的船票为3999元/人起（提前30天预订）。试想下，不出4000元就有6天的歌诗达邮轮假期，怎能不期待五星客房或奢侈美食呢？

要想帮助游客克服这种心理障碍，一定要让游客清楚认识到任何时间都是邮轮旅游的最佳时机，并强调邮轮旅游带给邮轮的价值。重点关注邮轮旅游是可以负担得起的，是完全可以在游客的旅游预算中的。

（二）船上活动无聊

在非邮轮旅游游客中这种想法非常常见。游客会觉得在船上无所事事。克服这个心理障碍就要向游客解释邮轮上所有的活动及其精彩程度。这时候，多种表现手法就显得尤为必要。例如，让游客观看邮轮旅游视频，播放邮轮途经旅游目的地的风土人情宣传片等。

（三）岸上观光时间有限

面对这种顾虑，销售人员要向游客说明邮轮旅游目的地选择的主要目的是为了让游客尝试一下，如果游客喜欢该目的地，他可以单独前往长时间旅游，并且询问游客是否要提供包价旅游，这样可以安排其喜欢的目的地进行长时间旅游。

（四）晕船恐惧症

处理这种顾虑需要销售人员解释邮轮的稳定性，在船上几乎感觉不到太大的晃动。

（五）安全问题

1. 人身安全

现行的《国际海上人命安全公约》要求，邮轮救生设施总计载人能力必须达到125%以上，并且每次起航时都必须动员旅客进行海上救生演习。

“泰坦尼克”号海难令世界震惊的同时，却也成为制定海上安全国际公约和现代船舶安全规则的起点。1913年在伦敦举行了第一届国际海上生命安全会议，要求加强安全及救护措施。此后，邮轮的安全性能不断提高，现代豪华邮轮在精确导航、海上避碰、海上救生以及减免晕船等硬体设施的要求上，都有了严格的国际化规范标准。

早期的邮轮其实就是远洋客轮，在没有飞机的时代，跨越大海只能选择邮轮，一些危险航线不可避免，所以才出现了“泰坦尼克”号的悲剧。而现代邮轮大多以观光度假为主，选择的线路也都是比较安全的，通常不会到冰山出没的海域航行。所以，撞冰山更多只在电影里出现，现代的邮轮旅行不容易与冰山相遇。

安全问题是邮轮公司永远的课题之一。对船只设备的例行检查和维护、乘客安全演练、常规弃船演练以及每月对船员的安全培训会议都是邮轮公司解决安全问题的手段。

上了邮轮后，乘客们要做而且必做的第一件事情就是安全逃生演习，要求所有游客都到甲板上，进行一次安全演练，学习使用救生衣及安全设施，了解事故发生时的逃生方式。

2. **财产安全**

游客来到一个载客数千人的巨型邮轮，如同到了一个小世界。关于邮轮航行安全方面的问题，有联合国国际海事组织的严格规则，并不需要游客过分担心。财产安全是邮轮公司极为重视的问题之一，并且已被诸多邮轮公司所顾及。在登上邮轮时，游客需要托运的行李被贴好专用行李条，送至各自的房间，不必担心行李丢失。

行李托运抵达港口后，大件行李（手提行李除外）将交予行李托运处的邮轮职员。游客在所有行李上贴上随同旅行证件一起提供的行李标签。游客行李将由行李员照管，他们会将行李送至各位游客所在客舱。登船时，请向保安人员出示旅行证件和护照。手提行李也将在登船处接受扫描。一些邮轮公司允许预订套房的游客可享受优先登船。抵达港口后，若有更多疑问，可联系客户服务台的工作人员，他们将会提供游客所需要的信息。而带有标记的行李，在行程的最后一晚需放置在游客的舱门外。船员会收集起来，游客可以在登陆后，在港口领回。

（六）语言障碍和文化差异

目前在中国市场上的邮轮航线，绝大多数接受以旅行社团队的方式预订。这样的邮轮旅行不会遇到语言问题，配备正规的旅行社旅游团队及中文领队，协助游客进行各项活动。同时，邮轮上的服务人员也有一定数量的中国人。餐厅特地准备了中文菜单和会说中文的服务生，就算是一句英语不会说的老年人，也能顺利地点餐和用餐。在中国运营的邮轮也特别扩大了中餐规模，安排了一定比例会说中文的服务人员，并针对中国游客慢热的特点，相应增加了互动性较强的娱乐项目。此外，歌诗达邮轮还坚持船上告示均以多种语言进行，如舱房内的安全须知、求生指南、电视菜单等，部分还都很贴心地将中文放在了第一栏。

（七）签证手续烦琐

国际海域航程所需的文件是离出发日期至少 6 个月有效期的国际护照。登上邮轮时，乘客必须确保已携带国际护照、儿童出生证正本和预订确认书以便兑换邮轮通行卡。

邮轮旅游签证在出发或选择线路前，通常中国公民护照需要每个目的地的签证，如果途经几个国家，便需要这些国家使馆的签证（如果是欧洲申根签证国家，只签其一即可）。随着国内邮轮旅游业日渐发达，邮轮旅游签证手续不再是一件费时间的事情。只需根据行程提早安排，出具相关手续，寻找一家可靠的旅行社进行代办，签证手续便不再烦琐。如果选择旅行社报名邮轮旅行的方法，上船前则由领队组织登船，使登船流程更为流畅便捷。

三、专业准确推荐邮轮旅游产品

销售人员要像游客一样热情饱满地对待每一次邮轮旅游产品的销售。不失时机地在游客提出自己想法时推荐适合他们想法的产品，并把握每次时机促使游客做出最终购买决定。

销售人员在向游客推荐邮轮旅游产品时要遵循以下 6 个准则：

准则一：推荐游客喜欢的而不是您喜欢的。

准则二：仅推荐一个最合适的产品给游客。

准则三：销售的是价值而不是价格。

准则四：销售情感而不是销售物品。这个规则强调在船上的情感体验，而不是物质体验。

准则五：最大化地运用邮轮宣传册来进行推荐。

邮轮旅游宣传册通常被分为 3 个部分：第一部分是销售陈词。通过文字和图片的组合清楚地描述所要销售的邮轮旅游产品能带给游客的收益。第二部分是邮轮航程。整个航程应该包括航线地图、港口名字、停留和出发时间，并以表格形式表示。在表格旁边附以文字说明。这一部分还应该包括邮轮的主要组成部分以及设施设备的基本概况。第三部分主要是一些应该让游客知道的细节。这些内容主要包括安全策略、付款方式、费用花销、取消预订和申请退款等。这里也可能出现邮轮构成的介绍。

宣传册应该作为销售产品强有力的工具，尤其是册子的第一部分能帮助游客在脑海中形成整个航程的印象图，从而帮助他们置身旅游过程中。作为销售人员也应该同时了解和熟悉宣传册的第二和第三部分，因为游客有可能随时会问到相关信息。

要注意的一点是，游客阅读册子是从前往后读，但作为销售人员则应从后往前读。销售人员应该首先重点关注第二部分中的航程线路图、所停港口的时间和出发时间。其次，要关注邮轮结构图，分几个甲板层以及每个甲板层的名字。因为通常来说，甲板层越高费用越高，但不是所有都这样。以最高的甲板层为例，如果游客购买的是本层房间，应该向客人介绍该甲板层通过公共区域的途径。所有这些信息都应以不同颜色的表格图或饼状图来标志。在这些图中您可以看到该甲板层房间的所有信息，如淡季、平季和旺季的不同价格。

准则六：销售邮轮旅游的游客收益，而不是功能。关注邮轮旅游所带来的收益就是强调邮轮旅游能给游客带来什么意义，这点要清楚地传达给潜在购买者。传达邮轮旅游游客的收益比一般的仅强调邮轮旅游的功能和特色要更能吸引游客。

对于邮轮旅游来说，特色和功能就是邮轮非常快速，而游客收益是他们可以游览很多的目的地，或者说特色和功能是有很多餐厅，而游客收益是他们可以体验不同的菜系。通过这两个例子可以说明什么是功能和特色，什么是游客收益。因为游客不是时时能感受到特色和功能，所以作为销售人员应将特色和功能转化为游客收益并传递给他们。

传统的强调邮轮旅游的特色会关注邮轮旅游是什么，而强调收益的邮轮旅游介绍会更多地传达给游客为什么选择邮轮旅游。传统的邮轮旅游介绍是不带有人称代词的，而强调收益的介绍方式则是频繁使用“您”或者“您的”。传统的邮轮旅游介绍方式只关注实事，而强调收益的介绍关注游客的消费。传统的介绍方式是描绘邮轮旅游的场景，而关注收益的宣传则是将购买者置于该场景中，让其身临其境。

相关链接　搜索

13 大成功销售战略

(1) 明确你的销售主题。千篇一律的主题并不吸引游客。要使游客选择你，就必须有一个独特的主题来吸引游客。

(2) 从团队中获益。团队游客是一类有组织性、纪律性，也能带来巨大收入的群体。要高效地销售邮轮旅游产品给团队游客以获取较大利润。

(3) 维护自己的专业形象。专业的形象对于销售人员至关重要，它涉及游客对销售人员的第一印象以及游客能否信任销售人员。可以通过着装和优质服务来表现自己的专业。

(4) 确保邮件准确无误。错误的邮件会给游客不专业的印象，正确无误的邮件给游客一个专业的印象使得游客可以信赖。

(5) 屹立科技尖端。随时关注学习新技术，并利用新技术进行销售，扩大自己的销售渠道、销售领域以增加销售额。

(6) 建立自己的 SWOT 分析法。SWOT 分析被广泛地应用在经济领域，当然对于销售人员也是适用的。通过对风险、机遇、优势、劣势的分析，来确定自己的销售效果。

(7) 正确运用 80/20 原则。这个原则提示我们，20% 的游客创造了 80% 的销售额，所以这 20% 或许应该得到特别的关注。

(8) 处理好与供应商之间的关系。学会从供应商那里获取所需信息，处理好与供应商的合约价格。

(9) 购买旅行保险。旅行保险一方面利润非常可观，另一方面能保护销售人员和游客的权益。

(10) 建立自己的品牌。品牌不一定非得是大公司的专属，销售人员也应该建立自己的品牌，以在竞争中脱颖而出。

(11) 表达感激。对于购买邮轮产品的游客，要感谢他们选择该邮轮产品；对于没有购买的游客，要感谢他们的来访或者来电咨询。

(12) 规划自己的职业未来。就像制订销售计划一样，销售人员应该制订一个学习计划，以确保自己在竞争中不被淘汰。

(13) 将工作和生活区分开。这是本课程最重要的一个建议，工作和生活应该严格区分。确保工作和生活互相不干扰。

第二节 邮轮销售流程

一、了解客户需求

进行邮轮销售工作的首要前提是了解邮轮产品和邮轮乘客的需求，即要完成资源和需求的对接。在这个前提之下，邮轮销售人员首先必须全面深入地了解所销售的邮轮资源的内容。邮轮产品的特点因不同公司、不同邮轮和不同航线而异。在目前的中国市场中，综合说来邮轮产品特点的重要性由重到轻排列应该为：邮轮船舶、邮轮航线和邮轮公司。在这里，销售人员一定要着重把握邮轮产品作为一种旅游度假产品的核心要素——即邮轮船舶本身的特点。消费趋势显示，越来越多的消费者更倾向于选择一艘好的邮轮而不是邮轮航线（图 4－1）。

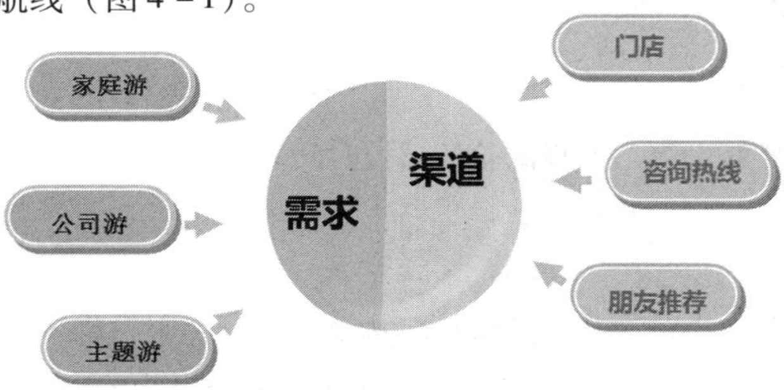

图 4－1 邮轮需求与渠道示意图

在了解邮轮资源之后，销售人员需要深入了解消费者的邮轮需求，以达成需求对接和最大限度上的供需匹配（图4－1）。在此方面，关键要分析和了解消费者的人群特点和季节特点。对于邮轮传统的家庭和老年人群，要了解不同人群对邮轮产品的不同需求。通常情况下，老年人群对价格敏感，季节性不敏感，节假日无需求，因此，淡季邮轮产品、中短线邮轮产品较适合这类人群。而家庭出行对时间的要求严格，通常情况下还有带小孩涉及三人舱的问题。在邮轮产品的对接上，通常大型邮轮、中长线邮轮较为适合。

二、告知预订政策

邮轮预订政策是非常重要的产品特性，其复杂性在于不同邮轮公司甚至不同季节的预订政策可能有所不同。销售人员要依据各邮轮公司的政策制定自己的预订政策，并准确告知消费者。确保消费者了解并确认相关的预订信息：出行时间；出发母港；邮轮航线；旅行社；其他预订细节。

在这方面，关键是要做好风险的控制和掌控，保证旅行社产品的政策至少要严于或者等于邮轮公司的政策，特别是在退款和罚金政策上要保持一致，以避免营运风险。

三、建议舱位选择

对于邮轮舱位的选择上，销售人员要做好引导和解释工作，而在销售工作中重点在于“引导”而非“选择”。随着邮轮观念的日益成熟，很多消费者对于舱位选择已经有了自主选择能力。对于这类消费者，销售人员需要从专业的角度对于消费者偏爱的舱位进行说明和解释，以达成消费者对于销售人员的信心和产品的信心；但更多情况下，消费者对于舱位选择的想法并不确定，因此需要销售人员根据消费者的经济负担能力、度假要求等方面进行引导。

1．选择出行时间

根据客户的需要协助客户选择邮轮的出行时间。

2．挑选航程

国际上的邮轮航线由最短几天到最长达几个月不等。邮轮进入中国以后，由于中国消费者的假期非常有限，因此在中国市场的邮轮产品多以4～8天的航线为主，目的地主要为日韩。在为消费者推荐航线时，可根据季节、闲暇时间以及预算来分析消费者需要的邮轮产品。

3. 邮轮公司与邮轮的选择

近年来，我国初步形成了依托长江三角洲和环渤海湾的东北亚邮轮港口群，依托珠江三角洲和环北部湾的东南亚邮轮港口群，依托海峡西岸和台湾岛的（台湾）海峡两岸邮轮港口群。面对欧美邮轮市场的渐趋饱和、中国邮轮市场的巨大潜力，国际邮轮巨头纷纷进入中国市场。2006年以来，歌诗达邮轮公司、皇家加勒比游轮公司、丽星邮轮公司相继在上海、天津等港口城市设立合资旅行社、办事处等机构开展中国市场的邮轮运营业务，并开辟了以上海、天津、厦门、三亚等中国港口为母港的东北亚和东南亚邮轮航线。

4. 同行人数的确定

由于邮轮上客舱类型不同，可以容纳的人数也不同，因此，在销售邮轮产品时，需要根据客户同行的人数以及预算等条件，推荐最合理的舱位类型和数量。

5. 具体舱位选择

邮轮客舱通常分为内舱房、海景房、露台房和套房4类。在选择舱位时，销售人员需要先了解客户的需求，根据需求向客户介绍每种舱位的性价比，选择最适合的舱位类型。由于各邮轮公司市场定位有所不同，邮轮舱位的打造也会根据各自的品牌风格有所区别，然而基本上都有从经济型到超豪华型的舱位。以歌诗达邮轮公司为例，歌诗达旗下船队一般设置有以下几种舱位供游客选择。

内舱房。内舱房没有窗户，关灯后分不清白昼和黑夜。面积在15~20平方米，价格最便宜。底楼的内舱房离马达比较近，所以在所有内舱房中，它的价格也最低。位置的高低，面积的大小，都会直接影响到内舱房的价格。

海景房。如果初次搭乘邮轮旅游，那么邮轮上的海景房，不失为首选。海景房和内舱房的最大区别在于，海景房有窗户，内舱房没有。海景房窗户的形状或圆或方，但它们都是封闭的。海景房能够透过窗户看到船外的景色，但它的面积并不比内舱房大多少，价格比内舱房同等级的贵上50~200美元/人不等。

露台海景房。带阳台的海景房，俗称阳台房，拥有落地玻璃移门以及3~5平方米不等的阳台，房间面积在20平方米以上。以5~7晚的航线为例，阳台房的价格通常比内舱房贵200美金甚至更多。阳台房的位置楼层通常都比较好，一般都在5、6楼以上。阳台房看出去的风景当然也最佳，这也是很多人选择阳台房的原因。

套房。套房和阳台房的区别在于，套房的面积更大，设施更齐全，有些套房还设有私人酒吧和钢琴，功能区的划分也更清晰。但套房的价格是所有房型中最贵的，而且楼层可能更接近顶楼的甲板，有时会感觉有些喧闹。

6. 价格的选择

邮轮旅游属于高端旅游，主要目标群体是高收入、高文化水平的潜在游客，还兼有一部分生活宽裕的中产家庭。高收入是必备条件，那么高文化水平作为一个重要条件其原因在于：一些文化水平不高，但是收入却很高的人理解不了邮轮旅游其中的文化内涵。邮轮旅游本身有其内在的气质与发展历程，要想融入其中去感受甚至享受，没有一定的背景知识很难被其吸引。以上所述的这部分目标群体对于价格的敏感度是最低的，而对于服务的要求却是最高的。再从国内市场上各邮轮公司的竞争状况来看还远谈不上激烈，根据市场规律这一时期的产品利润也应处于一个较高的水平。所以，邮轮旅游产品的定价策略还应采取高价策略。产品的提升空间应该在于不断对服务的完善和产品个性化的创新。

由于游客有其不尽相同的需求和爱好，而邮轮旅游的方式又以自助游为最佳，所以其报价形式最好是采取灵活的套餐形式。这种报价的形式在国外航空公司推出的机票加酒店的配套里已经运用得非常普遍。可以把邮轮旅游最基本的服务项目打包报价给游客，这些基本的项目包括机票、签证和邮轮船票。基本配套还应根据邮轮舱位的不同来分层次报价。在做好基本项目的整体报价后，还要把旅行社可以提供的项目做一个可选的、个性化的分项报价，这些可选的服务项目包括在母港地区的游览、住宿和餐饮，停靠港的特殊安排等。

邮轮的舱位选择很重要，但在做建议的时候需要多倾听客人的想法。一般来说，要经济实惠的就建议选择内舱，因为很多邮轮公司在服务上不会对不同舱等的客人采取不同的服务，所以其实在客人跨出舱房的一刻起，所享受到的服务和待遇是一样的。当然邮轮性价比最好的还是阳台舱。可以多建议客人预订阳台舱，这个不仅利润较高，更重要的是客人的感受会很好，为下一次再预订邮轮产品埋下伏笔。

对于包船销售等特殊情况下，特别需要销售人员进行舱位需求引导，可以考虑配合促销工具手段一起进行，否则如果造成不同舱位销售情况严重失衡，会给销售工作带来极大的被动情况。

四、邮轮旅游产品预订

（一）预订流程

成功的邮轮销售人员会在游客提出预订申请的同时将预订信息、表格全部准备妥当。一旦准备好，销售人员可以致电邮轮公司确定这次预订。销售人员要条理清晰，尽量只打一次电话，所以高效率是成功的关键，这样既节约时间又能获得丰厚的利润（图4－2和图4－3）。

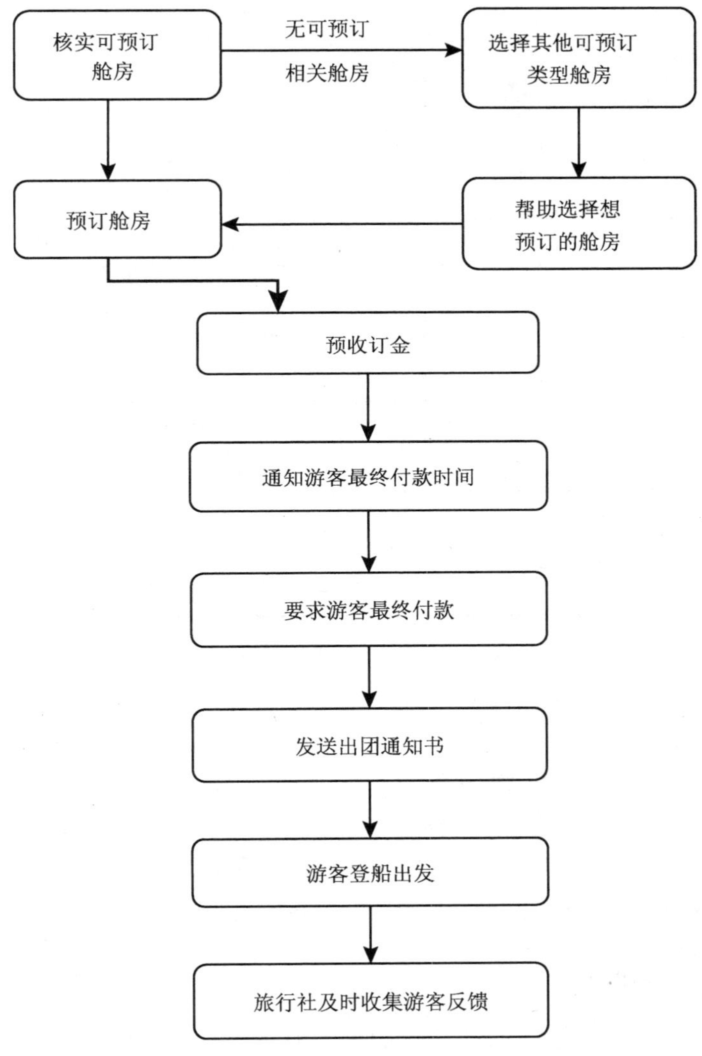

图4－2 邮轮旅游产品预订流程图

资料来源：国际邮轮协会

Clubs ______
Organizations ______

Cruise Data And Reservation Sheet

1. Name of Client		Date	
2. Address		Zip Code	
3. Telephone(Home)	(Business)		
4. Total Number of Party	Comprised of:	Adults	Children
5. Names of Party Members			A or C
			A or C
			A or C
			A or C
6. New　Source	Repeat	Last Travelled	
7. Departure Date	Alt. Departure Date	Total Vacation Days	
8. Prior Vacations		Successful/Unsuccessful	
		Successful/Unsuccessful	
		Successful/Unsuccessful	
9. Special Interests/Destinations			

图 4 - 3　邮轮旅游产品预订样表

资料来源：国际邮轮协会

邮轮旅游产品预订也是有一定技巧的。以预订价格为例，“消费者喜欢占便宜，而不是便宜”这个道理同样可以应用在邮轮旅游产品销售方面。比如某类产品正在进行优惠活动，原价 4299 元的产品现在优惠至 3999 元。这种优惠信息一定要非常关注。当预订完成以后，才将此信息告知游客，游客便会获得额外的惊喜。

（二）预订取消政策

邮轮旅游行程预订成功后，如果游客因个人因素需要取消预订合同，需要根据各邮轮公司的预订政策向邮轮公司支付一定的罚金。每家公司的预订取消政策不一，同一公司收取的罚金金额也因航程的不同而有所差异。表 4 - 1 列出了 4 家邮轮公司向游客收取罚金的对比。

表 4－1　4 家邮轮公司一般邮轮行程预订取消费用对比

歌诗达邮轮公司	皇家加勒比游轮公司	丽星邮轮公司	公主邮轮公司
9 日及以内行程 • 出发前 60 天及以上：200 元 • 出发前 59～41 天：船票 20% • 出发前 40～28 天：船票 40% • 出发前 27～14 天：船票 60% • 出发前 13～2 天：船票 80% • 出发前 1 天及以下：不退费	3～5 夜行程 • 出发前 60 天及以上：不收费 • 出发前 59～30 天：订金 • 出发前 29～8 天：船票 50% • 出发前 7 天及以下：不退费	3～8 夜行程 • 出发前 50 天及以上：不收费 • 出发前 49～30 天：订金 • 出发前 29～8 天：船票 50% • 出发前 7 天及以下：不退费	7 天及以内非特殊假日行程 • 出发前 70 天以上：不收费 • 出发前 70～48 天：订金＋船票 25%＋全额政府税 • 出发前 47～18 天：船票 50%＋全额政府税 • 出发前 17～11 天：船票 75%＋全额政府税 • 出发前 10 天及以下：船票 100%＋全额政府税
9 日以上行程 • 出发前 90 天及以上：200 元 • 出发前 89～50 天：船票 20% • 出发前 49～28 天：船票 40% • 出发前 27～14 天：船票 60% • 出发前 13～7 天：船票 80% • 出发前 6 天及以下：不退费	6～8 夜行程 • 出发前 70 天及以上：不收费 • 出发前 69～30 天：订金 • 出发前 29～8 天：船票 50% • 出发前 7 天及以下：不退费	9 夜及以上 • 出发前 60 天及以上：不收费 • 出发前 59～30 天：订金 • 出发前 29～15 天：船票 50% • 出发前 14 天及以下：不退费	8 天及 8 天以上特殊假日行程 • 出发前 85 天以上：不收费 • 出发前 85～63 天：订金 • 出发前 62～48 天：船票 25%＋全额政府税 • 出发前 47～18 天：船票 50%＋全额政府税 • 出发前 17～11 天：船票 75%＋全额政府税 • 出发前 10 天及以下：船票 100%＋全额政府税
歌诗达唯美号（Costa Deliziosa）环球航线、歌诗达维多利亚号（Costa Victoria）72 晚横跨大西洋（南美至中国）航线以及 42～109晚 Costa NeoRomantica 豪华航线 • 出发前 120 天（含 120 天）以上，船票 15% • 出发前 119 天至 90 天内，船票 20% • 出发前 89 天至 60 天内，船票 40% • 出发前 59 天至 45 天内，船票 60% • 出发前 44 天至 28 天内，船票 80% • 出发前 27 天至开航当日，船票 100%	9 夜及以上行程 • 出发前 70 天及以上：不收费 • 出发前 69～46 天：订金 • 出发前 45～15 天：船票 50% • 出发前 14 天及以下：不退费	圣诞节和中国春节 • 出发前 90 天以上：不收费 • 出发前 89～30 天：订金 • 出发前 29～8 天：船票 50% • 出发前 7 天及以下：不退费	

资料来源：根据各邮轮公司网站资料整理，如有变化请以邮轮公司为准

由此可以看出，各家邮轮公司根据邮轮的行程天数制定了不同的预订取消政策。此外，丽星邮轮公司和公主邮轮公司还有专门针对特殊节假日的行程的预订取消政策。特别是丽星邮轮，还专门针对圣诞节和中国春节期间的行程制定了特殊政策。

各家邮轮公司比较一致的预订取消政策是，如果游客没有在开航时准时出现，或在开航后无论以任何理由放弃旅行的，乘客无权要求补偿任何价款，同时必须支付全额船票价款。

此外，由于拒签所造成的不能成行，邮轮公司同样视为取消行程，除个别行程拒签后只收取签证费外，大部分行程根据距离出发的天数向游客收取相应损失费。

第三节 邮轮销售技巧

专业销售技巧可以在邮轮销售中帮助销售人员将邮轮产品的特色转化为现实的利益，对于新的销售人员来说将获得丰富的知识，对于老的销售人员来说将会是一次重新审视自己工作的机会。专业的销售人员在邮轮销售中一般遵循以下几个销售原则。

一、时刻保持热情开朗

热情的销售过程能带给游客舒适感和信任感，更容易促成邮轮旅游产品的销售。销售过程中游客对销售人员的第一印象对销售成功至关重要。要做到给游客留下好的第一印象，可以通过以下几点做到：与游客握手表示欢迎；在交谈过程中保持眼神交流；保持精力充沛；始终微笑；在面对面销售中，当游客进入旅行社开始，销售人员要从位置上站起来表示欢迎，并与游客交换名片。所有这些技巧几乎同时适用电话销售。

（一）电话销售的步骤

（1）友善地问候。

（2）询问游客的名字。

（3）使用封闭式提问获取您所需要的基本信息。

（4）再使用开放式提问了解游客真实想法。讲话过程中，要随时发出赞同的声音来表达您一直在聆听。

（5）对生活方式进行提问，以便销售人员搞清楚游客的经济和家庭状况，并有针对性地推荐产品。

（6）在整个电话过程中，要频繁使用“您、您的、我们、我们的”人称代词，增强游客归属感。

（7）运用提升销售的两大策略，提升销售和交叉销售。

（二）电话销售的不足

电话销售相互看不到对方；没有办法使用销售工具，如宣传册等；效率没有面对面高；容易分散注意力等。所以电话销售过程中要特别注意以下几类问题：

（1）正确运用“响三声”原则。

（2）介绍您的旅行社。

（3）介绍自己。

（4）使用开放式提问。

（5）使用“您、您的”人称代词。

（6）始终保持微笑。

（7）避免使用禁止性词汇，如“不允许、不准”。

（8）使用语言来暗示一直在聆听。

（9）即使游客没有购买，也要感谢他们。

（10）客户挂断电话前，您不能先挂断电话。

二、善于发现游客需求

当销售人员向游客推荐邮轮产品时，成功的关键所在是向游客推荐满足其体验需要的产品。怎样满足他们的体验需要可以通过问题启发式的方式进行。通过启发式的问题不仅能达到推荐产品的目的，还能展现邮轮销售人员的专业性。众所周知，邮轮销售并不是简单地向游客描述产品，而是发现游客的需求，并用正确的产品满足其需求。这些可以通过一系列设计好的问题来进行。这些问题主要有三类：一是封闭式提问，答案是唯一肯定的；二是开放式提问，答案是多种多样的；三是生活方式的问题。

封闭式提问主要包括 4W 和 2H，即 Where、What、Who、When、How long、How much。封闭式提问对于获取游客的想法非常重要，在邮轮销售中，仅有封闭式问题是不够的，所以要用到开放式问题。

开放式问题的优点在于通过询问一些问题，可以发现游客事先并未意识到自己所潜在的需求。这利于邮轮销售人员更有针对性地推荐产品。什么样的问题是开放式提问？比如：①您所经历过的最好的旅游是哪次？为什么？这个问题的答案可以使销售人员全面了解游客到底想从旅游中获得什么。②您在旅游过程中主要做些什么？③您曾经尝试过邮轮旅游吗？您不喜欢什么？喜欢什么？您希望的旅游过程是怎样的？通过这一系列问题，能让游客专注于旅游的体验。

在实际销售中，还有生活方式提问。这类问题也有助于销售人员帮助游客选择合适的邮轮旅游产品。比如您是做什么的？您最喜欢的就餐地方在哪里？当您旅游的时候最喜欢哪种类型的酒店？根据回答的不同，帮助游客选取不同的邮轮产品。以邮轮上房间推荐为例，根据游客前面三个问题的回答，可以基本判定游客属于哪种类型，处于什么样的消费层次，从而推荐哪个档次的邮轮房间。

三、针对性销售

高质量的邮轮产品是赢得市场的前提之一，而成功的销售人员需要了解消费者的心理和行为，这样才能正确把握住其消费需求，从而赢得市场。基于游客对邮轮旅游的认知程度的不同，销售人员应采取不同的介绍方式。

（一）根据游客对邮轮产品的熟悉程度

完全不熟悉邮轮旅游的客户。对于完全不熟悉邮轮旅游的客户，应采取引导及介绍的服务方法。销售人员逐步引导客户，将邮轮的基本理念传达给客户，介绍邮轮产品的特色和优势，引导他们选购邮轮产品。

对邮轮旅游有基本了解的客户。也有部分客户在购买邮轮产品之前，已从其他渠道了解过邮轮旅游，对其有了一定认识。销售人员在为这部分客户提供服务时，应在介绍邮轮产品的基础上，为其提供更多的对比信息，使他们了解每种产品之间的区别，根据自己的偏好选择邮轮产品。销售人员加以推荐，精确选购最适合他们的航线。

熟悉邮轮旅游的客户。对于已经乘坐过邮轮，对邮轮非常熟悉的客户，销售人员可以在为他们度身推荐产品的基础上，提供更多的附加信息。诸如最新优惠政策、出行贴士、邮轮上娱乐活动的更新情况等。

（二）根据游客的产品诉求

家庭型游客。调查研究表明，31%的邮轮客人都是家庭旅游团。家庭旅游团的特征是他们非常实际，而且年龄趋向于年轻化，比较谨慎，并且对消费项目敏感，甚至有些保守。他们更加期望邮轮上能组织一些家庭类的活动，尤其是能亲子互动的活动。这类游客比其他游客类型更认为邮轮旅游适合成年人，而不是儿童，所以这个时候销售人员要强调船上有很多儿童可以参与的活动，并同时向他们解释邮轮旅游是一般家庭能负担得起的，能缓解家庭压力。

什么都想得到的游客。根据调查显示，大约有 17% 的游客属于这种类型。这类人的特点就是野心勃勃，工作非常努力，在平常消费项目上花费很大，而且非常容易沉迷于一些事情，对生活很乐观。这种类型的游客关注点往往在邮轮的高质量和优质服务上，而较少关注费用。他们所需要的是最优质的服务。他们往往会担心邮轮上的这些服务人员无法满足他们的需求。在应对这种客人的时候，销售人员可以向游客解释邮轮旅游代表的是奢华、精致和享受，向他们推荐高级别的邮轮旅游项目，并且强调邮轮旅游的全程无压力，安排方便。最重要的一点是让游客知道邮轮旅游是当前的流行趋势。

探险型游客。他们大概占整个邮轮旅游人数的25%。这类人群的特征是喜欢尝试新鲜事物，独立，并且知识渊博，重视学习和探索，常常以自我为中心。他们会对所有的新鲜事物感兴趣，乐于尝试未知领域。这类旅游者的顾虑在于，他们以为邮轮旅游各类限制因素太多，不利于他们进行探险。销售人员应该尽力向他们解释邮轮旅游不仅引人入胜，而且可以寻访世界各地著名旅游目的地。要使这类游客对邮轮旅游产生浓厚兴趣，需要向他们解释邮轮旅游比他们想象中更灵活，自由活动时间比一般旅游更多。此时可以附加以视频或者图片形式来展示邮轮旅游的探索性、冒险性，以及能获取的新鲜知识。最重要的是能体验到异域风情。告诉他们，邮轮游客中有很多人的想法和他们类似。

消遣型游客。他们也是大约占整个邮轮游客的25%。与想获得所有的游客类型相似，他们的特点是比较富有，希望得到最好的服务和最优秀的餐饮和住宿，并且较为活跃。向这类游客介绍邮轮产品时，销售人员首先要将邮轮旅游的豪华型、奢侈性传递给该类游客，并让他们了解邮轮旅游与度假旅游的相似之处，尤其是对于那种第一次上门的客人。将销售人员自以为很平常的设施或者服务尽量生动地描述给这类游客，告知他们邮轮旅游可提供非常棒的就餐环境，种类繁多的邮轮活动，这些活动既有船上的也有岸上的。

谨慎型游客。这部分游客大概占总份额的15%左右。他们倾向于选择熟悉的邮轮项目，选择跟团旅游，并且不太情愿尝试新的旅游项目和接触新鲜事物。他们更喜欢与自己的家人和朋友相处，热衷于观光和购物，不经常参与邮轮上的运动。安全和便捷是他们首要考虑的因素，在游览过程中会有点紧张。对于这类游客，销售人员应该强调邮轮旅游是在他们较为熟悉的港口和目的地进行。如果不是，那么一定要强调本次邮轮航程是最安全的、最便捷的、最舒服的。最重要的一点是强调本次航程的稳定性，即航行日程严格按照规定执行。对于特别紧张的游客，可以告诉他邮轮上配备有心理咨询师。

（三）根据邮轮产品消费档次

以我国邮轮市场为例，邮轮公司大多将目标市场分为高端客户和大众邮轮消费者，有针对性地提供各类产品以满足不同人士的需求。销售人员销售邮轮产品时，要根据不同的客户类型，明确销售环境的特点，准确抓住客户需求，促成客户的购买行为。

高端客户。所谓高端客户，即高价值客户。是指那些资金充裕、信誉良好、消费能力强的邮轮消费者。针对高端客户的邮轮市场，邮轮公司通常提供7～14天的航行长度，船上提供美味佳肴和丰富的娱乐活动，需要通过支付小费来购买服务。邮轮高端客户相比大众邮轮消费者更加富裕，具有更加丰富的邮轮旅行经验的特点。其邮轮市场供给通常为大型邮轮船只。代表的品牌有荷美邮轮（HAL）、精致邮轮（Celebrity）和大洋邮轮（Oceania）等。对高端客户进行产品手册的摆放和相应的产品推介主要包括大服装专卖店，四星和五星级酒店，俱乐部，高档会所，高档社区，大型美容院与健身中心，各种理财、留学、出国讲座及论坛，大学中的MBA/EMBA学习班及管理培训班，高端人士阅读的杂志，高级餐厅，还有婚纱影楼，都存在大量的高端准客户。但是，进入高端市场是一个较长的过程，可以先在客户中找几个具有影响力的进行重点跟进，把售前、售中、售后服务做好，从而赢得其信任。

大众邮轮消费者。在中国市场，大众邮轮消费者占据较大的比例。市场供给以7天以内的航线为主，针对首次乘坐邮轮的旅客，适应所有年龄层次，绝大部分旅行者的收入都能负担的邮轮产品。船只则以新的大型或超大型邮轮为主。而大众旅游产品则可将同业销售与常见的报媒相结合，在晚报和日报上做产品推介，也可在大众常出现的大型超市、购物中心和商务酒店摆放相关的产品手册作为辅助手段。

四、旅行社门店销售技巧

旅行社门店是指旅行社在注册地的市、县行政区域以内设立的不具备独立法人资格，为旅行社招徕游客并提供咨询、宣传等服务的收客网点。除了完成销售任务外，旅行社门店还担负着树立旅行社产品品牌效应的作用，可以强化旅行社在游客心中的形象，邮轮旅行社门店的设立也有这两方面的作用。一般地，门店销售的流程包括5个步骤：欢迎与接待；了解与鉴定需求；推荐与介绍产品；建议购买与促成成交；购后服务与致谢送客。

（一）欢迎与接待

迎宾是门店销售的第一步，也是门店销售变被动为主动的最佳方式之一。优秀的迎宾工作可直观地增加顾客进店人数。

影响顾客进店购买或参观的关键因素是：购买欲望、新奇性、好奇心、实惠性等，所以在迎宾时必须要向顾客传达店内的促销活动、新品等有效信息，让顾客产生兴趣，从而进店购买或参观。因此，要充分做好迎宾的准备工作，包括：①门店橱窗陈列要醒目，陈列物品经常更新；②店员要佩戴礼仪带，给人以正规感觉，可信度高；③陈列店外 POP 海报，以增强信息的刺激量；④如门店有条件可印刷折页小广告，这种广告成本低，宣传最直接，宣传效果比较理想。

顾客进店后，店员要为其提供良好的自由挑选的环境和热情周到的服务。这就要求店员做到积极地向顾客打招呼，保持微笑服务，适时询问顾客是否需要帮助（表 4 –2）。

表 4 –2　顾客需求与店员能力对照

顾客喜欢的店员	店员应具备的能力
外表：整洁、雅观	良好的职业形象
态度：礼貌、亲切、热情、友好、自信	顾客服务意识
行为：微笑、目光关注、举止得体	良好的销售职业训练
正确理解顾客的要求	聆听和理解顾客的问题和需求的能力
提供准确的信息	对产品、品牌、企业的认识和认同
给予建设性建议	在理解顾客需要的基础上推荐和介绍的能力
帮助做出正确选择	帮助顾客排除购买干扰的能力
热情周到的服务	细致、快速、善解人意的购买帮助

（二）了解与鉴定需求

店员可以通过询问、聆听和观察顾客表述和表现出来的愿望，总结其需求信息，通过双向交流核实顾客的需求。是否能鉴定顾客需求是区别销售员专业与否的重要依据。在不了解需求的情况下，店员盲目地介绍产品很可能得不到顾客的信任，介绍的产品不被顾客接受。店员要先接受顾客，才能被顾客接受。

店员要在弄清楚顾客的要求和需求，确定顾客对自己有一定程度的好感和信任度后，有针对性地向顾客介绍相应的邮轮产品。这样可以准确地推荐顾客想要的产品和想了解的信息，减少销售过程中出现的顾客反对意见，为顾客提供专业的顾问式服务，从而完成销售目标。

（三）推荐与介绍产品

顾客关注的不是产品或服务，而是购买这项产品或服务能为顾客带来的利益。店员向顾客介绍产品时要善于根据顾客的需求推荐邮轮产品的“卖点”，即该产品能最大限度地满足顾客需求的“特点”，以及与其他产品相比更能够满足顾客需求的“优势”。产品推荐语介绍的结果应该是让顾客感觉到物超所值。高效的产品介绍和推荐包括以下几个步骤：第一步：陈述顾客需求，并用关闭型提问向顾客确认。第二步：着重对一两个主要需求“踩卖点”。第三步：总结邮轮产品对顾客带来的利益。第四步：如有必要，强调门店和自己的优势。第五步：核查顾客的接受度。第六步：根据情况向顾客推荐相应的配套产品，如岸上旅游产品。

（四）建议购买与促成成交

顾客在做购买决定的时候常常希望得到他人的支持和推动，以使自己更加放心地做出决定。因此，销售员在机会成熟的时候应该给予顾客心理上的帮助，促成购买行为。

建议购买的步骤包括：第一步，推荐产品后核查顾客是否有反对意见或其他要求；第二步，如有反对意见，用提问弄清楚后给予解释；如有其他要求，告知可满足的程度；第三步，介绍有关的优惠政策、促销政策；第四步，当顾客感到满意时，尝试用一次成交技巧；第五步，如顾客有反应，主动做购买服务；如顾客无反应，了解原因，回到需求阶段。

常用四种促成成交的方法有：①故事成交法，店员为了促成销售常常自己事先设计、编辑一些与销售有关的故事排除顾客异议促成销售。通过故事来诱发顾客的购买意愿，说服力会更强。事先在纸上列出最常遇到的客户异议，而且针对每一种异议点设计2~3个不同的经典版本的故事来解决异议。这样做会大大提升成交率，大幅提高销售业绩。②让步成交法：给顾客适当的价格折扣、赠品，或者提供附加价值的服务，以促成顾客快速购买。③选择成交法：直接向顾客提出若干购买的方案，并要求顾客选择其中之一的方法。向顾客提出选择时，尽量避免向顾客提供太多的方案，最好的是二选一，最多不要超过三项，否则不能达到尽快成交的目的。选择成交法的要点就是使顾客回避“要”还是“不要”的问题，让顾客从中做出一种肯定的回答，不要给顾客拒绝的机会。从表面上看来，选择成交法似乎把成交的主动权交给了顾客，而事实上让顾客在一定的范围内进行选择，减轻客户的心理压力，制造良好的成交气氛，有效地促成交易。④从众成交法，就是利用顾客的从众心理促成成交。这是一种最简单最直接的方法，从众成交法可以减轻顾客担心的风险，尤其是对邮轮产品不熟悉的顾客，大家都买了，自己也买，可以增加顾客的信心。

促成成交的四点注意事项：①请勿夸大产品的用途和功效；②再一次确认顾客的需要；③留意解读顾客的购买信号；④设想顾客会购买，避免顾客提出容易说“不”的问题。在大多数情况下，顾客决定购买的信号可以通过行动、言语或身体语言反映出来。

（五）购后服务与致谢送客

顾客做出购买决定后，店员应进行跟进服务，协助顾客交付订金，填写游客资料，解释购后服务，帮助游客选择岸上服务等配套产品的选择和购买。适时地赞美顾客，并向顾客致以诚挚的感谢。

购后服务的三个原则：①周到，细节处理上处处为顾客着想；②有序，优化购买手续，提高效率；③专业，介绍顾客需要的信息，提供顾问式服务。常见的购后服务问题有：①顾客做出购买决定后，一副“此事已经与我无关”的面孔；②顾客付款或付订金时态度冷漠，目光不看顾客，一副公事公办的态度：③顾客预订或支付时，行动迟缓，操作不够熟练，致使顾客等候；④还没为已经购买的顾客服务完毕就忙于接待其他顾客或事情。

不管顾客有没有购买门店的产品，当顾客离店时，店员一定要将其送至门口，抱着感恩的心态向顾客告别，这样有利于树立门店的形象。

五、高效的直邮销售技巧

根据最新研究表明，邮轮旅游销售的第一大主要渠道还是直邮邮件，它的营销效果远远好于电话销售、报纸广告等。直邮邮件也有很多形式，比如简讯、折叠宣传单、明信片（90%的游客都喜欢收到明信片）、平信、邮包（邮包里可以涵盖所有东西，还能放优惠券）。

（一）直邮销售的优势

直邮销售的优势是显而易见的。对游客来讲：节约时间；环境较为轻松；交易灵活多样，更具自主性。对于邮轮销售人员来说，直邮的优势在于：目标明确；非常私人化，可以按照需要投递到个人；持续时间较长；可以被分享；灵活、自主性强，但也不是绝对的，要看预算；销售效果是可测量的。

（二）游客信息获取与分类

在当今时代，真正意义上改变直邮邮件销售的来自于信息科技的发展。信息技术中数据库概念对于直邮邮件销售至关重要。数据库用于销售主要包括客户的资料、统计数据。例如，该客户购买过多少次邮轮产品，分别购买的是哪条航线，等等。这个相对于传统的文件夹式归类方式，检索起来更加便捷。数据库里的数据类型有两类：第一类是人口统计学特征，包括性别、年龄、职业、收入、客源地等信息。第二类属于心理学特征，虽然难以真实测量，但可以通过记录消费信息分析得到游客的消费态度和消费倾向。搞清楚游客的态度和倾向，便可以向游客有针对性地推荐最适合的邮轮产品。

游客的信息可通过四类渠道获取：第一类是公共信息资源。公共信息资源主要包括人口普查信息、房地产信息、地方志、汽车牌照注册以及国家的其他统计数据。第二类是专有信息和私人信息。此类信息是收费的，且一般是一次性使用的。这类信息主要包括经纪人名录、会员通讯录、参展商名录、专业的人口统计信息以及免费的私人信息资源。例如，自己以前建立的顾客名录、回复邮件的客人名录。第三类资源，包括电话号码、黄页、附近市场上的零售商。这些零售商可以与您交换资源和信息。还有报纸和杂志上刊登的信息。第四类资源是与您合作的邮轮公司提供的信息。

在取得游客的信息之后，需要从游客名录中准确地选择销售对象。选择销售对象涉及数据库分层这个概念，即对数据库里的数据按照一定规则进行分类，从中选择目标客户。例如，你的数据库里包括单身、夫妻没有孩子、夫妻有孩子、老夫妻、收入大于5万美元一年、收入小于5万美元一年这几类。你的目标群体就显得豁然明朗。你首先筛选掉年收入不足5万美元的，通过层层筛选最终确定目标市场客户群体。这个分层筛选的过程可能会浪费一部分销售预算和资金，但是最终它会帮你节约出很多定位客户的费用。邮件发送的费用将会降低，你发送的邮件对象极有可能成为你的销售对象。就像有人指出：垃圾邮件和好邮件的区别在于垃圾邮件总是投递给错误的收件人。

（三）如何使游客注意到邮件

游客每天可能要处理数十封邮件，怎样才能让游客注意到你的邮件呢？游客乐意查看的邮件一定是有趣的、高效的，所以在使用直邮销售过程中，邮轮销售人员必须注重高效和有趣。以下是游客关于销售邮件的行为分析和销售技巧。

（1）一个人会用多长时间来决定是否阅读此邮件或者将它扔掉？答案是7秒。

（2）发向家庭地址的邮件，是手写的还是打印的更容易被游客打开？答案是手写的。而发向公司的邮件应该是打印的。

（3）蓝色、绿色、黄色封皮的邮件哪一种更容易被客户打开？答案是蓝色。

（4）你觉得游客会花多长时间来阅读邮件的内容？答案是11秒。这也就意味着你必须充分利用邮件的内容来表现重点。以邮件标题为例，要尽量说明重点问题。根据一项调查表明，邮件里配有图片会极大地吸引游客的注意力。对一些重点语句进行下画线处理，使游客仅阅读下画线的句子就能理解全文是非常明智的。

（5）游客最先选择阅读邮件的哪一部分？答案令人震惊，90%的游客先看附言（PS）信息，而不先看正文。附言部分一定要注意控制在25个字以内。看完附言，游客才看邮件标题和开头。接下来才看粗体字、下画线等。

（6）发向家庭的邮件最好周几到达？答案是周六。这个现象表明游客喜欢在周末空闲时间来阅读销售邮件。另外，邮寄给公司的销售邮件就最好要在平时到，并避开节假日。

（四）高效销售 7C 原则

游客收到邮件后，邮件的内容就是决定游客对你的邮轮产品能否产生兴趣的关键因素，甚至决定了营销效果。那么，如何才能做到让你的邮件更高效地表达你想要销售的邮轮产品呢？在此介绍七个原则，简称 7C 原则。

第一个 C，CONCISENESS，精准、精确、精练。游客收到邮件后首先会看重点内容。因此，在写邮件时，应该用简练的语言将重点内容概括出来，以节省游客的阅读时间。

第二个 C，CORRECTNESS，正确性。正如之前所讲，邮件的拼写和语法透露出您的专业性，一旦邮件中出现语法和拼写错误，你的专业性将大打折扣，结果会适得其反。

第三个 C，CONFIDENCE，信心。要使用主动语态表现出自信。特别要注意避免或者不使用被动语态和否定语气。例如，使用“记住”、“请记住”要比使用“请不要忘记”更好一些。

第四个 C，CLARITY，条理清晰。尽量避免使用游客看不懂或从没有见过的专业词汇。尽量使用常用的并能清晰传达销售意思的词汇。

第五个 C，CONNECTION，关系。关系意味着在邮件中要频繁地使用人称代词。例如，“您”、“我们”、“您的”、“我们的”。

第六个 C，CONFIGURATION，句法结构。用什么句法形式来表达你的意思非常重要。具体来讲，一句话应该控制在 12 ~ 15 个字词。一段应该控制在 3 ~ 4 句话。如果一页表达不清需要翻页，将前一页放在纸的最后面。

第七个 C，CALL TO ACTION，请求收件人给予反馈。例如，在信件的后面留下联系电话、电子邮件地址、通信地址等，并表明期待客户主动联系。

当做完 7C 以后，要记住及时评估邮件的销售效果。

六、促成游客最终购买

由于邮轮是高消费的旅游产品，游客要做出购买决定显得更加困难。很多研究表明，邮轮销售的成功率必须达到 30% 以上，这 30% 中的 40% 是利润非常可观的。所以让游客做出最终购买决定也成为邮轮销售的生存技巧。销售员所说所做的一切能促使游客购买邮轮产品。如果游客表示了犹豫，或者稍后再联系，那么一旦游客离开，购买成功率就会显著下降。

那么，促使游客做出购买决定是不是就意味着本次交易结束了呢？答案显然是否定的。虽然游客做出了最终购买决定，意味着本次邮轮销售的成功，但是销售员仍然可以将促使游客做出购买决定的这些言论、方法和技巧运用到整个邮轮销售过程中。例如，在销售员邀请游客参与邮轮旅游的时候，可以促使其做出决定。

（一）促成游客购买的 11 种策略

（1）试探性的决定。通过“您觉得我们这个邮轮产品怎样”这个问题，第一，可以获取游客信息并试探其是否有购买意向。第二，会促使游客更进一步赞同本次购买。第三，可以事先得知游客期望得到些什么，想了解什么信息。

（2）选择性决定。意思就是给游客提供多个可选邮轮项目，让其从中选择自己喜欢的。例如，游客喜欢温暖适宜的邮轮航程，还是较为凉爽气候的航程；或者是游客喜欢普通的房间，还是奢华房间。这种情形就是将销售人员自己和游客都置身于选项之间，这样意味着销售基本成功。接下来，销售人员和游客要做的就是二选一，或者多选一。当销售人员再问及是使用现金还是信用卡时，游客便已经决定购买，此时销售基本完成。这种选择性决定很流行，但是要求销售人员本身具有很丰富的经验和较强的素质。

（3）诱导式决定。最经典的就是销售人员要告诉游客，他所预订的本次航线如果再晚预订就会没有位置，或者告诉游客较早预订可以获得一个特别的优惠价格。

（4）假设性决定。这是一个非常有技术含量的、却是非常有效的决定方式。这种决定方式要求销售人员在整个销售过程中都要假定游客乐意购买邮轮旅游产品。在这种情形下，要特别注意言语的运用。例如，“您一定会在您本次的邮轮旅游过程中玩得很开心”的说法要比“您将会在邮轮旅游过程中玩得很开心”这句话更加有效。通过加上“您本次”的使用，意味着并不仅仅是这次邮轮旅游将要进行，而且表示游客本身也会参与到其中。

（5）感受性决定。例如，香水的销售人员会让顾客事先闻香水的味道，然后再促使顾客购买。而毛毯的销售人员会让顾客亲手去摸一下毛毯的质地，感受其柔软程度，再促使客人做出购买决定。回到邮轮销售中，一般将这种决定技巧称为感受性决定。如何在邮轮销售中运用感受性决定？在现实邮轮销售中，销售人员通常让游客看丰富多彩的邮轮产品宣传手册，以便让他们感受邮轮旅游的精彩。

（6）建议试乘决定。举个例子，服装销售中，销售人员会尽力劝顾客将喜欢的衣服带进试衣间试衣。顾客一旦进去后，就离最终购买更近一步。这种技巧如何应用到邮轮销售中呢？在邮轮销售中，可以采用一个比较廉价的但又能亲身体验到邮轮旅游的试游项目让游客切身感受。一旦他们满意这次试乘，他们就会很容易做出最终决定。如果销售人员没有说服客人去体验试乘，或客人没有时间体验试乘，可以向其展示一段关于销售邮轮产品的视频。这种观看视频的方式会使游客有身临其境的感觉。一旦游客设想自己在视频中的邮轮上游览，那他们就很容易做出最终购买决定。这种策略同样要求销售人员在语言使用上要字字斟酌，比如尽量多地使用“您和您的”这样的词汇以增强游客的归属感。这种词汇的频繁使用能加强游客好像真实的体验感觉。

（7）应得式决定。例如首饰销售，销售人员会鼓励游客购买奢侈型的首饰。这种奢侈型的首饰并不是客人生活必需品，但是他们却想买。由于其高价格，会使购买者内心有所愧疚，此时销售人员如何帮助客人消除这种愧疚感是非常关键的。销售人员此时可以说，“您平常工作如此努力。这件首饰是您应得的。应该好好犒劳自己。”如果是客人买来送给其他人的，销售人员可以说：“您的先生或者太太，或者其他任何人，他们应该得到这件特殊的礼物。”这样就会帮助客人消除内疚感，促使他们最终做出购买决定。邮轮销售与珠宝销售一样，都可以归为奢侈品销售一类。这种销售策略被称为应得式决定。随着现在工作压力越来越大，人们越来越辛苦，以及邮轮产品本身的高价值，很容易让游客体会到。

（8）朋友式决定。选择最佳航线并销售给游客。这个策略叫朋友式决定。销售人员要让游客知道你是站在他的角度，为他考虑，帮助他选择了一个又经济又有价值、游览过程还非常精彩的航线。在销售过程中，让游客时刻感受到销售人员是站在他那边的。比如，让游客坐在销售人员身边，而不是对面；当游客离开时，销售人员也亲身陪同，并握手再见。

（9）亲眼见识型决定。例如，健身房里，让顾客亲眼见识其他顾客在健身房里的实际效果，让他们切实感受到健身带来的益处以促使他们做出最终购买决定。这种技巧在邮轮销售中被称为亲眼见识型决定。

（10）亲身体验型决定。例如，可以在邮轮销售办公室里放置或悬挂以往老游客在邮轮旅游过程中拍摄的照片，以促使新游客做出购买决定。同时放置邮轮旅游杂志也是一种良好的手段。对于这种销售技巧，特别需要销售人员注意的是不要自以为是，一定要让游客亲身体验后再确定他们是否喜欢，以促使其购买。

（11）衡量式决定。以汽车销售为例，遵循顾客对汽车销售的意见，比如他认为价格是高了还是低了。如果高了就询问顾客的预算是多少并向其推荐他能接受的价格范围内的车型。这种销售技巧被称为衡量式决定。这种技巧的关键是要找出游客的质疑点，然后找出相应的对策以促使其做出购买决定。

（二）确定游客最终购买时机

举个例子，一对中年夫妻要购买去加勒比海的邮轮产品。他们有三个疑虑：一是为期一周的航程时间过长，二是是否登上邮轮后必须参加船上组织的所有活动，三是本次邮轮旅游是否接受信用卡支付。在本案例中，销售人员如实回答了以上信息，但是却没有促成游客做出最终购买决定。虽然本案例中销售人员也使用了前文讲的几种策略，但是并没有见效。他所使用的策略主要包括亲身体验式决定、朋友式决定、应得式决定、诱导式决定等。用了那么多，为什么没有成功呢？实际上，他运用这些策略已经成功了，问题不是游客没有做出决定，而关键是销售人员不知道游客何时做出购买决定。这也说明，适时地把握时机促使游客做出购买决定和使用策略促使他们做出购买决定同等重要。

当游客将要做出最终购买决定时，会在行为和语言上表现出一些信号特征。第一个表现特征是征询与其同行朋友的意见。例如，他会问朋友“您觉得怎样？”这就表明游客在深刻思考你所提供的邮轮产品。第二大表现特征是身体语言。例如，游客身体微微倾斜就表明其已经准备好购买本产品。第三大表现特征是他们准备购买时所使用的语言信号。例如，游客跟同行人员说，“这个邮轮产品听起来真的很棒”，并伴随着点头表示赞同等动作。这表明游客已经准备好购买了。这个时候邮轮销售人员应该把握促使游客做出购买决定的最佳时机之一。当游客赞同其他游客的游览行为的时候，同样也表明游客已经准备好购买。当游客询问是否接受现金或信用卡支付的时候，表明游客已经准备好购买本次邮轮旅游产品。这时候要求邮轮销售人员果断帮助游客做出最终购买决定。第四大表现特征是游客表示出对本产品的高度赞同以及尝试察看这个产品的行程，这个时候，就明显表明他们已经准备做出最终购买决定。

所以，邮轮销售人员在运用促使游客做出最终购买决定策略的同时，也一定要时刻关注游客所释放出来的最终购买决定的信号，不失时机地促使游客做出购买决定，完成邮轮销售。如果仅仅使用了销售技巧，而没有把握时机极有可能使本次销售无果而终，游客不一定会返回来购买。

七、增加销售收入的销售策略

在邮轮产品销售过程中，销售人员应该尽量地提升邮轮销售额。如何提升邮轮产品销售额呢？以房间销售为例，帮助游客由低层甲板房间改为选择高层甲板房间。销售人员可以指出高层甲板房间更适合他们，这样他们的支出提升了，销售额也增加了。另外，诱导游客选择更高级别的餐厅也是一种提升销售额的办法。还有一种销售技巧是交叉销售。比如，在邮轮旅游过程中你成功说服了游客购买美容、SPA 等康乐产品。这两种销售技巧可以极大地提升销售额。

以下介绍 10 种提高销售额的销售策略。

（1）掌握现代科技。正确高效地运用现代科技带来的便利成果，可以极大地便捷邮轮销售过程，极大地提高销售人员的销售业绩和销售收益，为销售人员节约大量的时间用以发现和寻找更多的新客户。主要方法包括：①通过 E－mail 进行交流。②通过网络预订邮轮旅游。③建立自己的网站。④运用客户关系管理软件管理客户关系。⑤及时跟踪促销效果的反馈。

（2）成为一个终身学习的销售人员。在实践中学习销售，在销售中学习销售，是每个优秀的销售人员应该具备的良好品质，“知道得越多，做得就越好。”工业社会以后教育成了每个人所必需和应该享有的权利。所以创建一套长期学习计划尤为重要。主要方法包括：①每周至少抽出一小时来进行学习。②每月至少参加一次邮轮培训研讨班。③每年至少参加一次旅游会议。④每周至少读一本喜欢的旅行出版物。⑤至少通过一项专业认证。

（3）注重对团队游客的销售。团队游客由于易于管理、收益高等优势成为邮轮销售人员的销售重点，也是邮轮公司和旅行社青睐的游客人群。从团队游客的形式和来源来看，通常包括 Meetings（会议）、Incentives（奖励旅游）、Conventions（大型企业会议）和 Exhibitions/Events（活动展览）四类，简称 MICE。一般可通过网络搜索，社交活动，协会、商会，品牌联动和社会化媒体等方式发现团队游客，开展针对性销售，并通过团队管理软件对团队游客进行管理。对于团队游客的销售，销售人员要加强对产品和操作的了解，要做到以下几点：①了解不同舱型的销售价值。②打包售卖岸上游产品。③熟知促销政策并以此吸引客户。④退出“早鸟计划”优惠活动。

（4）创建一套营销计划。市场营销计划对于邮轮销售的成功至关重要，即使对于本地小型邮轮销售旅行社也非常重要。主要方法包括：①购买一款出色的市场营销计划软件。②建立销售任务描述，描述包括销售数量预期、销售额预期、销售利润预期等，记录销售的特色项目预期。

（5）发现并销售特色卖点。首先来看一下，现在北美有多少游客热衷于潜水旅游。答案是 300 万人，这可不是一个小数目。如果你能成为潜水旅游的专家，那么你就能满足不同的潜水旅游者的兴趣爱好，从而提升旅游销售业绩及销售额。具体到邮轮销售就是如何向游客展示邮轮旅游的多样性以及这种多样性如何满足游客的多样性需要。主要方法包括：①对销售的特色邮轮产品充满热情。②了解你的游客是属于哪种类型。③发现未被开发的销售领域。④充分利用现代科技进行销售。

知识分享

如何创建优秀的邮轮市场营销计划

一、营销计划定义

为了能在当今的市场上取得成功，必须制订一个良好的、可执行的营销计划，目的是在已经确定的市场进行渗透并执行该计划。那么，什么是市场营销，什么是市场营销计划呢?

市场营销是指个人或集体通过交易其创造的产品或价值，以获得所需之物，实现双赢或多赢的过程。

市场营销计划是指在研究目前行业潜力、市场营销状况，分析企业所面临的主要机会（opportunities）与威胁（threats）、优势（strengths）与劣势（weaknesses）以及存在问题的基础上，对财务目标与市场营销目标、市场营销战略、市场营销行动方案以及预计损益表的确定和控制。营销计划是商业计划的一部分。

营销计划和商业计划的区别：商业计划的时间跨度更长，内容更详细，通常包括产品或市场的回顾、确切的支出、示例表格、法律文书人员的鉴定等。营销计划是商业计划的一部分，但是更简短，它的主要内容是市场营销公司的长处和弱点、市场营销策略、产品营销的目标和计划，具有综合性。目前最受欢迎的营销计划软件项目是“营销计划 Pro”由帕洛阿尔托的软件公司开发。

二、营销计划内容

1. 计划概要

计划概要是对主要营销目标和措施的简短摘要，目的是使高层主管迅速了解该计划的主要内容，抓住计划的要点。

2. 营销状况分析

这部分主要提供与市场、产品、竞争、分销以及宏观环境因素有关的背景资料。具体内容有：

（1）市场状况。列举目标市场的规模及其成长性的有关数据、顾客的需求状况等。如目标市场近年来的年销售量及其增长情况、在整个市场中所占的比例等。

（2）产品状况。列出企业产品组合中每一个品种近年来的销售价格、市场占有率、成本、费用、利润率等方面的数据。

（3）竞争状况。识别出企业的主要竞争者，并列举竞争者的规模、目标、市场份额、产品质量、价格、营销战略及其他的有关特征，以了解竞争者的意图、行为，判断竞争者的变化趋势。

（4）分销状况。描述公司产品所选择的分销渠道的类型及其在各种分销渠道上的销售数量。如某产品在百货商店、专业商店、折扣商店、邮寄等各种渠道上的分配比例等。

（5）宏观环境状况。主要对宏观环境的状况及其主要发展趋势作出简要的介绍，包括人口环境、经济环境、技术环境、政治法律环境、社会文化环境，从中判断某种产品的命运。

3. 机会与风险分析

一方面，对计划期内企业营销所面临的主要机会和风险进行分析。另一方面，对企业营销资源的优势和劣势进行系统分析。在机会与风险、优劣势分析基础上，企业可以确定在该计划中所必须注意的主要问题。

4. 拟定营销目标

拟定营销目标是企业营销计划的核心内容，在市场分析基础上对营销目标作出决策。计划应建立财务目标和营销目标，目标要用数量化指标表达出来，要注意目标的实际、合理，并应有一定的开拓性。

（1）财务目标。财务目标即确定每一个战略业务单位的财务报酬目标，包括投资报酬率、利润率、利润额等指标。

（2）营销目标。财务目标必须转化为营销目标。营销目标可以由以下指标构成：销售收入、销售增长率、销售量、市场份额、品牌知名度、分销范围等。

5. 营销策略

拟定企业将采用的营销策略，包括目标市场选择和市场定位、营销组合策略等。明确企业营销的目标市场是什么市场，如何进行市场定位，确定何种市场形象；企业拟采用什么样的产品、渠道、定价和促销策略。

6. 行动方案

对各种营销策略的实施制订详细的行动方案，即阐述以下问题：将做什么？何时开始？何时完成？谁来做？成本是多少？整个行动计划可以列表加以说明，表中具体说明每一时期应执行和完成的活动时间安排、任务要求和费用开支等，使整个营销战略落实于行动，并能循序渐进地贯彻执行。

7. 营销预算

营销预算即开列一张实质性的预计损益表。在收益的一方要说明预计的销售量及平均实现价格，预计出销售收入总额；在支出的一方说明生产成本、实体分销成本和营销费用，以及再细分的明细支出，预计出支出总额。最后得出预计利润，即收入和支出的差额。企业的业务单位编制出营销预算后，送上层主管审批。经批准后，该预算就是材料采购、生产调度、劳动人事以及各项营销活动的依据。

8. 营销控制

对营销计划执行进行检查和控制，用以监督计划的进程。为便于监督检查，具体做法是将计划规定的营销目标和预算按月或季分别制订，营销主管每期都要审查营销各部门的业务实绩，检查是否完成实现了预期的营销目标。凡未完成计划的部门，应分析问题原因，并提出改进措施，以争取实现预期目标，使企业营销计划的目标任务都能落实。

9. 准备一个促销计划

根据企业要求及市场分析资料，确定促销目标。一般来说，针对消费者的促销目标有：增加销售量、扩大销售；吸引新客户、巩固老客户；树立企业形象、提升知名度；应对竞争，争取客户。主要有两种促销途径，第一，公共宣传。这是免费的，不需支付费用，但要在这上面花很多时间。公共宣传可以是任何东西，可以吸引客户或者潜在客户、新闻媒体或行业。第二，广告宣传。这是需付费的。有很多的方法来宣传，但你必须记住这一点：你必须跟踪你的广告。你必须找出现实的方法，以确定是否每个广告计划是成功的。主要的促销途径如下表所示：但是并不是所有的途径都适用于所有的销售情景。

Pro's And Con's Of Advertising And Promotional Options		
	Pro's	*Con's*
Business Cards	Low cost Repeated use	You must say much with few impressions
Trade Shows	Target audience Can network	Could be costly
Radio	Short lead time Wide audience	Short lifetime Hard to target Cost
Nat'l Newspapers	Short lead time Wide audience	Short lifetime Hard to target Poor color Cost
Local newspapers	Target area Less cost than Nat'l paper	Short lifetime Poor color
Magazines	Longer lifetime Multiple readers High quality	Cost Long lead time
Yellow pages	Consulted when to travel In all households	Long lead time Can be costly
Billboards	Low cost Multiple "hits"	Limited area Few words possible

在完成了以上部分以后，一份完整的市场营销计划就制订好了。如何确保营销计划被有效地执行就要重新返回审视营销计划的总结和执行力项目。

（6）关注优选合作商。有没有过这样的经历，到肯德基仅能买到百事可乐而到麦当劳仅能买到可口可乐？事实上大型公司都有其偏好的合作商。虽然顾客的购买行为受到限制，但是这并不影响公司的受欢迎程度。同时这种合作关系还可以拉低供应价格。以增加收益。邮轮销售中同样可以通过与优选合作商建立良好关系来提升销售收益。主要方法包括：①全面满足游客的个性需要。②关注游客的需要。③向游客推荐最具实力的邮轮公司产品。

（7）时刻关注游客的邮轮旅游感受。对于邮轮销售来说，保持顾客的忠诚比寻找新顾客更重要。根据一项关于为什么游客不再选择本公司的邮轮旅游产品的调查表明，其中25%的游客认为没有人关注他们的旅游反馈；26%的游客认为销售人员推荐了错误的邮轮航线。因此，及时地关注游客的旅游感受对于邮轮销售至关重要。通过此方法可以达到：①强化与游客的私人关系。②及时解决发现和存在的问题。③从游客处获得本次邮轮旅游的反馈。④为下次合作做准备。⑤将满意度高的客人描绘成典型案例展示给其他准备购买的游客。保持对游客的持续关注不仅仅要关注那些大客户，更应该关注一切游客，游客需要被关注，游客需要销售人员关注其实际旅游感受。

（8）提升销售、交叉销售以及打包销售。前文已经讲述了一些如何进行提升销售和交叉销售的技巧。提升销售、交叉销售以及打包销售对于当今的邮轮销售至关重要，也是提升销售人员业绩，提高销售人员收益的最主要途径之一。主要方法包括：①通过互联网进行销售。提升销售的主要途径就是通过互联网进行销售，建立属于销售人员的网站主页以便于游客购买邮轮旅游产品。②推荐一个稍高于游客预算的邮轮旅游产品，以提升销售额和销售业绩。

（9）询问游客开放式问题。前文已经强调了开放式问题的重要性以及开放式问题的主要类型。类似"您喜欢什么，不喜欢什么"等问题。实际上你有可能成为第一个问游客开放式问题的销售人员，这样会使得你从众多竞争者中脱颖而出，获得游客的认可并完成产品销售。

（10）销售流程个性化。与游客握手看起来在邮轮销售中似乎很重要，但是为什么呢？因为握手是销售人员与游客之间建立关系的第一步，这在当今高科技发展的时代显得尤为重要。另外，在面对游客进行销售的过程中销售人员应该始终保持激情和动力，以表现出销售人员的专业性和友好度，所有这些都需要销售人员个性化自己的销售手段，主要可以通过以下几点来做到：①在游客决定购买以后向其发送电邮，事先预祝游客旅途愉快，并请求游客在旅游过程中发送旅游图片给自己以表明关注其旅游体验。②邀请游客面对面地进行交流。这样可以增加游客购买邮轮旅游产品两倍以上的可能性。③与游客在其事先定好的地方会面，对于邮轮这种高利润的旅游产品销售来说这种销售方式非常关键。

相关链接　搜索

20个销售小技巧

（1）将生活与工作区分开。现如今北美地区1/3的人都是在家通过远程通信来办公。因此，正确地区分开生活和工作，不仅对邮轮销售人员具有重要意义，而且适用于其他行业。

（2）尽量多地使用"您"。在销售过程中使用"您"、"您的"、"您自己"等用词会给游客带来归属感，增强他们身临其境的感觉，使其在购买过程中仿佛体验到邮轮旅游一般。

(3) 避免打电子邮件“乒乓”。电子邮件“乒乓”，是指将电子邮件当作即时聊天（IM）来使用或者当作电话来使用。尽量避免与游客进行电子邮件交谈，当需要信息沟通时可以采取电话交流的方式。

(4) 准备好回答具有挑战性的问题。邮轮销售中什么是有挑战性的问题？比如，“你认为哪条航线最好”，对应这种问题事先应该有充足的准备，对于销售人员来说在这种问题上表明立场是很危险的，所以可以如下回答“最适合您的邮轮航线才是最好的邮轮航线”。再如，“你最喜欢的航线是哪条”，这种问题可以回答“我最喜欢的是哪条并不重要，重要的是您的选择”。

(5) 控制好邮件时间。“时间就是一切”，严格地控制好邮件的发送时间对于销售人员非常重要。研究表明周五是发送促销邮件最好的时间。通过一些社交网站（例如微博）发送促销信息则要选择在周末。

(6) 乐于付出。这听起来很难以置信，但是销售人员如果只关注自己的收益而忽视日常的付出，那么就很难成为一名优秀的销售人员。付出也许没有直接的回报，但是要相信付出总会有收获而且极有可能是巨大的收获。

(7) 介绍一些细节。细节一：提及游客邮轮旅行过程中有用的一些小贴士。细节二：告知游客邮轮旅游目的地的精彩之处，比如当地的美食、当地的特色民俗等。

(8) 邮寄贺卡。邮寄贺卡的形式简单实用，会让游客产生忠诚度，例如在游客的生日时给游客寄一张生日贺卡等。

(9) 善于做对话总结。对话总结的意思是在对话结束时总结自己要告知游客的主要内容以及游客所表达的主要观点。总结对话一定要做到准确无误，不能曲解或者遗忘顾客的意思。通过对话的总结，还能发现游客忘记的需要。

(10) 扩展销售渠道。通过邮件或者网络促销的方式来拓展销售渠道，达到多渠道共同销售扩大销售额的目的。

(11) 询问邮轮游客的心理预算。一定要避免直接询问游客乐意在邮轮旅游上花费多少钱，要确认游客的消费心理预期，最高心理预期最低心理预期。

(12) 居第二位。居第二位的意思就是在谈判等场合如果可以，尽量不要第一个出价或者表达意图，不然会使自己处于不利境地。

(13) 开始正式谈话前说一些小的题外话。大多数销售人员认为与顾客探讨应该以销售事务开场，但是专家建议在开始销售前先与游客探讨一些题外话。这样可以使谈话显得更加自然，使顾客更乐意与你合作。

(14) 树立良好的形象。将一张拍摄得不错的照片放在自己的工作牌上，放在销售网站上，放在你所写的专栏等。良好的形象可以使游客第一时间认出并记住你。

(15) 有选择性地处理多任务。斯坦福大学的一项研究表明：多任务处理的人会比单任务处理的人精准度下降20%～30%，因此非必要情况下不要同时做几件事。

(16) 给游客小赠品。小赠品是游客期望之外的，所以会起到良好的效果，但是一定要分清哪些旅游项目有赠品，哪些没有。

(17) 让你的业务销售代表喜欢你。最简单的方法就是积极地销售他们的邮轮产品，并做出一定的业绩。

(18) 实证跟随销售。不要以为成功卖出邮轮产品就意味着销售结束，培养游客良好的忠诚度更加重要。因此在销售完成后要及时跟踪销售效果及游客反馈至关重要。

(19) 及时做笔记。对于游客所提及的重要信息及他们的需求要及时记录在笔记上。如果使用的电子邮件销售，则使用电子笔记功能。

(20) 解读肢体语言。阅读肢体语言是一种非常微妙的技能。它需要敏锐的注意力，只有充分理解肢体语言，才能成为最优秀的销售人员。

第四节　邮轮网络营销

得益于现代信息技术的发展，销售人员掌握现代信息技术，能更快地寻找到目标顾客群体，而且花费的资金更少。以我国出境游为例，游客出境旅游获取相关信息的主要渠道是网络检索、旅行社咨询以及亲友推荐，其中网络检索增长速度最快。

一、电子邮件营销

调查研究表明，90%的互联网用户会使用电子邮件交流，33%的电子邮件用户一天要查收好几次电子邮件，这成为他们寻找顾客的最重要手段之一。电子邮件对当今市场营销的作用越来越大。每年都有大概3亿关于市场营销的电子邮件发送。在邮轮营销中电子邮件这么重要的原因有：一是廉价，二是方便直接，三是可以高效地联系客户。

(一) 电子邮件营销的定义

电子邮件营销（Email Direct Marketing，EDM），是在用户事先许可的前提下，通过电子邮件的方式向目标用户传递价值信息的一种网络营销手段。

电子邮件营销有3个基本因素：用户许可、电子邮件传递信息、信息对用户有价值。3个因素缺少一个，都不能称之为有效的电子邮件营销。电子邮件营销是利用电子邮件与受众客户进行商业交流的一种直销方式，同时也广泛地应用于网络营销领域。

（二）让游客打开销售邮件的5个技巧

由于现在互联网上病毒以及黄色信息的泛滥，越来越多的人在收到邮件后不愿意去打开。尤其是一些广告类垃圾邮件的存在，使游客更不愿意轻易打开电子邮件。因此，通过电子邮件与游客联系需要一定的技巧。

（1）使用简洁易懂的电子邮件地址。如何让客人明确认识到收到的不是垃圾邮件呢？第一建议是用邮轮公司或旅行社的名字作为电子邮件的一部分。用户一般在不熟悉发送者的情况下，很少去打开电子邮件，所以不要使用纯数字和比较奇怪的名字作为电子邮件的地址。第二建议是尽量避免使用多个电子邮件账号，永远使用相同的电子邮件账号给游客发信息。

（2）给电子邮件起一个有意义的标题。让游客第一时间知道发送这封邮件的目的，让他们第一时间决定是否打开或者删除。在标题中一定要简要说明最主要的目的，再说明邮件发送的意义。例如，我们正在进行特惠活动，尽量避免使用过于戏剧化的语言，如紧急、非常紧急之类的。因为现在很多的垃圾邮件自动过滤系统会把带有此类关键词的邮件过滤掉。

（3）让游客标记您的电子邮件，避免过滤。如果可能，请求你的游客将你的邮件地址加入通讯录。这样你的邮件就不会被过滤掉，或者被归入垃圾邮件。

（4）邮件发送前征得游客同意。最重要的一点就是事先获得游客准许发送电子邮件。如果游客拒绝，那就不要发送，继续寻找潜在和愿意接收邮件的游客。对于这点来说，最好是有自己的官方网站，这样游客在网站注册账号时就可以选择是否收取销售邮件。

（5）使用适当的电子邮件文本。在技术层面，确定好使用纯文本还是使用超文本的电子邮件。在现实中，很多旅行社都有自己预先设定好的邮件模板，邮轮销售人员只需要将信息输入到模板当中便可进行发送。但是超文本的邮件有一个问题就是很多垃圾邮件过滤系统会自动将其识别为垃圾邮件并过滤，所以在发送之前最好先确认一下对方邮件系统是否会过滤超文本邮件。随着信息技术的日新月异，很多游客用手机接收邮件。但弊端是打开超文本邮件受制于网速和手机功能，这种情况下纯文本文件就比较合适。应该如何选择？现在很多邮件系统都有在线模板供选择，这些文件系统会同时发送纯文本和超文本两种文件格式适应不同游客的需求。

信息时代，电子邮件带来了很大方便，但也不要忘记了平信方式。因为很多人更愿意收取平信，还有的客人从不查收邮件。所以平信的方式现在依然非常重要。

（三）高效电子邮件营销 7 个对策

让游客打开你的邮件只是成功的一部分，如何使邮件产生销售业绩才是最大的问题，以下介绍 7 个使邮件更加高效并产生更大利润的对策。

（1）突出产品特色。游客没有那么多时间去阅读非常繁杂的东西，所以发送给游客的邮件要突出产品的特色，包括航线的挂靠、岸上观光时间和路线的安排、价格优惠等。值得注意的是，邮件传递给游客的特色信息不能纷繁复杂，要做到一封邮件只包含一个主题，否则会影响顾客判断。

（2）突显产品价格。相对于面对面的报价，通过电子邮件形式的报价相当被动，发出的邮件无法改变，又无法探听到竞争者的价格状况，更不可能观察顾客的反应灵活报价。如今互联网非常开放，游客很容易在网上搜寻到同类产品的供应信息，从而对比各家的价格，如果报价偏高，是很难争取到客户的。所以，为顾客提供最优质的产品、最低廉的价格才是取得销售成功的唯一法宝。

（3）合理利用节假日促销。针对游客节假日的强烈出行愿望，邮轮公司经常推出诱人的促销活动，此时运用电子邮件营销推广节假日的邮轮促销产品是比较理想的时机。这里要提醒的是，要根据游客的类型合理地推荐节假日产品。如果你的客户大多是男性，而近期又没有情人节、母亲节或其他法定假期，那么客户不会对你所谓的节假日产品感兴趣。

（4）尽量使用小的图片而不是大的。如果必须使用图片，尽量选择使用尺寸小的图片，下载大的图片会花费很长时间，而且会将重要信息掩盖掉。如果你觉得大图片是必要的，可以在邮件后面添加一个网址链接。

（5）发送之前先进行发送测试。即使这个邮件在您的电脑上看起来非常棒，也要进行发送测试，检查收到的邮件格式有无变化，避免发送格式变了的邮件。

（6）在邮件中要包含一个电话号码和网站信息。在邮件中留下电话号码和网站信息，主要是鼓励游客发现问题及时打电话咨询或关注网站信息，以方便游客随时联系和了解。

（7）将自己定义为邮轮销售专家。这是销售中很重要的一点，游客都希望专业的销售人员为自己提供邮轮旅游产品咨询。所以尽量采用几种方法让游客意识到你具有很强的邮轮销售资质，比如将相关证书、荣誉奖状等放在您的办公室。

研究表明，游客如果回复了销售邮件，那就意味着他在寻找一个优惠的价格和合适的航程。这时候，你要能保证给游客他们想要的东西。借助于电子邮件的帮助，你会见证自己销售额的提升。

二、充分利用搜索引擎

研究表明，搜索引擎仍然是网站推广方面的最重要方法，同时也是目前最为成熟的一种网络营销方法。如何充分利用搜索引擎为邮轮产品的推广和销售发挥最大限度的作用，是邮轮营销的重要方面。

登录社会化搜索引擎。搜索引擎给网站带来的流量是巨大的。在国内尤其是百度和谷歌等搜索引擎的实际推广效果非常好。销售人员可联系搜索引擎运营商，询问他们如何使自己的广告排在网页最前面。与他们商讨排名价格，根据搜索结果和点击率来衡量网络营销预算是否值得。

研究发现，搜索引擎的用户往往只会留意搜索结果最前面的几个条目，所以不少网站都希望通过各种形式来影响搜索引擎的排序。搜索引擎的优化就是一种利用搜索引擎的搜索规则来提高目的网站在有关搜索引擎内的排名方式，也是实现邮轮网络营销非常重要而又节省成本的工作。而对于搜索引擎的优化工作，主要涉及以下两方面的工作。

其一，免费优化设计。主要包括在网站设计时，代码中对于搜索引擎优化的支持和关键词的优化和选择。这要求系统开发供应商必须了解现今搜索引擎的运作机理和方式，该部分工作实际上可以产生事半功倍的效应。同样的内容，做过关键词优化的网站搜索排名会明显上升，带来访问量上升的滚动效应。

其二，付费的网络推广工作。目前主要的搜索引擎供应商，均提供付费网络推广工具，该类工具只需付费就能获得相应的广告位置，在推广初期和关键产品推广时，可以选择该类工具，但还是要注意推广关键词的选择和优化，特别是在节省成本方面会有明显的效果。

三、建立邮轮销售主页

整个世界因为互联网拉近了彼此竞争的距离，信息技术行业的品牌价值能量毋庸置疑。如今企业以自身品牌吸引顾客，网站作为品牌形象的重要载体已经越来越得到重视。用设计满足顾客期待，是稳固品牌的核心竞争力。

（一）邮轮销售网页列举

邮轮销售的主页是向游客展示邮轮产品的窗口，也是进行广告宣传的最佳途径。邮轮公司通常会在自己的公司网站上建立网上预订系统，方便游客选择和购买邮轮行程。

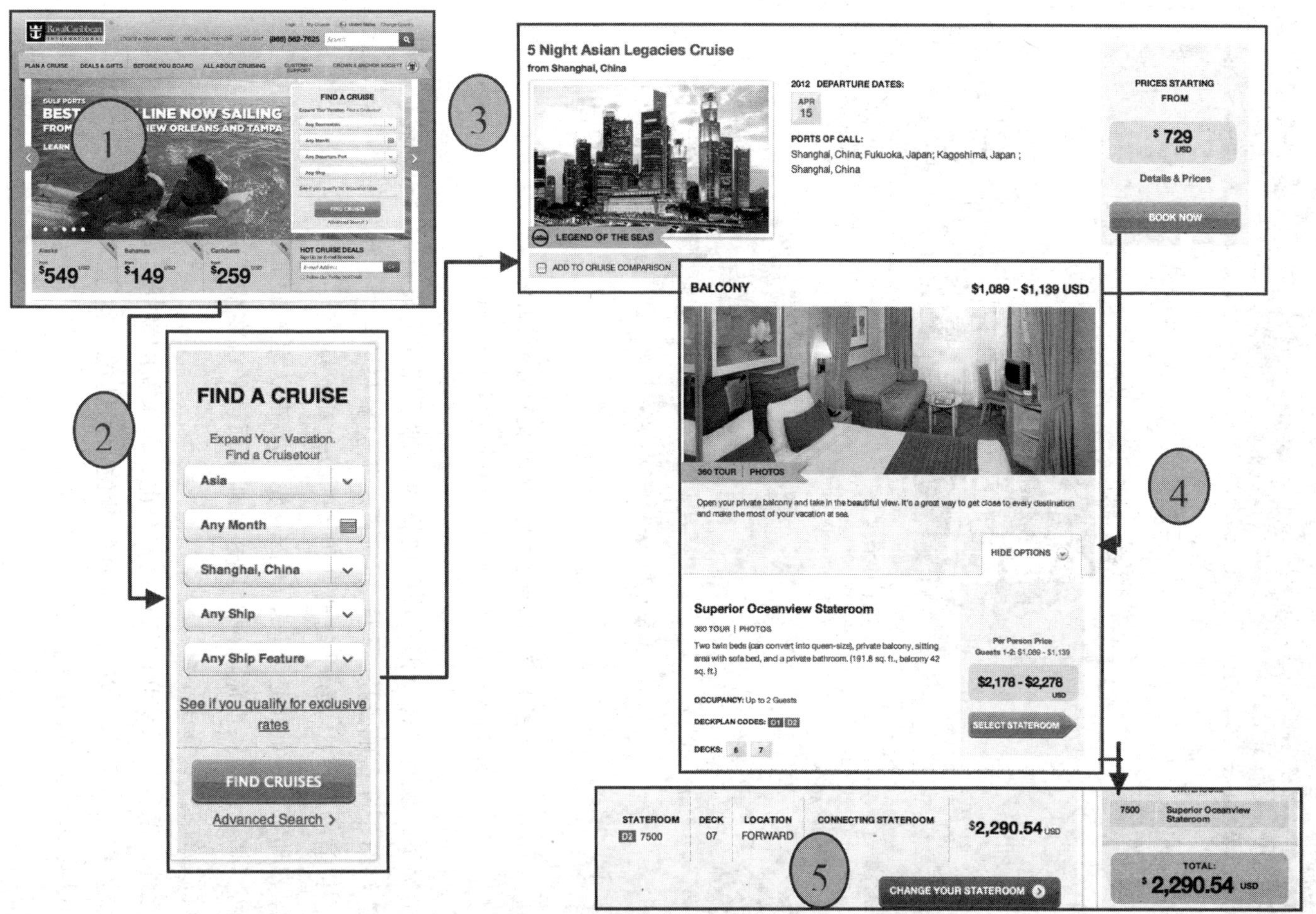

图4–4　皇家加勒比游轮公司网上预订平台预订流程图

资料来源：http://www.royalcaribbean.com/home.do

图 4-5 歌诗达邮轮官网中文网站首页截图

资料来源：http：//www. costachina. com/B2C/RC/Default. htm

一般情况下，现有旅行社都有成熟的销售管理系统作为支持。对于邮轮产品的一般销售活动能够给予完整的支持，但在旅行社承担包船等项目中，由于邮轮特有而复杂的控舱要求，目前的旅行社系统还需要做相应的改进和支持。

随着国内邮轮市场的迅速发展，国内邮轮市场建立起一批邮轮直接的预订平台。如环世邮轮网、邮轮海、天悦旅游网等。这些邮轮预订平台在依托邮轮业发展的同时，也为邮轮出境旅游的普及提供了动力。

除此之外，系统与系统间的信息化整合也是未来新的发展方向。即邮轮公司系统与旅行社系统直接交换数据，以获得实时的舱位信息情况，甚至可以实现 B2B2C（Business to Business to Consumer）的网络直销模式。

图 4－6　携程旅游网邮轮业务板块网页截图

资料来源：http：//vacations. ctrip. com/cruise

（二）成功设计销售主页 12 个原则

（1）提供多种邮轮产品供游客选择。提供多种选择最主要的目的是让游客以最简单、最经济的方式购买邮轮旅游产品。

（2）网页注册会员简单而且有回报。这里的回报是指注册会员可以得到会员专属信息、专属报纸和价格，并且游客的信息可以运用于未来的电子邮件和直邮营销。

（3）强调网站的互动性。比如，你的网站网页上可以包括一项邮轮旅游知识测试与游客进行互动，也可以通过网络问卷的形式让游客填写以达到互动效果。

（4）将网页设计得简洁美观。要图文并茂，不要通篇到尾都是文字。运用易于阅读的字体，频繁使用简报，高效地使用具有启发意义的照片或图片。注重网站主页的色调。

（5）要有娱乐性。旅游是一件很快乐的事情，网页设计应该活泼生动，具有趣味性，不可以严肃枯燥。

（6）可定制化。根据用户不同需要定制网页界面和内容，以适应多种游客的多种需求。

（7）实时更新和确保没有网页错误。

（8）尽可能提供邮轮销售和旅游的相关信息。当今社会，游客更倾向于通过邮轮销售主页去获取邮轮旅游和销售信息，这些信息会极大地方便游客。

（9）网站营销。运用所有能运用到的营销工具宣传自己的网站，如名片、简讯、报纸、通信等。

（10）隐私权和版权声明。保证客人信息不会外泄。

（11）友情链接。这些链接往往指向邮轮公司。

（12）增强可信度。采用在网站上公布年报、季报增强可信度。通过这些报告可以让游客更加相信邮轮公司的网站。

这 12 个原则的前提是有一个良好的网站设计团队。

（三）网站设计原则

（1）尽量不要设计太多的图片，否则容易导致网速过慢，使游客失去耐心。

（2）寻求专业网站公司的帮助。

（3）确保网站域名是以销售人员的名义注册的，而不是以代理网站建设名义注册的。

（4）确保网站代码全部由销售人员掌握。

（5）网页展示邮轮旅游的体验照片要比单纯展示邮轮旅游产品更有冲击力和说服力。

四、建立新兴网络营销平台

随着网络的发展，一些新兴的网络营销方式逐渐被企业采用，并取得了良好的营销成果，比较突出的方式有微博营销、微信营销，企业通过开发自家的 APP 应用软件发布信息，与潜在客户互动。

（一）微博营销

微博营销是指通过微博平台为商家、个人等创造价值而执行的一种营销方式，其核心本质在于信息的传播。该营销方式注重价值的传递、内容的互动、系统的布局、准确的定位，微博的火热发展也使得其营销效果尤为显著。微博营销涉及的范围包括认证、有效粉丝、话题、名博、开放平台、整体运营等。

以微博作为平台推广邮轮产品，首先是要确定以邮轮产品定位为基础的微博，根据邮轮产品的目标市场，设定专属的微博头像，一般为邮轮公司 LOGO，保持头像色调和邮轮公司色调的一致性。设置微博名称与邮轮品牌相符。同时设置邮轮产品最新的优惠，邮轮公司官方网站的网址等。在设置好邮轮官方微博之后就是发展粉丝数量，只有一定规模的粉丝数才是进行微博营销的前提。

通过微博话题互动，诸如回答粉丝的提问，给粉丝私信和行业知名人士交流，能够让对方记住。尤其获得一个行业著名人士的转载和关注，那么将会带来更大的收获。当微博粉丝达到一定规模之后，就可以适当地策划活动去推广企业产品或者品牌。

第一，在策划环节，销售者可以策划粉丝感兴趣的话题，如旅游目的地、各个国家独特的风土人情、邮轮旅游趣事等，又或者就互联网的热门话题等作为切入点，在引起粉丝关注的同时，传播邮轮品牌文化。吸引粉丝进行进一步互动的方式有：①抢沙发。每次微博发出，最先回复微博的前若干名粉丝就有获得抽奖的机会。这样有利于粉丝积极地配合，持续地关注。②有奖问答。有奖问答的问题或者答案可以和行业很好地结合起来，提出相关问题，引起粉丝的思考和相互之间的讨论。③原创征文。这种模式其实和抽奖模式是一样的，只是表现的形式不一样而已，尤其适合文化产业的企业实用。征文，不一定得要长篇累牍的一篇文章，可能只一句口号，也可能是一副对联，还有可能是有上联，要求对下联。2011 年的央视春晚有奖对春联活动就是一个很好的例子。④关注有奖。这个也是微博应用最大的一个方式，关注，就意味着要成为企业的粉丝，那么企业的资讯就可以顺利达到粉丝方。如果要求更进一步的话，那就是转发，转发不仅仅让粉丝进行关注，同时还参与到传播的这个链条上来，粉丝还会有粉丝，这样的效果更加地显著。当然，这样抽奖的奖品一定要诱人，让粉丝觉得值得去转发。

第二，当微博营销活动发起后，官方微博要很好地参与进来，引导微博粉丝的一个正确导向，不过分偏离活动主题，监控一些负面信息，引导、放大正面信息等；适当和粉丝互动，第一时间回复粉丝的留言。控制活动的周期，尽可能地延长活动的周期。通过扩大抽奖面，增加抽奖机会，增加抽奖奖项价值等办法都可以延长活动周期。

第三，口碑推广。有条件的企业还可以在微博搞活动期间投放一些互联网广告和传统广告，和当前活动很好地配合起来，这样往往会收到意想不到的效果。

第四，二次转发比活动更重要。粉丝获得奖品后会展示，或者发布获奖感言等。粉丝也会介绍给自己的朋友、同事等参与进去。决定粉丝是否再次传播的前提是，一方面，主办方是否有要求；另一方面，奖项要足够诱人，以至于粉丝自发为你做宣传。

微博既是以信息为纽带，同时也是以人际关系为纽带组织在一起。粉丝的二次转发在宣传中的力量是巨大的，常令人难以想象。

（二）微信营销

微博营销是通过网络传播的，从本质上来说偏向于媒体属性，而微信，则是一种非常强大的客户关系管理工具。

微信营销是网络经济时代企业对营销模式的创新，是伴随着微信的火热而产生的一种网络营销方式。微信不受距离的限制。用户注册微信后，可与周围同样注册的“朋友”形成一种联系；用户订阅自己所需的信息，商家通过提供给用户需要的信息，对产品进行点对点的营销。

微信于2011年面世之后，已经有2亿的用户数，许多商家也都尝试着用不同的方式利用微信为自己的产品和品牌进行宣传推广。以歌诗达邮轮公司为例，2013年1月，歌诗达邮轮公司微信开始运营，平均2~3天发布一次公司的新闻及促销信息。例如2013年3月15日，歌诗达邮轮公司通过微信平台发布了由著名演员高圆圆担任歌诗达邮轮公司在中国大陆地区的品牌形象大使的新闻。微信营销的方式根据其功能主要包括以下4种形式：

（1）查看附近的人。在微信中有个“查看附近的人”的插件，用户点击后可以根据自己的地理位置查找到周围的微信用户。邮轮公司或旅行社可以利用这个免费的广告位为产品做广告，从而发展潜在客户。

（2）品牌活动式。微信中有一个“漂流瓶”的应用，漂流瓶实际上是自QQ邮箱移植来的一款应用，该应用在网上广受好评，许多用户喜欢这种和陌生人的简单互动方式。移植到微信上后，漂流瓶的功能基本保留了原始简单易上手的风格。“漂流瓶”有两个简单的功能：①“扔一个”，用户可以选择发布语音或者文字然后投入大海中；②“捡一个”，顾名思义则是“捞”大海中无数个用户投放的漂流瓶，但是每个用户每天只有20次捡漂流瓶的机会。邮轮公司可以运用“漂流瓶”的方法开展用户活动，可以“扔”有奖的瓶子吸引客户参与，起到品牌推广的作用。

（3）二维码扫描折扣式。微信中的“扫一扫”这个功能用来扫描识别另一位用户的二维码身份从而添加朋友。二维码发展至今其商业用途越来越多，将二维码图案置于取景框内，微信会帮你找到好友企业的二维码，然后你将可以获得成员折扣和商家优惠。

（4）社交营销式。微信开放平台、微信公众平台是微信推出的新功能，用户可以借此向第三方或公众发布信息，并与其互动。通过微信开放平台，应用开发者可通过微信开放接口接入第三方应用。还可以将应用的标志放入微信附件栏中，让微信用户方便地在会话中调用第三方应用进行内容选择与分享。在微信公众平台上，每个人都可以用一个QQ号码，打造自己的微信公众账号，并在微信平台上实现和特定群体的文字、图片、语音的全方位沟通和互动。

（三）企业APP营销

APP营销是通过特制手机、社区、SNS等平台上运行的应用程序来开展营销活动。APP是英文Application的简称，由于iPhone等智能手机的流行，APP指智能手机的第三方应用程序。

随着智能手机和 iPad 等移动终端设备的普及，人们逐渐习惯了使用 APP 客户端上网的方式，目前已有邮轮公司推出了自己的 APP 客户端，如歌诗达邮轮公司于 2013 年 1 月 18 日和 3 月 31 日先后在安卓平台和 IOS 平台推出了 iCosta 应用，该应用以更新航线和电子邮件营销为主，同时包含邮轮游记和第三方活动信息（图 4 –7）。

图 4 –7　歌诗达邮轮公司的 iCosta 应用界面

企业 APP 的开展具有成本低，用户使用持续性好，信息展示全面，服务及时，精准营销，空间限制小，以及互动性强等优点。

第五节　优质对客服务

沃顿商学院研究表明，吸引一名新顾客要比维持老顾客的花费多 5 ~6 倍，由此可以看出，优质对客服务、维持客户忠诚度的必要性和重要性。那么，怎样才算是做到了优质对客服务，如何做到优质对客服务呢?

一、优质对客服务的标准

（一）优质对客服务的 10 个标准

高质量的服务是邮轮旅游的内在要求，此外，邮轮旅游较之普通团队旅游其复杂程度也非常高。销售人员通过对客户消费能力的判断以及对邮轮旅行的经验，精确推荐客户需要的产品，是做到优质服务的基本条件。以下我们来介绍一下优质对客服务的标准。

（1）给游客真挚和热烈的欢迎。

（2）获知并使用游客的名字。在现实销售中，但是最好在销售的一开始就使用游客的名字。在完成销售后，使用他们的名字表示感谢。

（3）有全员服务意识。只要是游客，不管是不是在你部门进行消费，他都是你的客人，都应该得到优质的服务。

（4）预知游客的需求。如果你去过餐厅，就会发现当你杯中咖啡不多的时候，就会有服务员主动过来帮你续杯。这就是非常典型的预知客人需求。作为邮轮销售人员怎么做呢？可以通过一些细节行为来表现，如事先调查清楚游客想要入住的房间类型，并告诉他们房间里所提供的服务。或者在游客提出要求前，告诉他们想要入住的酒店是否有特价服务。

（5）注意刻板印象。刻板印象是指服务销售人员第一次会见客人时给客人留下的强烈而深刻的印象。

（6）包装好个人形象。个人形象包装就是穿着和交流方式。这也是邮轮上的乘务人员统一着装的原因，这能强化他们的专业形象。

（7）实践承诺。像外卖食品公司一样，如果承诺是半小时内送到，那就必须按时送到。在邮轮销售中，也应该遵守这种约定。

（8）超越游客期望。比如，一个导游带团去多伦多参观当地农场。由于提前赶到，需要等待很长时间。该导游就组织游客去当地商店去购买农副产品，这使游客非常高兴，并成为整个旅行中的亮点。

（9）给游客热烈的欢送。与其他服务业不同的是，一旦结束本次销售，邮轮销售人员会被认为将顾客遗忘。所以，一个热烈的欢送会使游客感觉受到重视。

（10）追踪销售效果。即追踪已经完成销售的游客是否满意本次邮轮旅游。如果游客满意，他会像对待朋友一样对待你，也乐意与你分享他的邮轮体验。如果你觉得电话或者面谈会浪费时间，那也可以采用电子邮件的形式。

如果将这 10 个标准运用到邮轮销售服务中，可以极大地提升邮轮的销售业绩。

（二）7 种错误的对客服务方法

与优质服务相对的，销售人员也经常会表现出一些“不该做”的行为，从而导致销售的失败，以下介绍常见的 7 种错误做法。

（1）让游客长时间等待。比如说你承诺今天晚些时候会回电话给你的客人，结果你没有回电话。这样的话，这位顾客就再也不会和你合作了。

（2）表现得非常消极。表现消极会直接影响到游客的情绪。

（3）传递错误信息。这是非常危险的，尤其是现代社会，游客都会通过上网检索信息。他们过来咨询你，表明你是专家，比他们懂得多。如果你提供错误信息被他们发现，那你的专业形象会荡然无存。

（4）推卸责任。当今社会，推卸责任成为旅游界常见的情况。所以，为了赢得游客的信任，永远不要推卸责任。

（5）与游客争吵。在邮轮旅游过程中，经常碰到领队抱怨游客，“你应该在旅游之前详细阅读旅游指南。”虽然此话没错，但是听起来让人很难接受。

（6）以不屑的态度来对待游客需求。

（7）短语的不正确使用。例如，“我不知道”。当然你不可能知道所有事情，但是即使不知道也不能说不知道。要积极去处理自己不知道的事情。比如说游客打电话咨询航班的班次。简单地回答“我不知道”，让人听起来非常不舒服。如果换成“请稍等，我查询一下，一会儿将查询结果告诉您”，就会起到不同的效果。这样就可以将消极的影响转变为积极的影响。

二、满足游客情感需要

从旅游心理活动的规律来看，当旅游者对自己的体验感到满意时，最多会告诉 3 个人，但是不愉快时，却会告诉 7 个人，足以看出情感在其中的利害关系。因此，必须使邮轮营销方案和所提供的情感服务引起旅游者情感上的共鸣，使旅游者对要宣传营销的邮轮产品产生强烈的情感依赖，才可以最终成功促成客户的购买行为。一般来说，游客有以下 5 类情感需要。

（1）游客需要感觉到自己是受欢迎的。以寿司店为例，当您走进去的一瞬间，所有的店员都对您表示欢迎；当您离开的时候，他们同样对您表示欢送。这个例子表明，游客感情里最基本的需要就是受欢迎。这也要求销售人员必须在第一时间记住游客的名字并表示出热烈欢迎。

（2）游客需要被理解。对于邮轮销售人员来讲，最关键的是咨询他们最想要什么样的产品，并推荐最合适的产品，使他们感觉被理解。

（3）游客被关注的需要。好的服务人员总是全身心地关注游客在说什么，想表达什么，总是非常有耐心。特别需要注意的一点是邮轮销售人员在向游客营销的过程中，当着游客的面接电话，把游客晾在一旁是非常令人反感的。这样给游客造成的印象是自己不受重视。所以，对游客营销的时候切记要将手机调整至静音。

（4）游客需要被欣赏。一个好的销售人员总会在销售结束时对游客表示真诚的感谢。而一般的销售人员往往会忘记做这件事情。

（5）游客需要被记住。游客总是希望能很快被销售人员记住，并能记住上次旅游的所有事情。他不会管你每天要接待多少游客。举个例子，一个一年没有联系过的游客打给你，这个时候如果你的电脑里存有客户资料，并迅速调出，给游客提及一些上次旅游的精彩细节。这样给游客的印象是，你记得住他们。如果游客通过电子邮件联系您，这件事情就更加简单。

小测试

你能满足游客的需要吗

以下有7个问题，请将答案分为五个等级并按情况从1至5打分，5分代表非常好，1分代表非常差，最后将每项结果的分数求和，总分即为您的得分。

1. 我非常善于记住和使用游客的名字。
2. 很多人告诉我，我经常微笑。
3. 当我去参加聚会的时候，我非常乐于结识新朋友。
4. 我的穿着和打扮对其他人来说很重要。
5. 如果我看到有人迷路了，我会给他们指出他们的方向。
6. 如果有人抱怨某事，我会公平处理。
7. 看到其他人玩得开心，我也高兴。

算一下自己的得分，得分所在的分数区域所对应的类型就是您的类型。

30～35分，你是一个非常棒的销售人员。

24～29分，你的服务非常棒。

18～23分，你还不错，服务有待改进。

11～17分，必须提高自己的服务技巧和态度。

0～10分，不太适合做销售服务人员。

三、提高沟通技巧

（1）积极聆听。积极聆听表明在意游客的想法。在交流过程中销售人员要全身心投入。在整个邮轮销售过程中，销售人员积极地扮演聆听者的角色，至少要表现得像一个积极的聆听者对于达成销售是非常有利的。一个积极的聆听者有以下几种表现：①微笑。②永远不要打断游客的讲话，因为最后的销售结果是由游客决定的。③聆听过程中要增强自己的点头示意以表示自己理解。如果是电话销售，要使用一些表示确信的动词来进行反馈。④做笔记。如果是当面销售的话，会给游客一种受重视的感觉。⑤提供附加信息。现实销售中经常会有游客忘记或者遗漏了重要信息，这时你可以做必要补充来表示您在积极聆听。⑥重复游客的要求。这样能确保自己准确地理解游客的要求。⑦保持眼神交流。眼神交流表示尊重。

（2）注意肢体语言的运用。销售人员的肢体语言远比想象的重要，就连最小的肢体动作，比如斜躺在椅子上和客人交流都会产生很大的影响。一项最新研究表明，肢体语言能影响 50% 的交流内容。最经典的例子是“镜子效应”，指的是两个亲密的人行为上会具有趋同性。所以销售人员在销售过程中要注意这个效应的运用，重复游客的肢体动作。但是如果是电话销售呢？最新研究表明，通过电话声音能够判断你是否在微笑，还有您的穿着。这就是为什么客服中心的电话接线员面前总有一面镜子，那是时刻提醒他们的着装和肢体语言。

（3）保持声音洪亮。作为销售人员要经常保持声音洪亮。在很多情况下，销售人员说的内容往往不如说话的方式重要。影响沟通的另外 50% 因素是说话声音的语调。实际上，说话的内容对沟通的影响仅占了 10% 。作为一个销售人员，每年要进行成千上百次销售，极易忽视游客感受，但是作为游客来说这点很重要。所以说话时一定要声音洪亮。这点不仅仅是面对面销售要注意，电话销售依然适用。

四、正确理解游客参与邮轮旅游的价值

销售人员要向游客特别说明邮轮上所提供的服务，服务范围是涉及各个方面的。比如，从奢华到经济的房间类型，各种不同的菜品和餐厅体验，以及邮轮上组织的各种不同类型的活动。

在进行销售过程中，第一要确定的是游客所能承担的最低的旅游预算，然后确定游客所能承担的最高的旅游预算。接下来向游客说明邮轮上提供的最棒的房间、最优质的服务、最美味的食物以及最精彩的活动，让游客感到物有所值。前文已经讲过这点，现在详细讲解邮轮旅游相对于非邮轮旅游的优势。

以地中海地区的度假旅游和邮轮旅游的消费对比为例。假设一个家庭旅游团由两个成人、两个儿童组成。在度假区和邮轮上同时度过 4 天。经过调查发现，这个家庭在度假区的总支出为 4012 美元，其中包含 250 美元的野外就餐费和 206 美元的旅行社佣金。而同样天数的邮轮旅游仅花费 3689 美元，其中包含就餐费用 230 美元、佣金 297 美元。再对比一组数字，分别以两对成年人进行度假旅游和邮轮旅游，以夏威夷为目的地，同样是 10 天。度假旅游总花费 6986 美元，其中包含就餐费 349 美元、佣金 494 美元，而

同样天数的邮轮旅游，总花费6838美元，包括就餐费用342美元、佣金561美元。通过对比发现，邮轮旅游花费不仅比度假旅游低，而且作为邮轮销售人员能得到更多的佣金。所以这些都是要向游客进行详细说明，以证实邮轮旅游物有所值。

五、帮助游客在脑海中构建一幅关于邮轮旅游的形象图

人们在尝试邮轮旅游之前必定会想象旅游场景和画面的。动画片《麦兜响当当》里的小麦兜每天念叨着“马尔代夫，那里蓝天白云，椰林树影，水清沙幼，是位于印度洋上的世外桃源”。一幅幅马尔代夫的美景、一段段在马尔代夫快乐嬉戏的场景在小麦兜的脑中时时浮现，这成为他努力的方向。

邮轮旅游与普通的旅游方式在描述旅游场景时是有差别的。以欣赏日出日落为例，传统旅游方式是你坐在一个位置上等待日出日落，而邮轮旅游则是追逐日出日落。在邮轮旅游过程中，您望向窗外，看到整个世界，有海有天有岛屿，而在度假旅游中您望向窗外看到的则是游泳池，仅此而已。注意到这些宣传口号的差别了吗？每一个邮轮产品的宣传口号都会使您在脑海中浮现一个场景，甚至不需要将图片展示在您面前，这就是准确用词的魅力。在现实销售中，销售人员可能每时每刻都在描述这种场景。

销售人员在向游客描述邮轮旅游的形象时，一定要注意使用3类词汇。第一类是具有可视性的词汇，包括风景、景观、景点。第二类是感情词汇，比如冒险性、令人激动的、浪漫的、奇妙的、爱。通过这些带有感情色彩的词汇描述，不仅可以在游客脑海中构建一幅图画，而且可以感受到这个图画中所传达出来的情谊。第三类词汇是行为动词。例如，发现、体验，甚至连行动都属于这类词汇。总的来说，无论怎么强调使用这些词汇都不过分。通过向游客传达有图片、感情和行动组成的立体的宣传，也就向游客明确传达了什么是邮轮旅游以及其优势。

案　例

邮轮销售服务案例

通过两个相反案例的分析来将前面所学的知识进行应用，分析情境案例中的服务行为的“好”与“坏”。案例中A代表邮轮销售人员，C代表客户。

案例一：表现糟糕的销售员苏珊

旅行社接待员将格林夫人带到苏珊的办公桌前并说“苏珊将竭诚为您服务”。

A：早上好。我有什么可以帮到您吗？（没有作自我介绍也没有称呼客人的姓名）

C：我们家人今年夏天想进行邮轮旅游。您有什么建议吗？

A：我知道一个邮轮航线特别适合您。您一定会喜欢皇家加勒比游轮。他们针对所有年龄段的儿童都有不同的旅行计划安排。（没有试图发现客户真正想要什么，没有提出针对性的、个性化的建议）

C：即使对20多岁的“儿童”也是吗？我家有4位家庭成员，我和我丈夫，以及23岁的女儿和她的丈夫。

A：哦，如果是这样的话呢，我觉得您和您的家人都将会非常喜欢ABC邮轮公司的加勒比航线的。今年6月初，他们会有一批价格非常合理的邮轮航线。邮轮从迈阿密出发经过3个港口：科苏梅尔、大开曼岛、基韦斯特。如果您想在港口吃午饭的话，我知道在基韦斯特有个非常棒的小餐馆。（像开始一样，在没有尝试发现和确定游客的具体需求前，苏珊再一次给游客推荐了错误的邮轮产品，但是她的确也运用了一个服务技巧——推荐餐厅）

C：这一个有点过早。我们需要在7月去。

A：7月的价格相比6月有一点高，但它仍然物超所值。我真的建议您购买阳台舱。两个舱怎么样？（态度不热情）

C：嗯，那么我们要怎么去迈阿密乘坐邮轮呢？此外，在一年的这个月里这些港口的天气如何？

A：我们可以帮您订购机票。我们收取每张机票25美元的服务费，机票要您自己来取。然后我帮您预订邮轮，价格是2000美元含机票，我将再次对机票价格进行检查。我没有关于天气的信息，但您可以在互联网上查询到当地的天气。（没有快递服务；非常关注“销售”以至于不关注游客的正确需求，一味地追求销售成功；没有给顾客制定个性化的建议；将从互联网查询天气的工作交给了游客）

C：那么护照怎么办呢？

A：您同样可以在网站找到。（再一次推卸责任）

C：谢谢！

A：您可以在邮轮出发前30天打印您的电子航程以及注意事项。这个需要您登录邮轮网站去自己下载打印。如果您有任何疑问，请给我打电话。（没有提醒游客从网上办理可以获得更多的利益和服务）

当然多数邮轮销售人员也经常不太可能在与游客的交谈中犯那么糟糕的错误，但是也经常陷入这种情况：在不认真聆听游客需要的情况下，就盲目地推荐邮轮产品。

苏珊糟糕的表现总结：未作自我介绍；不符合条件的建议；提供餐厅信息；态度不热情；忽略所有问题，仅希望完成销售；将义务推卸给游客。

案例二：令人愉悦的杰克

旅行社接待员将格林夫人带到杰克的办公桌前并说“杰克将竭诚为您服务”。

A：早上好，格林夫人。我的名字是杰克，有什么能帮到您的吗？（介绍自己，并使用游客的名字）

C：我们家人今年夏天想要邮轮旅游。您有什么建议吗？

A：您的家里共有几口人，分别都是什么年纪？（从一个没有压力、轻松的问题入手，可以得到更多的信息，从而根据客户的需求，给予她特别的推荐）

C：我的家庭由我、我的丈夫、我23岁的女儿以及她的丈夫组成。

A：您和您的家庭会怎样享受你们的假期呢？您是否喜欢一个安静、平和、文艺的假期呢？您是否想要更多的夜生活，更多的有激情、冒险的活动？或者别的什么的？（更深层次地了解游客潜在的需求，便可以在她考虑是否合适时给予她更多的灵活性去作出回复）

C：我认为我们可以选择皇家加勒比游轮。坐他们的船看上去十分有趣，而且我们不需要走得太远。

A：皇家加勒比游轮当然是会给您带来很多乐趣的。那是什么让您觉得皇家加勒比游轮如此吸引您呢？（通过赞同来增进联系，不要仅仅试图寻找对的项目还要学会了解更深层次客户的需求和动机。再重申一次，要以轻松的、无压力的方式去给予客户特别的推荐）

C：我最好的朋友埃塞尔刚刚完成邮轮旅行回来。她告诉我一次邮轮旅行大约要花费多少，并且能得到多少乐趣和放松。

A：根据您所说，我认为ABC邮轮公司的邮轮航线十分适合。他们的航线停靠3个港口，分别是科苏梅尔、大开曼岛以及基韦斯特。每周六都会有船次离港出发。您需要两个舱室还是住一个舱室呢？（提供个性化推荐）

C：很可能是两个舱室，因为我们的女儿已经成年，但我还是要在了解需要额外支付多少费用后再做决定。

A：嗯。两个舱室一定会给你们的旅途带来更多的乐趣，因为你们都能获得更多的个人空间。当然，那一定会带来额外的费用，具体是多少取决于您选择的是什么类型的舱室。内舱室是最便宜的一种，但您将无法欣赏窗外的风景。海景房是最普遍也是价格相对中端的一种。海景房中都会配有舷窗，窗外的任何景色都一览无遗。阳台房的费用会在海景房的基础上再高一点，但获得的邮轮体验则是截然不同的。那您是决定何时启程呢？（在进行交谈时始终假设客户是想要进行此次邮轮旅程的；她通过交谈了解客户的需要从而为其推荐最符合要求的邮轮、航线；她介绍数个可供选择的项目，并提供每个项目的详细信息）

C：我们想在7月的第二周出发。如果不行，那就第三周。那么，在这个时间段，停泊的几个港口的天气怎样呢？

A：我会把3个港口这个时间段的典型天气打印出来给您。当然，我要告诉你的是，真正的天气可能会不同。在临近出发之前，我将会把天气预报打印出来给您。我真希望能与您同行。让我来查看一下航线的定价。（提供更有价值的服务，并且超过客户的预期，特别是她将信息打印了出来而不是单纯地告诉顾客信息；对客户的计划表现出热情；销售人员上网检索价格信息，并找出客户所需要的航线的信息）好消息，7月14日的航线仍然有空位。真是幸运，要知道这是一年中的旺季。哇哦，阳台舱房只要每人899美元！在一年中，这都是一个很实惠的价格。（即使客户已经印象深刻，销售人员还是要在价格下面画线提示）

C：我觉得应该会要两个阳台舱房。那我们要怎么上船呢？

A：邮轮将从佛罗里达州罗德岱尔堡起航。我们能提供您到达上船地的机票。因为航空公司并不会因为我们代售机票而给予我们补偿，对于每一个需要机票的邮轮乘客，我们都会收取30美元的服务费，这已经是在我们常规的服务费上打折了。我很荣幸为您预订邮轮以及航线。加上机票，总的费用是4000美元。我要再确认一下机票的价钱。（提供额外的服务以及额外服务所需的费用的详细信息，并且标注出这是特别的价格）

C：听起来不错。

A：我们将会在你出发前的30天将电子文件发送给您并电话确认。当您来拿您的票或者在我们将票邮寄给您时，我们会提供一份叫作威斯曼报告的复本，其中包含您将要访问的港口的信息。如果有什么疑问，您可以随时联系我。（客户不需要发送她自己的文件，并且再次强调，在提供港口信息时提供另外的增值服务）

C：谢谢。

A：这是我的荣幸。我希望您能向朋友们介绍我们的邮轮。我也同样希望能替他们规划他们的假期。（在不得罪客户的前提下寻求更多额外的生意）

这种方式不是更好吗？

杰克令人愉悦的服务技巧总结：使用游客的名字称呼游客，作自我介绍；专业性的表现；提供了个性化的建议；尝试性地引导游客做出最终购买决定；提供增值可选的项目；展现出热情；凸显项目价值。

——资料来源：国际邮轮协会

第五章

团队销售技巧

第一节　团队游客行为分析

一、邮轮旅游团队的概念

邮轮旅游团队是指一类具有相同目的、相同背景的游客进行组团式的邮轮旅游。团队的特色非常明显，如教会团队、大学生团队。但有的时候团队游客并不是都有一致的兴趣爱好。

二、游客团队游的动机和甄选

对于邮轮公司或旅行社来讲，团队游客是一类有组织性、纪律性，也能带来巨大收入的群体。因此，邮轮公司和旅行社十分欢迎团队游客参加邮轮旅游。国际邮轮协会的销售专家总结出了旅行社选择团队销售的 12 种原因和游客选择团队旅游的 7 种动机，具体如表 5－1 所示。

通过这 7 种动机可以了解团队游客的想法，根据团队游客的想法来进行销售。但是如何在销售邮轮产品之前确保团队游客对您所销售的产品是不抵触和感兴趣的，如何来甄别和选取对邮轮产品感兴趣的游客，成为团队销售的重要问题。

销售人员可根据现有的游客、自己的社会关系、所在的社区关系、网络上的社会关系、你工作地方的关系、邮件名录、黄页、报纸、商业周刊、搜索引擎 10 个方面对潜在的团队游客进行甄选。不管通过哪种途径去找到这些旅游团队，他们都有一个共同点，即他们想去共同的目的地，参加共同的邮轮旅游活动，乘同一艘船，付相同的费用。

表 5-1　旅行社选择团队销售的原因和游客选择团队旅游的动机

选择团队销售的原因	选择团队旅游的动机
1. 团队游客更易于应对。例如，40 个团队游客要比 20 个散客更容易处理。	1. 有巨大的价格优势。
2. 团队游客习惯一起做事情，便于集中和管理。	2. 可以与相同爱好和志向的人结交。
3. 邮轮公司也喜欢做团队生意。	3. 可以达成某种目的或慈善意义。
4. 团队的价格要比散客具有优势。因为团队预订酒店或航线要比散客享有更多优惠。	4. 您信赖的邮轮产品供应商将邮轮产品组合包装推荐给游客。
5. 团队游客销售所需的时间更少。	5. 体验为特定团队组织的特殊活动。
6. 有特殊需要的团队会很容易参与到主题邮轮旅游。	6. 能从邮轮旅游的一般特性中受益。
7. 市场对于团队游客的竞争比较少。	7. 增强家庭和亲友之间的感情
8. 团队游客比散客具有更高的满意度。	
9. 团队游客回头率高，比较忠诚。	
10. 团队里很多游客将来会成为散客。	
11. 团队游客能帮助销售人员在市场中进行自我定位。	
12. 团队游客可以带来高收益。通常情况下，团队游客利润要比散客高出两倍。	

资料来源：国际邮轮协会

三、邮轮旅游团队的分类与行为分析

邮轮旅游团队根据不同的市场、不同的邮轮公司或旅行社的营销策略有不同的分类，以下为几种比较权威或比较常见的分法。

根据中国交通运输协会邮轮游艇分会的调查，目前我国邮轮市场的主要消费群体有三大类：一是中青年人，这个年龄层的人在经济上完全独立或趋向于独立自主，在生活上追求更高的品质；二是大型企业，其大型商务活动、员工奖励、客户联谊活动正在选择新的载体；三是大型社团，其传统的大型会议、大型活动正在失去吸引力，正在选择新的方式。这三类群体是中国邮轮客源的中坚力量①。

根据意大利歌诗达邮轮中国区总经理刘晨军的介绍，目前歌诗达邮轮在中国的主要

① 郑炜航．中国邮轮，起航．2009～2010 中国邮轮发展报告［R］．2010.

客源包括家庭、新婚夫妇、公司客户以及崇尚领先生活方式、有活力的年轻人①。

国际邮轮协会的某邮轮销售专家基于游客是否有共同兴趣将邮轮团队游客分为有共同兴趣爱好的团队和有特殊兴趣爱好的团队两类。所谓有特殊兴趣爱好的游客，指的是在购买产品之前互相之间是不熟悉的，但通过一次邮轮旅游发现了部分共同兴趣爱好。显然，第一种团队游客是最大的营销对象，因为其关注点和想法是一致的，所以他们更易于组织，得到的反馈也是积极的，满意度也是比较高的②。

根据我国邮轮市场情况，本书将邮轮团队游客分为家庭客人、蜜月客人、商务/会奖客人和特殊兴趣爱好团队（利基市场）四类。

（一）家庭客人

国内家庭旅游市场的主要特征是：旅游主体包括孩子和成人，出行的目的主要是以休闲娱乐、增加亲情、增长孩子见识为主。在旅游产品选择上，安全是首要考虑的因素，对能够寓教于乐，增长孩子见识，提供儿童或青少年娱乐活动而又安全便利的旅游产品需求较高。在旅游决策上，孩子具有较大的决策权。

针对国内家庭旅游市场以休闲娱乐、增加亲情、增长见识为目的的特征，适合提供带有文化体验之旅的主题邮轮旅游产品，并在邮轮上提供满足家庭不同成员需求的产品尤其是青少年以及儿童娱乐活动。在航游目的地的选择上，随着台湾游、日韩游热度增加——这些地区距离中国较近也拥有丰富的历史文化资源——可以推出这些地区文化体验旅游，而在航线价格上仍以中低价位为主。但考虑到中国也存在很大一部分的高收入家庭群体，以及部分群体对于欧洲、地中海地区航游的需求，在航线上也需要适当推出长线航游，以满足不同家庭层次旅游者的需要。

邮轮旅游作为目前最轻松、最自由、最休闲的度假旅游方式之一，受到了广大消费者尤其是老年游客的青睐。因为相比其他的旅行方式，邮轮游能最大限度地满足了老年群体的“特殊关照”需求。

对于老年人热衷邮轮游的原因，像途经日韩这样的邮轮短途航线，一般周期是4～8天，旅途时间不长，并且节奏舒缓、服务周到，较为符合老年人的生活作息，而且这些短线邮轮主要是从上海等国内的母港出发，省去了不少舟车劳顿，对于年长的游客来说，确实较为合适。

邮轮游的行程多数时间在邮轮上，集住所、用餐、娱乐为一体，可以为老年人省却

① 叶颖．邮轮是度假产品的综合体——专访意大利歌诗达邮轮中国区总经理刘晨军［J］．中国饭店．2009（10）．

② 摘自国际游轮协会．

转机、更换酒店、长途跋涉等旅途中的烦琐过程，让他们真正感受到旅途的愉快舒心，符合老年群体旅行的需求。

（二）蜜月客人

蜜月市场具有消费额度较高、信誉度高、重游率高的特征。相关研究资料显示，婚庆蜜月旅游人士的消费水平是国内游客平均消费水平的3倍，并且蜜月旅游人士信誉度比较高，预订了旅游产品之后很少会取消预订，又因为蜜月旅游目的地的特殊意义，蜜月度假人士故地重游率比较高。在旅游产品选择上，蜜月旅游人士的需求特点以浪漫、私密空间为代表。

在旅游目的地选择上，比较偏爱有海滩风情、气候温暖、风景秀丽、购物便利、文化氛围浓厚，以及能够提供私密空间、丰富夜生活、可口餐饮，能产生浪漫联想以及无语言障碍的地区。

（三）商务/会奖客人

商务旅游人士注重时间、旅游日程安排以及完备的商务服务设施，对于旅游服务、旅游方式的便利性要求较高，同时重视旅游方式的身份象征感，但商务旅游人士对价格不敏感，人均消费较高。同时商务旅游市场还具有游客重游率高、目的地停留时间长、出游时间不受季节影响的特征。

邮轮的精美外观、体现的欧洲文化以及良好的服务都对商务旅游人士构成了很大的吸引力。从问卷的调研结果看，选择会奖旅游和因邮轮豪华外观以及邮轮是身份的象征而选择邮轮旅游的人群所占比例达到59%，商务旅游市场存有巨大的空间。从国内的旅游认知来看，普遍认为邮轮豪华昂贵，这一特点使得邮轮能够显示出参与者的身份。这也正符合了商务旅游者的心理。同时，邮轮具有休闲、豪华、空间私密性高的特点，非常适合做社会交友、沟通友情的场所，是很好的社交平台。

目前部分企业选择在邮轮上举办表彰大会，举行商务会谈等，取得了良好的效果。同时各大邮轮公司注重商务/会奖旅游市场的发展，提出“休闲商务两不误”的理念，并为商务及会奖旅游人士提供完备的商务设施。

（四）特殊兴趣团队

1. 特殊兴趣旅游市场及利基市场的概念

利基（Niche）源于一个法语词，其本意是巢穴（Nest），意指特定游客群体对特定旅游目的地、旅游项目等的偏好选择倾向市场。研究表明，特殊兴趣市场的游客每年消费在特殊兴趣旅游上大约为30%～40%，游客乐意为他们的特殊兴趣旅游附加价值支付额外的费用。这也说明，销售特殊兴趣旅游产品将获得相比传统旅游产品更高的收益。研究同时表明，目前有25%的家庭旅游团倾向于选择特殊兴趣旅游产品。

2. 5种较适宜提供特殊兴趣团队的邮轮旅游类型

（1）教育型、冒险型邮轮。这类邮轮可以给游客提供不同的自然、文化体验，具有较强的教育和冒险意义，能体验不同自然环境所带来的刺激感受，能体验跨文化所带来的精神冲击。

（2）家庭导向型邮轮。这类邮轮强调家庭的活动的重要性，强调适应不同家庭的活动类型，重视家庭的旅游体验。

（3）桅杆帆船旅游型邮轮。这类邮轮适用于情侣旅游，能营造一种浪漫的环境，使游客感受到浪漫情怀。

（4）多用途型邮轮。这类邮轮的特色就是用途灵活方便，既可以运载货物也可以提供宽敞空间供游客进行邮轮旅游体验。

（5）目的地导向型邮轮。这类邮轮的特色就是对旅游目的地的强调，游客在旅游目的地的活动时间会比在船上要稍长。

3. 针对特殊兴趣团队的邮轮旅游产品销售对策

（1）对家庭旅游者进行销售。①提供经济型的邮轮产品供选择。销售人员应该清楚一点：对于家庭旅游者来说，旅游支出是其是否选择本旅游产品最重要的考虑因素之一。②向他们解释邮轮旅游手续不复杂，过程也非常简洁。③解释邮轮旅游相比普通旅游，压力小且更节约时间。调查表明，71%的家庭旅游者选择自驾车出游。一定要让游客知道邮轮旅游比自驾车出游要省时省力。④解释邮轮旅游不会使得任何家庭成员感到无聊，成员可以参加好多项目。除以上四点外还应向家庭游客强调邮轮旅游会提供大量的时间留给家长和孩子单独活动，船上的食品都是专为儿童定制的，甚至有些项目还有较强的教育意义。

（2）对求知者进行销售。①强调选择的自由性、自主性。②强调邮轮旅游的休闲性和放松性。③强调邮轮旅游的港口体验及目的地体验。④强调邮轮旅游能提供大量的了解新鲜事物和知识的机会。

（3）对积极的冒险型旅游者进行销售。冒险型旅游者又分为软性冒险旅游者和硬性冒险旅游者。硬性冒险旅游者倾向于选择攀岩蹦极等极具挑战性的旅游活动；软性冒险旅游者倾向于选择亲近自然的旅游项目。①强调邮轮旅游的可参与或者可不参与性。②强调旅游气氛较为轻松休闲。③强调邮轮旅游会有岸上冒险体验活动。④强调旅游过程中可以学到新技术。⑤推荐与旅游者客源地体验极异的邮轮航程给游客。

（4）对浪漫型旅游者进行销售。①推荐更大的房间和更好的套房。②描述邮轮旅游的浪漫情境。③强调极棒的服务和体验。④强调邮轮上没有争论和争吵。

（5）对追求奢华型旅游者进行销售。①强调邮轮旅游与一般旅游的区别，更具奢华性。②强调邮轮提供极度奢侈的食品选择。③强调极棒的服务和体验。④体验不同的、非凡的港口活动。除此之外，销售人员应该意识到的就是奢华型游客并不仅仅只会购买奢华型邮轮产品，主流航线的奢华型套房产品也是他们比较看中的。

相关链接 搜索

团队销售术语

TC 代表邮轮旅游团队给领队的免费票。

GAP 代表游客在邮轮旅游过程中所享受的便利设施。

DMO 代表组织旅游团队的旅行社。

RECEPTIVE OPERATORS 代表目的地地接旅行社。

THE SPACE REVIEW DATE 代表向邮轮公司汇报的本月销售包房数量的日期。

第二节　提高团队销售收益

根据国际邮轮协会针对旅行社做的一项调查结果显示，旅行社最成功的邮轮销售人员都是大量的团队游客的销售人员。因此，如何针对团队客人进行销售，成为邮轮旅游产品销售成功的关键，也是获得丰厚利润回报的关键。

这里列举成功提高团队销售收益的 18 个步骤：

步骤一：发现潜在的团队客户群。关于如何发现潜在的团队客户群在之前的章节里已经进行了详细的探讨。例如给团队客户致电确认邮轮旅游销售信息等，此处不再赘述。

步骤二：将团队客户进行分类。做这种分类的主要目的是使邮轮的“个性”适合团队客户的个性特点，主要分类标准包括：①Who，谁参加本次旅游？他们的人口统计学特征和心理特征是什么样的？有多少人属于这种类型？②What：哪种邮轮旅游是最适合他们的？哪个客舱品类？参加邮轮旅游前他们参加过什么团体旅游？③Where：哪个目的地最吸引他们？④When：什么时间进行邮轮旅游最合适？团队客户是否有固定时间旅游？⑤How much：什么价格最符合他们的预算？⑥How long：团队客户的时间安排是怎

样的，预计旅游多长时间？以上这些信息，可以通过调查问卷的形式获取，但同时也可以考虑设计开放式问题来征求客户其他的想法意见。

步骤三：确定“吹笛人”。“风笛”的定义是一个令人崇拜的人，能吸引其他人跟随其思想并参与到团队旅游中的一类人。“吹笛人”是有价值的，因为他们可以吸引更多的参与者，参加活动期间承担部分责任，与邮轮成员互动。最关键的问题是：吹笛人是不要求报酬的。对于团队客户来说给予“吹笛人”特别的优惠是必要的，比如组织15人以上的团队则给“吹笛人”邮轮房间进行升级，这些都是要做到长期预算中的。

步骤四：选择目的地、邮轮线路和行程。以邮轮的生活方式匹配组的生活方式，并为他们定制航行线路及附加项目。针对特定的航程大部分时候可以在线选择所需类型。

步骤五：与邮轮公司和其他供应商取得联系。确保向邮轮公司或供应商解释清楚你的需求，有畅通的网络环境可供在线预订和选择。如果方便就安排一个团队领导者或者“吹笛人”负责组织团队客户的邮轮旅行安排。

步骤六：与邮轮公司谈判。尝试预见前面的一切，因为合同一旦签署以后再进行项目的谈判是非常困难的。与邮轮公司谈判确定团队游客数目达到一定限额可以获得一个免费的仓位，这个仓位既可以用来激励“吹笛人”，也可以在其他情况使用。但一个重要问题就是，如果总人数低于前期协商的人口阈值免费仓位还有没有？

步骤七：仔细检查与邮轮公司或供应商签的合同。确保自己对合同作废及违约的代价问题，确保自己对合同内的重要日期了如指掌。

步骤八：计算预订转换率。哪种预订形式在团队客户中所占的比例较高，有多高？对于团队客户来说这是非常难以预测的。0.5% ~1%的成功率对于邮件销售来说是最典型的比例，而1%的转换率对电子邮件来说是相当不错的成绩了。最容易的计算转换率也就是之前已有的团队客户的经验。过去的旅行，如果有的话，是一个很好的指标。对于较小的团队规模5% ~10%的转换率是典型的，而对于大规模的团队来说1% ~3%的转化率是相当不错的。

步骤九：团队游客出发前做开支预算。如果想进行团队邮轮旅游销售，并想在团队旅游获得利润，做好充分的预算非常重要，预算主要包括如下部分的内容：商函投递的风险成本；邮轮旅游产品宣传费用支出；分析主要的推广/应急费用支出。

步骤十：绘制你的时间表。一般原则是：较近的团队客户的日程安排应该比任何其他参与的团队游客更加重视，在时间表的重要位置。

步骤十一：学会用法律保护自己的权益。学会用法律保护自己的权益是非常重要的，下面是一些具体的可操作性措施：提供旅行保险；确保每位游客都有自我照顾能力；确认邮轮航线是否全程免税，如果收税税率是多少；确保保险落实到每位团队游客并让公司的法律顾问审阅一遍。

步骤十二：给团队客户的领导者“吹笛人”专业化的建议。建议可以是口头形式也可是书面形式。如果是口头的最好以 PowerPoint 演示文稿形式呈现。如果书面形式的应该看起来很专业。

步骤十三：与团队客户签署合同。与英语古语相反的说法，现代社会握手并不是一个合同。确保团队客户与你签署授权协议，由你来安排团队客户的邮轮旅游。

步骤十四：建立自己的成就（成功）率计算中心。使用计算机程序或网上资源，跟踪落实过程。

步骤十五：制订计划并进行邮轮产品的推广销售。关于团队推广销售这里有个很不错的主意：由销售人员来建立一个关于邮轮旅游的小组网络聊天室，确保团队客户成为小组成员；在聊天室内可以进行邮轮产品的推介宣传。注意语言的使用，比较好的词语是“特别班次”或“特价旅行包价”。在聊天室可以发邮轮旅游的图片、目的地景观照等。团队游客归来后，可以在聊天室分享旅行的照片。

步骤十六：预订及付款。可以同时处理收集两笔款项（预订款和最终付款），或者可以领取每月支付的费用。每月支付给邮轮公司，尽量避免以团队的名义支付给邮轮公司或者供应商。

步骤十七：团队起航。在团队客户启程后立即开始推动现有的下一个行程。对待期间和之后的邮轮都表现出最高的热情，在完成旅行之后记得至少发送一个反馈信给团队。建立鼓励客户反馈的制度。例如建立一个回馈奖励制度（下次邮轮旅游获得优惠或者免费升级客舱的机会）。

步骤十八：后续追踪。旅行结束后也要继续定期与团队客户进行沟通交流，分享最新的邮轮旅游资讯。

相关链接　搜索

旅行社销售人员与邮轮公司和团队游客交易常犯的 4 个错误

第一个错误就是与一个资质较差的邮轮公司或代理合作。他们可能在你销售出产品并最终确定航程时却没有办法实现承诺。这不仅浪费时间和金钱，而且会让游客感到失望。

第二大错误就是销售人员喜欢做假设。销售人员遇到不熟悉的情况应该及时询问，而不是假设。销售成功的关键可以被总结为：询问，询问，再询问。

第三个错误就是对团队游客进行夸大承诺。这样虽然提高了他们的期望值，但实际上却没有那么好。一旦你夸大了承诺你就必须按照承诺去做。

第四个错误就是到邮轮出发前的最后一天销售人员忘记通知旅游团。这是非常严重的错误，因为团队不是随时记着出发日期的。

第三节　邮轮会展销售

会展（Meeting、Incentive Tour、Convention/Conference、Exhibition/Exposition/Event，MICE）是指在一定的地域空间和时间内，为达到某些预期目的、有组织地将许多人与物聚集在一起，而形成的具有物质交换、精神交流、信息传递等功能的社会互动。MICE中的M指Meeting，即公司业务会议；I指Incentive Tour，即奖励旅游；C指Convention、Conference，即协会或社团组织会议；E指Exhibition、Exposition和Event，即展览、展销与节事活动。

从实际来看，邮轮会展主要是邮轮公司（旅行社）为满足大型公司和协会的需要为其提供的所有关于在船上的各种有偿服务。由于该产品形式比一般的散客拼团利润要高得多，一直受到邮轮公司（旅行社）的重视和青睐，各邮轮公司（旅行社）也纷纷开设邮轮会展部门进行专业销售。

一、邮轮会展的分类

随着邮轮旅游产业不断发展，越来越多的公司和组织将会奖活动和年度会议放在邮轮上举行。新颖的邮轮模式、免费的活动场地、丰富的船上美食、一价全包的价格、舟车劳顿的免除、商务娱乐的完美结合都是邮轮会展的完美体验。通常情况下，邮轮会展具有目的性强、出行人数多、吃住行安排复杂、旅游娱乐项目要求高等特点。

根据相关统计，邮轮会展主要分为以下几种类型：

（1）小型公司会议。这种形式一般参与人数相对较少，客户只需要30～100间舱房不等。同时，为了满足开会需要，邮轮公司需要在船上提供会议场地举行会议，一般会议设施如投影仪、话筒、翻页板、纸笔等都必须具备。另外，在会议之余，客户会要求设计活动让与会人员尽情放松，增加感情。针对小型公司会议的需求特点，各大邮轮公司的邮轮基本上都配备了数个20～200人不等的会议场地，办公放映设备一应俱全，通常为免费使用会议场所。如果客户需要，邮轮公司还可提供茶歇等专业会务服务。

（2）商务奖励旅游。这种形式一般是公司以激励员工为主，通过参与邮轮旅游，奖励优秀员工，留住出色人才。国内许多大型企业为奖励经销商和代理商也向他们提供免费的、新奇独特的旅游行程。针对商务奖励旅游的需求特点，邮轮上有持续的、新奇的、丰富的活动让人振奋，激励和奖励效果也相当显著。另外，邮轮停靠的各个港口也提供了精彩旅游线路，从东方古国到现代都市，从那不勒斯到法国马赛，上百个旅游地点、众多线路供游客选择。

（3）企业年度会议。这种形式一般适合人数众多的大型企业。通常这些客户需要上千人的会议场所，并解决上千人的食宿、交通、购物等问题。此外，还需要安排娱乐活动，传播企业文化，凝聚人心。针对企业年度会议，邮轮上一般都配备600人以上的大型剧院。先进的灯光音响设备，为大型会议做足准备。随时随地的娱乐活动、丰富诱人的餐饮、甲板热带派对、红酒评鉴会、互动活动、舞蹈课程等，不仅为企业提供了会议服务，而且也使与会者感受到丰富的邮轮生活。

（4）新闻发布会和周年庆典仪式。这种客户一般需要场地来进行包装新闻发布会、特色庆典布置、专属空间布置以及专门的宴会庆祝等。邮轮公司不仅需要提供满足参会人员的场所，而且需要配置设备优良的多媒体器材。邮轮上还经常举办各种类型的海上发布会或者海上庆典仪式。浩瀚的海洋、巨大的邮轮、空旷的甲板绝对令人眼前一亮，达到空前的宣传效果。针对客户需求，邮轮上还可以量身定制门卡，在客房放置带有企业标志的物品等。

二、选择邮轮会展的原因

由于受到缺乏新意、旅途劳累、众口难调、环节繁杂以及活动整体费用较高等诸多因素的影响，传统的在陆地上搞会展已经越来越难以吸引客户的目光了，更多的公司和组织会将会奖旅游放在邮轮上，主要原因有：

（1）一价全包、同比陆地行程节省约30%费用。为了方便公司客户容易计算价格，控制成本，邮轮公司通常为会展客户提供一价全包式价格优惠服务，同比陆地行程节省约30%费用。在邮轮上举办各种类型的大型会议，客户不用再头疼机票、酒店餐厅、地面交通等各项繁杂的费用计算和成本控制。从会议场地到剧院表演，从点餐餐厅到自助餐餐厅，从舞蹈课程到红酒评鉴会，从宽敞的客房到甲板游泳池，在邮轮上，都无须额外支付费用，即可享受众多娱乐服务。

（2）无限创意的海上会议。在精彩无限的海上生活中，船上都免费提供16～1500人不等的各式会议场所和活动场地供多种会议形式选择。先进的会议投影设备、无线话筒、专业灯光音响、舒适的座椅、完美的会议设施、专业会晤茶歇服务、网吧、全船WiFi覆盖、卫星电话都能创造不同于岸上游的非凡体验。

歌诗达“大西洋”号邮轮会议设施和小贴士

歌诗达“大西洋”号邮轮会议设施列表

会议场所	座位数（个）	面积（平方米）	位置（层）	适用范围	音频	视频	灯光	麦克风
珊瑚秀休闲中心	325	562	1	表演/业务会议/大讲堂	√	√		√
丹特	155	267	1	业务会议/大讲堂	√	√		√
甜蜜生活中厅	80	498	2	会议室/工作室	√			√
卡鲁索大剧院	1165	1000	2、3、4	表演/业务会议/大讲堂	√	√	√	√
帕帕拉奇休闲中心	61	187	3	会议室/工作室/仓储	√			√
会议室	59	100	3	会议室/工作室/仓储	√	√		√
佛洛里安咖啡馆	210	213	3	业务会议/大讲堂	√			√
奥林匹克大厅	40	146	10	会议室/工作室/仓储		√		

小贴士：

(1) 会务茶歇。邮轮上所有的活动场地均为免费提供，如有需求请提前向我们申请，以便我们进行安排。我们还提供两种等级的茶歇服务。第一种：每人3.5美元，包含咖啡、热茶、牛奶、橙汁。第二种：每人7.5美元，包含咖啡、热茶、牛奶、橙汁、意大利小食品、饼干、意大利香草面包。

(2) 客舱果盘。想让您的贵宾感受到不一样的贵宾待遇？我们也可以提供登船日欢迎果盘，或者每日更新果盘。登船日欢迎果盘，每舱每航次10美元；每日更新果盘，每舱每航次32.7美元。

(3) 定制鸡尾酒派对。我们还能够为您和您的团队定制各种派对。①歌诗达鸡尾酒会：可以冠名为各式鸡尾酒会，4种鸡尾酒畅饮，各式小食不限量，时间为1小时，12.5美元/人（不含服务费）。②墨西哥派对：3种鸡尾酒畅饮，啤酒和炸玉米片不限量，时间为1小时，14美元/人（不含服务费）。③维京派对：精选无酒精类饮料或鸡尾酒畅饮，各式小食品不限量，时间为1小时，8.25美元/人（不含服务费）。

(4) WiFi无线网络。邮轮上全船覆盖有偿无线网络，让您在度假的同时也能随时保持和外界的联络。首次激活费用3美元，1小时10美元，3小时24美元，不到1小时按每分钟0.5美元计算。

——资料来源：歌诗达邮轮度假宝典

(3) 周游世界也只需整理一次行囊。毋庸置疑，所有体验邮轮生活的客人都不用每天提着行李四处奔波，极大地节省了时间和精力。

(4) 多样化的船上食宿娱乐安排和旅游目的地。无论是从房型选择、餐厅选择、娱乐体育活动安排、不同线路的停靠目的地，邮轮都为会展客人提供丰富的选择，以满足不同需求的客人。

(5) 管家式地量身定制全程会奖服务。除了一般的船上服务外，针对会展客人，邮轮公司通常还提供以下管家式的量身定制服务：①悬挂包船方公司标识。②在菜单、每日活动节目单、房卡、客房门牌上印上公司标识等。③定制客房门卡，房间礼品。④专门的电视频道用于播放包船方宣传片。⑤定制冠名起航仪式、表彰大会、集体婚礼。⑥定制包船方自己的晚会。⑦定制岸上游服务。⑧定制晚宴菜单。⑨无论是包船、半包船，还是包团，船公司都会有专属的包船服务小组，对接组织方的所有需求和问题，并将客户的需求反馈给船上的工作人员，并确保顺利实施。⑩凸显企业文化，提升员工自豪感。

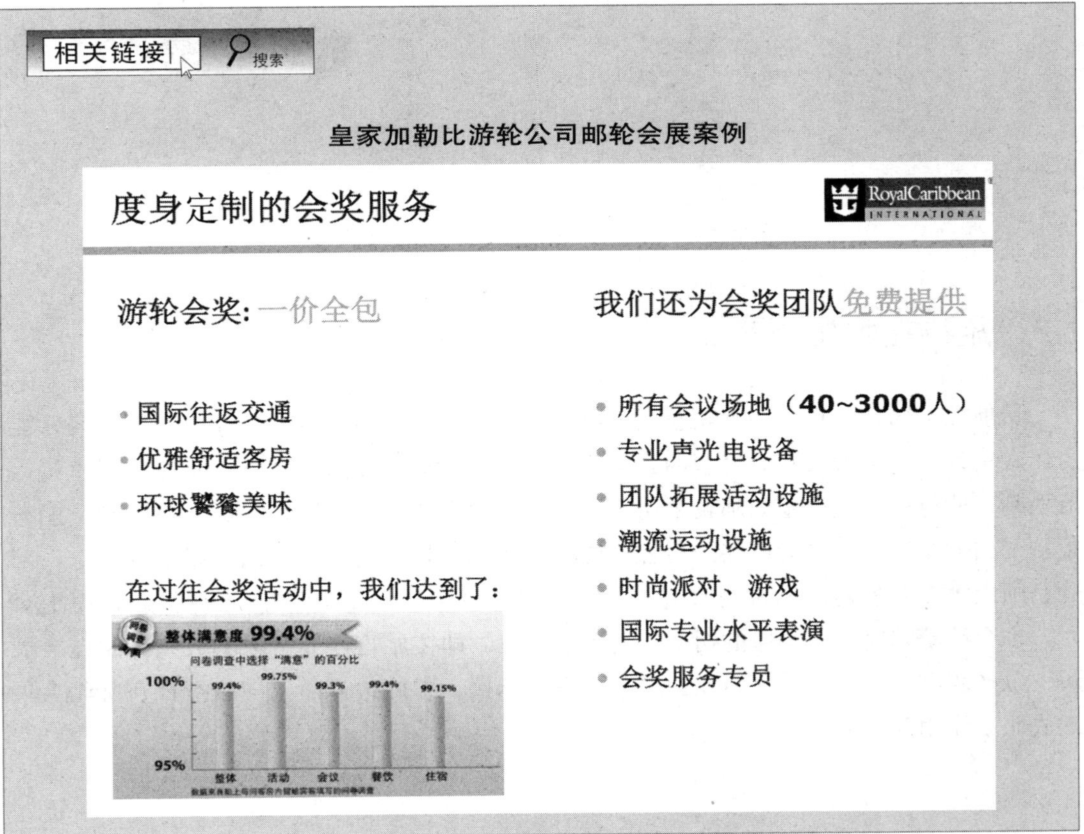

会奖升级服务

- 定制行程（包括岸上观光行程）
- 船体布置
- 悬挂企业旗帜
- 鸡尾酒派对
- 升级餐食
- 畅饮无限套餐
- 专业团队摄影
- 高端客户客房布置及小礼物派送
- 公司标志体现：房卡、菜单、航程指南、巧克力牌

用你的方式奖励你的团队

——资料来源：皇家加勒比游轮公司

三、旅行社邮轮会展

目前在中国，旅行社的邮轮会展还没有起步，这跟国内旅行社的业务范围、经营能力、人员素质有很大关系。大型的公司团队会议和活动一般由主办方与邮轮公司直接接洽谈判，所有的会展设施如邮轮公司不能提供，均由专业的会展公司派专业人士上船布置。国内的旅行社主要为这些公司客人提供领队和申报出境名单。而在岸上观光这一部分，国内大多数公司团队都选择在船上自行选择下船旅游，即使由旅行社承接岸上观光，也会给予邮轮公司相应的罚金。通常情况下，即使旅行社能争取到大型的邮轮会展团，也必须联合其他公关公司或会展公司一起承接，因此，目前国内旅行社在邮轮会展这块业务作用并不大。

相关链接　搜索

某公司邮轮大型会议方案

1. 活动名称：某公司30周年庆典——暨2010年全国代理商大会兼奖励旅游

2. 客户背景

(1) 行业：快速消费品类

(2) 人数：1800人

3. 活动需求

(1) 主题：30周年庆典及优秀经销商表彰

(2) 会议时间需求：1天半

(3) 娱乐需求关键字：参与性，热情，国际化，异域风情

(4) 服务需求关键字：体贴，中文服务，弘扬该公司品牌

4. 活动纪实

(1) 线路：2010年8月 上海—济州—仁川—上海4晚5天游

(2) 服务亮点：①增加中式菜品的比重；②量身定制企业冠名晚会及娱乐活动；③在每个房间中放置企业定制物品，提高宾客体验及品牌忠诚度；④开辟1个电视频道不断播放该公司新品信息，当日会议主要内容和精彩游戏瞬间。

(3) 日程安排

第一天	第二天	第三天	第四天	第五天
上午	上午	上午	上午	上午
	• 公司30年周年庆典	• 济州岛观光及购物	• 优秀经销商经验分享会（800人） • 红酒评鉴会 • 蔬菜雕刻表演	• 离船
下午	下午	下午	下午	下午
• 登船	• 经销商表彰大会（1800人，分两场）	• 济州岛岸上观光及购物	• 仁川岸上观光 • 图书馆开放 • 游泳比赛 • SPA	
晚上	晚上	晚上	晚上	晚上
• 起航仪式 • 上船说明会 • 魔术表演	• 船长鸡尾酒会 • 公司30周年庆典主题晚宴 • 剧场表演：公司30周年庆典晚会 • 酒吧：公司最美先生小姐选举	• 船长晚宴 • 剧场表演：意大利风情表演 • 卡拉OK • 甲板：热带风情派对 • 酒吧：疯狂的帽子游戏	• 告别与期待晚宴 • 剧场表演：财富与名人（百老汇歌舞表演） • 甲板：冰雕表演 • 中央酒吧：学跳莎莎舞和恰恰舞	

(4) 宾客整体满意度：99%（数据来自船上的问卷调查）

(5) 客户评价："选择邮轮，使我们在会议成本上相比往年达到了一定的节省。最关键的是完全一站式的优质服务，活动安排紧凑，会议与旅游观光得到了完美结合。邮轮上新鲜刺激的娱乐活动使客人大开眼界。选择该公司，则是看重了它们有明显的优势和硬件设施，以及组织大型活动的卓越经验。"

——资料来源：歌诗达邮轮公司

第六章

高端邮轮产品销售技巧

第一节 高端邮轮产品市场

一、高端的诠释

一般来说，有三组数据衡量邮轮产品的高端性和奢华性：每个舱位的平均建造价格、人均空间比和服务配比。空间比例为48以上（每个基位为2.83168立方米的空间容量）；船员与乘客比例为1.5：1甚至达到1：1，大大高于大众定位的邮轮。

二、高端邮轮产品的特点

（1）载客量一般较少。高端邮轮一般搭载游客100～1000人，船型为小型到中等，游客空间感非常强。船上有着颇为讲究且趣味高雅的艺术收藏品，它们独一无二，并且极其贵重，处处彰显着格调和奢华。

（2）船上的房间全部都是套房。在这些船只上，所有的套房都可以欣赏到海景，甚至拥有私人阳台。浴室沐浴用品皆为一流品牌。房间内的床上用品也都采用一流的质地，并且每天还会摆放鲜花。所有的房间都有小酒吧以及管家配置，可以使游客时刻都能感受到周到的服务。一般的高端邮轮包含酒水饮料。

（3）传统的船上活动日益变得丰富多彩。比如烹饪课程、艺术学习课程，庆祝活动等。图书馆的书籍和录像资源也非常丰富。夜晚娱乐活动更是琳琅满目，从卡巴莱歌舞表演到现代化风格的表演，可以满足各种喜好的游客。船上还有不少音乐厅酒吧，让客户边欣赏优美的旋律边把酒言欢。

（4）完备的健身设施。船上有设施完善的健身俱乐部和SPA会所，再加上专业的工作人员，游客会感到全身心的放松。在慢跑或紧张工作后，游客还可以在泳池中放松一游，或者在健身俱乐部进行身体放松。

（5）开放式餐厅。开放式的餐厅使得游客可以在就餐时间随意选择位置以及与他们一起用餐的人。世界级大厨亲临指导厨房具体操作以及菜单设计，选取最新鲜且品质最好的原材料，以满足游客的口味。绝大部分的餐厅不需要额外收费，还会有免费的酒。

（6）个性化服务。在这样档次的邮轮上，船上的员工都会揣摩到游客心里所需要的以提供个性化服务。极少有游客的特殊需求没有得到满足的情况。

（7）产品市场面向成人。此类邮轮面向成人，一般不适合青少年或儿童，也不适合年轻家庭。

三、销售高端邮轮旅游的原因

（1）高端市场是金钱和旅行的聚集地，也是富裕消费者所消费的地方。在全世界范围内有约4000亿美元被花在高端产品和服务上。另外，根据国际邮轮协会对北美高端旅游市场的调查表明：120万美国人拥有500万甚至更多的净资产；花销在旅行、晚宴、娱乐和SPA上的消费在2005年达到了两倍；富裕者将税后收入的12%花在休闲旅行上；富裕者平均每年有4~6次休闲旅行，旅行时间加起来每年要将近两个月。实际上，83%的人通过旅行社来预订旅行。年纪越大，使用旅行社的就越多。那些富裕的购买者常常很依赖旅行社的“专家”来帮他们处理事情。

（2）高端旅行有着更好的成本效益。平均的豪华邮轮佣金为1200美元。销售人员一般会在一个参加豪华邮轮游的客户身上花费4小时，也就是说潜在的机会是1小时挣300美元。

（3）高端旅行的竞争很少。除了有着很好的成本效益以外，豪华旅行的市场没有像普通旅游那么多的竞争者。只有15%左右的旅行社将目光集中在奢侈旅行上。这样，销售人员也可以在这片市场上，在与少量的竞争者竞争的同时挣到更多的钱。

（4）高端旅行的购买者已经对目的地及产品了解了很多。这些购买者通常都是有着丰富经验和学识的。销售人员不需要向他们讲述有关特殊目的地、岛屿或者是除了邮轮以外其他的豪华旅行产品。他们已经了解了很多了。销售人员就可以利用节省出来的时间去服务更多的购买者，而不需要陪一个普通的购买者度过一天。销售人员的销售业绩会慢慢增长，同时还会比销售普通旅游产品挣得更多的佣金。

（5）高端旅行的购买者很少在乎价钱。相对于价钱来说，高端旅游者在购买的时候更注重价值、想法和视野。豪华旅行的购买者非常愿意支付咨询费用，自从他们开始让顾问和专家来帮助他们管理他们的生活开始。

第二节　高端游客行为分析

高端奢侈旅游产品消费者在3个维度上存在着明显差异，分别是以崇尚个性或集体为代表的消费者价值观维度；以感情冲动型或逻辑分析型为代表的消费者思维方式维度；以显示炫耀型或功能实用型为代表的消费者对奢侈品的理解维度。以此3个维度为基础，可以将高端奢侈旅游产品消费者划分为4种类型：钟爱者、跟随者、思考者及滞后者。

一、奢侈旅游产品消费的钟爱者

这类消费者最显著的特点是在购买时带有强烈的显示和炫耀意图。他们属于典型的社会导向型消费者，注重集体和周围环境对自己的看法，从而更加放大了他们炫耀的意图。他们倾向于选择能充分显示其社会阶层和经济地位的产品。高端邮轮的象征意义是他们考虑的主要因素之一。

二、奢侈旅游产品消费的跟随者

这类消费者主要以从众性为动机，他们希望通过奢侈品这一类的消费来获得社会上其他人的认同，以获得群体中的社会价值。与钟爱者相比，这类消费者同样属于社会导向型，对于炫耀的需求相对来说弱一点，但他们也十分重视周围人对自己的看法。他们购买某个奢侈体验或产品的理由很简单：因为别人已经拥有了，他们希望自己也能够成为时尚潮流中的一员并得到其他人的认可。因此，这类人大多是在一时冲动的状态下购买。然后，他们并不了解他们所购产品的特性和历史，他们购买的过程就是一个模仿的过程，所以采用明星代言的策略，对这些追随者而言显得格外有效。

三、奢侈旅游产品消费的思考者

这类消费者以自我享乐和领先性为主导动机，在选择奢侈品时注重个性的宣扬以及消费过程中的自我享受和愉悦，因此他们在购买前有着冷静的思考和理解。他们更注重所购买产品带来的消费体验、文化内涵、悠久历史以及人性化的设计。他们在购买前会进行观察思考，不会盲目跟随，因此可以称之为是理性的消费者。相比其他消费群体，思考者认为把可自由支配的收入花费在获得生活体验上，比花在物质所有权上更让人感到幸福。

四、奢侈旅游产品消费的滞后者

这类消费者的主导动机是品质的保证，最突出的特点是注重产品的实用性。相对保守的价格，他们对新事物的购买抱有谨慎的态度。尽管他们认同高端旅游的优秀品质和人文设计理念，但可能却并不赞同为实用性意外的产品或体验支付过多的金钱，并且很有可能他们对流行时尚也没有强烈的追求。相比其他群体消费，他们的倾向更加物质化，同时也喜欢在自己期望购买的范畴内寻找打折优惠的产品。因此，除非产品在功能和价格上有着超越一般产品的优势，否则很难引起他们的兴趣。然而，一旦这类消费者真正认可了产品的功能性和独特性，那么他们对这一产品的忠诚度将是4类消费者中最高的。在欧洲，这种忠诚度往往从祖父辈开始延续了几代人，这也是某些奢侈品行业拥有悠久历史的原因。因为品牌的历史事实上是由产品的自身发展和它们的消费者共同形成的。

第三节 高端邮轮产品销售技巧

一、找寻高端游客并与他们建立联系

（1）从现存的数据库中找寻高端游客。从已有的客户中寻找一下，会发现比想象中要多的高端客户。了解哪些客户经常住在高档酒店，参加国际的旅行，或者购买昂贵的邮轮旅游。根据记忆，回想一下，关于每一个客户的点点滴滴。他们之中有没有很在意自己的教育水平、轿车类型、欲望或需求的？尽可能多地想一些线索出来，可以帮助你界定哪类客户是富裕的。

（2）在本地寻找高端游客，主要有以下寻找依据：①规模小但却非常重要的企业领导者；②行政级别较高的管理者（例如市长、市委书记、法官等）；③自雇专业人员（例如医生、律师等）；④顶层业务执行官（例如执行总裁、银行管理者等）。

（3）找寻本地高端游客。①联系当地的商会；②根据税收来瞄准当地前10名或前20名的企业（当地档案馆或者互联网上一般会有这些信息），了解他们的领导者，从当地报纸上了解他们的兴趣，从属关系等。大多数这样的领导者都从属于一个小的当地团体、协会等。尽可能地加入这些协会。

（4）到高端游客经常光顾的地方。例如：高端健康俱乐部、医院、艺术长廊、电影院、专业协会/群体、贸易协会、社区服务俱乐部、体育盛事、葡萄酒和美食欣赏俱乐部、高尔夫、网球、游艇俱乐部等。

（5）组织一个奢华的“旅行派对”或“邮轮之夜”。借助豪华酒店的场地，选择当地供应商做赞助。邀请一些经过精心筛选的客户来参加。同时还可以做一个独家采访。在“只有被邀请的人才可以参加”的盛会上，向他们提供上乘的食物和饮品，一定要准备充足。简短而有重点地讲述奢侈旅行中的热点以及重点赞助商。结束后记得对每一位出席者进行回访跟踪。

（6）让自己成为当地旅游专家。①尽可能地让当地媒体多报道：报纸、杂志、广播、电视、网络等。②将旅行专业知识通过媒体传达给公众：通过新闻发布稿的方式填充到页面空间内；将你特殊的邮轮行业知识及目的地进行推广；将你的专业资格证展示出来；举办一个地方广播节目或者以嘉宾的身份免费或付少量费用参加周期性的旅行节目，这是一个重要的面向公众的机会，将会提高你的专家形象。广播应该是针对富裕人群最精准的方式了。广播投资信息能够吸引很多高层次的聆听者。你可以在你当地的广播/电视中赠送一次旅行或者提供这方面的咨询给他们。这些富裕者听公共电台胜过商业媒体。③创建一个博客：在你旅行社的网址上随时更新每日的热点要闻，并将你每日的想法，沉思，提示和旅行创意公布上去。④在社区或者一些团体中做演讲，无论出于什么原因，或者没有原因。

（7）将你现有的联系资料和数据做成一个关于高端购买者的数据库。然后用它来清楚地定位富裕人群的子群体。

二、展现销售全过程的专业形象

销售过程的有效沟通包括语言沟通、非语言沟通和聆听，这三个方面是销售人员进行产品营销过程中的基本要求。一个优秀的销售人员需要能够使用良好的语言技巧并能很好地理解客户的语言信息或看懂对方的非语言暗示，对客户的需求作出准确的反应，推销产品，满足客户，获得利润。

（一）语言沟通技巧

在与客户沟通时，要注意以下几点：语调温和，语速适度；表达要热情，语气充满信心；避免发音出错；避免说出带有侵犯性的评论或者玩笑；适当幽默、风趣，可开一些玩笑，但要注意把握分寸；避免带有宗教或者政治倾向的谈话；以简洁、清晰的话语表达准确的信息。

当销售人员与客户交谈时，无论是面对面地交谈还是通过电话交谈，语气和声调都是语言表达中的两个关键要素，不同的语气和声调会产生不同的后果。

（1）语气——说话的方式。销售人员说话的语气可能在有意或无意之中显得不恰当，并可能激怒客户。一种冷淡的、低沉的或者冷漠的语气向客户传递出对他们的问题不感兴趣的信息，而匆忙的语气则可能让客户觉得对方很不耐烦。不同的语气能够改变同一句话所表达的意思。对于能够购买奢侈旅游产品的消费者来说，他们显然希望听到专注的、有帮助的和耐心的语气，希望对方的语气中透露出对自己的尊重、关心、赞美或者是欣赏。

（2）声调——说话的态度。对于奢侈和高端旅游产品销售人员来说，声调的把握也是需要掌握的沟通技巧。他们身处奢侈的工作环境，销售的是奢侈的生活体验，每天接待的大多是上层社会名流，需要根据不同层次、不同需求的客户介绍最适合他们的奢侈品。因此，自信、热情、温和的语调能让客户备感亲切。

（二）非语言沟通技巧

非语言沟通的形式有：着装、眼神交流、面部表情、身体姿势、手势、身体距离等。非语言沟通技巧有着非同寻常的重要性，首先，留给客户的第一印象至关重要，第一印象一旦被破坏，很难再有机会将这种印象改变过来。在与客户面对面的沟通中，语言沟通是强有力的沟通方式，但非语言可以补充、扩大、强化语言符号对信息的传播和对含义的表达，还可以否定语言符号传播的信息和含义。非语言沟通技巧主要包括以下几点：

（1）着装技巧：简洁、合适、高品质、视觉上的完整性、符合自身职业和品牌形象。

（2）眼神交流：不能对关系不熟的客户长时间凝视，否则将被视为一种无礼的行为；与新客户谈话时，眼睛看对方眼睛或嘴巴的“三角区”，标准注视时间是交谈时间的30%～60%；眼睛转动的幅度不要太快或太慢，眼睛转动稍快表示聪明、有活力，但如果太快则表示不诚实、不成熟，给人轻浮、不庄重的形象，但是，也不能太慢，否则就是“死鱼眼睛”；恰当使用亲密注视，和关系亲近的客户谈话，可以注视他的整个上身。

（3）面部表情：表情自然、保持微笑、谈话时尽量少努嘴和撇嘴；适当地表现出对客户的欣赏、对产品的自信。

（4）手势：初见新客户时，避免抓头发、玩饰物、掏鼻孔、剔牙齿、抬腕看表等粗鲁的手势动作；迎上客户的同时伸出自己的手；握手的时候身体略向前倾，面带微笑，眼神看着客户的眼睛；握手需要握实，摇动的幅度不要太大，时间以客户松手的感觉为准；避免交谈时指手画脚、手势动作过多过大；谈到别人时，不可用手指别人，更忌讳背后对人指点等不礼貌的手势；注意不同民族的手势语所表达的不同含义。

（5）身体距离：站着商谈时，一般的距离为两个手臂长；一站一坐，则距离可以稍微拉近，约一个半手臂长；通常与较熟客户保持的距离是80厘米，与较不熟悉的客户的谈话距离是100～120厘米；注意不同国家和文化的不同标准。

（6）聆听技巧：聆听时尽量保持与对方目光接触，加上肢体语言，如点头、摇头、惋惜等回应让对方感觉你认真听；适当做笔记，捕捉话外之意；不要轻易、草率地作出判断；了解客户意图，选择相关信息并作出相应的处理。

三、建立和巩固高端客户忠诚度的建议

（一）做一个解决问题的人，而不仅仅是一个销售邮轮旅游的人

就像强调产品的价值一样，销售人员也必须将自己的价值表现出来。销售人员应该像一个礼宾员一样，将顾客在旅行中想要的所有东西都尽可能地安排好。比如说换乘轿车或者见面会（在出发城市和停靠城市中），每天的报纸，甚至为他们的小狗布置一个狗舍。这些服务有些是没有佣金的或者可以收取额外费用的。

帮助客户去做和他们的旅行没有关系的事情。做一个提供和旅行无关的产品和服务“伯乐”。推荐当地餐馆和酒品。试想一下，在客户享受旅途的时候打个电话问候一下，这将会留给他们一个很好的印象。

（二）出售的是无形的信誉价值而不是实体产品

旅行是无形的。客户不能去品尝、抓住、感觉，或者在购买之前试用，所以他们是基于信任才去购买的。富裕的人对于提供的新服务十分谨慎，他们需要确认邮轮公司所提供的无形资产，无法预见的景色是否符合他们的想法。

（三）将自己定位成一个奢侈产品的解说者，而不是一个普通的销售员

了解奢侈产品购买者的想法、需求、愿望、选择——完整的。了解奢侈产品——完整的。然后将奢侈产品与购买者结合在一起——完美的。绝不要在客户本能说不的情况下还试图销售给他们任何产品。在这个时候，什么都不销售给他们好过销售给他们错误的产品。销售人员一定要考虑到自己是作为奢侈产品的专家，比如说奢侈邮轮、古迹酒店等。

（四）将邮轮的价值和满意销售给客户

这里有一些要点：

（1）豪华邮轮 = 价值高于陆地度假酒店。向客户做分析，然后将重点集中在产品特点和效益上。

（2）引用“全部包括”或者大部分被包括。这些富裕的购买者喜欢被全部包括的，不喜欢一点一滴地被消费。

（3）豪华邮轮游 = 高船员比例。这些富裕的购买者希望随时随地能够得到别人的帮助。

（4）奢华 = 服务，服务，服务。除非你的服务是非凡的，否则你的客户不会高兴。

（5）美食标准。这不仅仅是在说食物的质量，外形也同样重要。

（6）与船员的私人交往。在邮轮旅行中，游客与船员的私人交往很重要。邮轮上的船员们试图去记住每一个客人的名字。

（7）与陆地度假村比起来，客人之间有着更多的互动。大多数邮轮上，客人与客人之间都有着很多的互动，与陆地上的度假村比起来，船上的员工对客人有着更多的注意力。记住，富裕的人注重个人服务和注意力。

（五）记住高端游客出外旅行的原因

（1）他们喜欢旅行，胜过其他。

（2）他们想要逃避家庭或工作生活，减轻压力，并想去体验不一样的事情。

（3）他们收集这样“有威望的旅行”，比如说第一次去参观了一个新的目的地，或者是第一个体验了一项新活动的人。

（4）与他们的邻居、同事、合作者保持一样的步调，或超过他们。

（5）他们想要扩大他们的文化或教育的视野。

（6）他们想要收集有关文化、目的地、民间艺术的经历。

（7）他们将旅行视为生活中的另一前沿。

（8）他们不敢想象没有旅行生活将会怎样。

（六）将满意销售给他们

完美的服务是他们期望的底线；超出的期望则是你的客户所期盼的。他们希望服务人员能够做到他们所期望的，这也包括你。他们的期望还会经常提高——每一次的经历都要比上一次要好。这也许是一个挑战，但是如果销售人员接受这个挑战，你的名望和收入都会有很大的提升。

（七）建立可循环销售体系

销售人员的举止应该像一名企业家一样，经常与别人联系，然后在圈子内寻找机会。随时注意其他企业内的成功线索。建立一个人际网，甚至是你不喜欢的人。完成你的销售对你来说至关重要。对待你的高端客户就像朋友一样，但是不要试图成为他的朋友。

前景，前景，前景——现存的客户有时会流失，所以销售人员需要不断地发掘新的客户资源，向他们提供不寻常的旅行建议或旅行解决方案，而不是一般的建议。如果客户觉得和你在一起很开心，那么很容易就会购买你的产品，并且不需要你去想与他们沟通的特殊技巧。

附 录

一、邮轮专业术语

邮轮专业术语词汇表（Glossary of Cruise Terms）

净空高度 （Air Draft）	吃水线以上船体的最大高度。这个要素是规划邮轮旅游航线最重要的考虑因素。由于受到邮轮净空高度限制，许多邮轮都无法通过像费城、里斯本、坦帕等城市里的大桥，因而也无法使用这些港口。这也是许多邮轮码头建造在靠近机场位置的一个原因。
抛锚处/锚地 （Anchorage）	邮轮停靠锚定位置。通常是在港口内，也有可能是在未受保护的海岸线附近。在邮轮产业中，当码头太小邮轮无法进入或者码头根本无法使用时，就必须经常使用锚具来使邮轮固定下来。
可供床位 （Available Berth）	这个术语是指一艘邮轮一年内所能够出售给乘客的天数总和。它是用来作为基于每个乘客的收益预测的一个参考因素。潜在的年出租率并不等于床位的数量总和乘以365天。这个数字根据以下不同情况每年都会有变化：一艘邮轮停靠在干的或有水的船坞里检修，无法提供服务；一艘邮轮在服务期间，有的房间在装修或翻新，或者有的客房用于员工住宿，但在计算的时候不能将其作为可售房间来看待。
阳台舱房 （Balcony Cabin）	一个带阳台的房间。早期，阳台舱房属于邮轮上的超豪华的部分，数量非常少。现代邮轮上大约有23%～55%的阳台舱房。
船宽 （Beam）	一艘邮轮最宽的部位的最大宽度。大多数邮轮在建造时宽度和型宽都要依据国际上的巴拿马政府核定标准。巴拿马级邮轮是可以通过巴拿马运河的最大邮轮。
舱位/泊位 （Berth）	（1）连接到甲板或者舱壁的一张床；（2）邮轮停靠港口的位置。
运力调配/泊位分配 （Berth Allocation）	（1）一个行业术语，通常被国际邮轮协会、旅游媒体或者分析者用来描述一个或更多的邮轮公司分配给一个特定的巡航区域的泊位数量；（2）一个邮轮公司或者一艘邮轮在一个港口码头所分配的停靠空间。
邮轮日 （Berth Days）	邮轮所提供的床位乘以运营的天数。
船舱预订 （Booking on Board）	为即将上船的乘客预订房间和床位。
精品邮轮 （Boutique Ship）	一种很小但是很豪华的邮轮。比如，银海邮轮和风之星邮轮。

续表

船艏 (Bow)	船最前面的部分。
船桥 (Bridge)	邮轮的航行控制中心。
经济型邮轮 (Budget Cruises)	价格低于大众市场的其他邮轮产品。大多倾向于小的、旧的船，缺乏现代化设施但却受到人们欢迎。这些邮轮往往不像大型邮轮一样配备先进的设施，但是却受到部分爱好者的欢迎。鉴于当代邮轮市场竞争日益激烈，这类邮轮的市场空间已不大。像 Regal、Primier 以及 Commodore 邮轮公司还在运营这类邮轮。
客舱 (Cabin)	船上的私人空间，作为客房也可作为办公场所。
船长鸡尾酒会 (Captain's Cocktail Party)	通常在邮轮上的第二或者第三天举行。乘客可以和船长、行政人员以及员工见面狂欢。
国际邮轮协会 (CLIA)	国际邮轮协会，在美国注册，代表北美邮轮公司的利益。
邮轮航域 (Cruise Areas)	特定的地域，这些地域构成一个独特的邮轮市场，例如加勒比地区、远东、地中海、波罗的海。在欧洲，有时候也使用"巡航地"一词。最繁忙航域包括加勒比海、地中海、阿拉斯加、波罗的海等。
邮轮之夜活动 (Cruise Night)	一种营销活动，由邮轮区域销售部门和当地旅行社联合举办，邀请具有潜质的邮轮客户到酒店（等场所）探讨邮轮相关事宜，供应茶点并进行问答式开放讨论。
邮轮码头/航站楼 (Cruise Terminal)	邮轮码头，是码头的一种，可供邮轮停泊及上落访客及行李、货物等。邮轮码头通常是跨境运输，所以会设立出入境海关。
无目的地航游 (Cruise to Nowhere)	中途不停靠港，结束即返回到出发港口，在美国，典型的航线是航行进公海，并返回到始发港。
雇员薪资 (Compensation, Remuneration)	薪资（收入）是工资薪水加福利，包括健康医疗、保险、退休金以及其他非现金收入，是雇主支付给员工的所有收入。
欧洲邮轮港口协会 (Cruise Europe)	代表欧洲邮轮港口的利益，主要成员来自北欧。
邮轮一日游 (Day Cruise)	巡航持续一天或更少，可能没有停留的港口。
甲板 (Deck)	邮轮中的一层。
目的地型邮轮旅游 (Destination Cruises)	目的地本身比邮轮更具吸引力的航线。

续表

离船上岸 (Disembarkation)	离船。
船坞 (Dock)	用于修造船舶的水工建筑物。布置在修造船厂内，主要是用于船舶修理。
(船体)吃水 (Draft)	船舶浸在水里的深度。该深度根据船舶设计的不同而不同。
提早预订折扣 (Early Booking Discount, EBD)	为激励游客提前预订，邮轮公司给予提前预订的游客一定的价格折扣。最早兴起于20世纪80年代的美国，主要是为了赚取预订金所产生的利息。
欧洲邮轮理事会 (ECC)	欧洲邮轮理事会，成立于2004年，代表活跃在欧洲邮轮公司的利益。
登船离岸 (Embarkation)	登船。
欧盟 (EU)	总部设在比利时首都布鲁塞尔，是由欧洲共同体（European Community，又称欧洲共同市场，简称欧共体）发展而来的，初始成员国有6个，分别为法国、联邦德国、意大利、比利时、荷兰以及卢森堡。
欧盟+3 (EU+3)	欧盟国家加瑞士、挪威、冰岛。
家庭邮轮 (Family Cruises)	专门为家庭游客做出了一些安排，提供辅导计划等。大多数邮轮都欢迎儿童乘坐。当然孕妇和婴儿还是会受一些限制。
方便旗 (FOC)	指在船舶登记宽松的国家进行登记，取得该国国籍，并悬挂该国国旗的船舶。
登轮廊桥 (Gangway)	登船或者离船时经过的通道。
蜜月邮轮 (Honeymoon Cruises)	世界五大蜜月目的地：夏威夷、塔希提岛、希腊群岛、加勒比海和阿拉斯加。
母港 (Homeport)	邮轮始发港，并且完成一个航次后返回的港口。
邮轮首航 (Inaugural Cruises)	邮轮的首次航行。
国际航游 (International Cruising)	邮轮航次安排参观多个目的地国家，并在多个国家市场进行销售的一类航次。
(航速)节 (Knot)	速度单位，为每小时一海里，用以测船和飞行器的航速。
救生艇 (Life Boat)	在邮轮上设置的小艇，在危险情况必须弃船时使用。
救生圈 (Life Buoy)	一种环形的水上救生设备。

续表

救生衣 （Life Vest）	一种救生设备，一般为背心式。
下格床位 （Lower Berths）	用以测量每个舱房都是两张床的情况下，邮轮的容量。
豪华邮轮 （Luxury Cruises）	是指环球海上航行或在地中海、加勒比海等特定地区航行的，以在船上娱乐和停靠地观光游览为目的的船舶总称。豪华游轮内部设有供乘客生活使用的一切设施，能够满足舒适的奢华生活水平要求，并且一般内设各式各样的娱乐设施。世界上主要的豪华邮轮集团有水晶邮轮、大洋邮轮以及银海邮轮等。
地中海邮轮港口协会 （MedCruise）	代表的邮轮港口位于地中海及邻近海域利益的组织。
世界经合组织 （OECD）	是由多个市场经济国家组成的政府间国际经济组织，旨在共同应对全球化带来的经济、社会和政府治理等方面的挑战，并把握全球化带来的机遇。
乘客（Pax）	Pax 为英文单词"Passenger"的缩写。
邮轮晚 （Pax-days/Pax-nights）	乘客的数量乘以特定一个航次里邮轮的夜数。
港口费率 （Port Charges）	包括特殊费用，如由地方政府征收和日常经营开支人头税，如海港征收的码头费、卫生费、海关和移民费，拖船费，港口代理费和其他项目。
停靠港 （Port-of-Call）	在邮轮航行过程中经停的港口。有时也被称为中转港口。
英国邮轮渡轮协会 （PSA）	其英文全称为 Passenger Shipping Association，代表活跃在英国市场中的邮轮和渡轮公司的利益。
岸上观光 （Shore Excursion）	邮轮旅游部门为游客设计、安排的一系列目的地观光、娱乐活动，包括类似冰川远足、骑马、浮潜和其他许多令人兴奋的冒险项目。
岸电 （Shore Power）	专门针对船上、岸边码头等高温、高湿、高腐蚀性、大负荷冲击等恶劣使用环境而特别设计制造的大功率变频电源设备。
船艉（Stern）	船尾部。
接驳 （Tendering）	当邮轮无法抬升与码头对接时，会安排些较小的船接游客靠港。
主题邮轮 （Theme Cruises）	针对某一特定目的开展的邮轮航次都属于主题邮轮旅游的范畴，主要类型有："芝加哥"的音乐剧；"发胶星梦"音乐剧；蓝人组合；美食与美酒；健康与福祉；历史与文化；业余爱好和体育；传奇演唱会；科学与环境；梦工厂体验；剧场与艺术等。
美国海岸警卫队 （USCG）	美国负责沿海水域、航道的执法、水上安全、遇难船只及飞机的救助、污染控制等任务的武装部队。它隶属于美国国土安全部，是美国五大武装力量之一，致力于保护公众、环境和美国经济利益，以及海域内的国家安全。
环球邮轮 （World Cruises）	航期 3～4 个月的在世界各地航行的邮轮；游客可以选择乘船游览整个航程或是选择某个单程段。

二、邮轮常用词汇索引（Cruise Words Index）

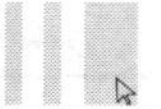

客房等级			
Inside cabin （room）	内舱房	Outside with window/outside/ocean view room	海景房
Outside with balcony/outside room	海景阳台房	Mini suite	迷你套房
Suite	套房	Duplex suite	复式套房
Panoramic suite	全景套房	Grand suite	高级套房
Samsara suite	（圣莎拉套房，客房内有通道直通健身中心，SPA 馆或客房内部自带 SPA 设备的套房，根据不同的邮轮和公司而有所不同）		
舱室相关			
Anteroom	客厅	Baggage room	行李间
Balcony	阳台	Bath room	浴室
Bath tub	浴盆	Bayonet base	插座
Bench	工作台，凳子	Beam light	束光灯
Bed	床	Bed lamp/light	床头灯
Bed stead	床铺	Berth ladder	床梯
Berth lamp	床铺灯	Berth light	寝台灯
Bidet	洗身盆	Bilge compartment	舱区
Blower	吹风机	Book case	书架
Bracket lamp	壁灯	Cabin store	房舱用具间
Carpet	地毯	Ceiling lamp	吊灯
Chart	海图，图表	Chest	衣柜
Daily tank	日用柜	Chronometer	船钟
Coat hook	挂衣钩	Deck （or hack） watch	船表，船钟
Desk lamp	桌灯	Electric fan	电风扇
Electric light （or lamp）	电灯	Electric portable lamp	手提电灯
Embarkation lamp	乘船灯	Fluorescent lamp	荧光灯，日光灯
Hat hook	挂帽钩	Hat rack	帽架
Hold	舱室	Inlet	入口
Instrument	仪器，仪表	Lamp	灯
Lamp holder	灯座	Laundry	洗衣间
Lavatory	盥洗室	Living quarter	住舱
Lounge	休息室	Luggage room	行李房
Manual	手册	Mattress	床垫
Passenger cabin	客舱	Single berth	单人床
Sink	水槽	Table	桌子，台
Wardrobe	衣橱	Wash basin	洗盆

续表

舱室相关			
Wash stand	盥洗台	Wash tub	盥洗盆，浴盆
Washing machine	洗衣机	Water pump	水泵
Water closet （wash room）	洗手间	Water faucet	水龙头
Water pipe	水管	Water tank	水柜
Window	窗		
安全相关			
Access door	出入门	Access hole	出入孔
Access opening	出入开口	Gangway ladder rail	舷梯栏杆
Air passage	通气道	Alarm bell	警铃
Alarm signal	警报信号	Alarm thermometer	警报温度计
Alarm valve	警报阀	Annunciator	警示器
Call bell	呼铃	Call bell indicator	呼铃指示器
Call bell system	呼唤系统	Call sign	呼号
Emergency engine telegraph	紧急钟	Flashing （or flash） signal	闪光信号
First aid	急救	Fog bell	雾钟
Fog horn	雾笛	Gas mask	防毒面具
Hand rail	栏杆，扶手	Horn	喇叭，号角
Indicating lamp	指示灯	Inflatable appliance	充气设备
Klaxom horn	电号角	Safe water level	安全水位
Safety alarm	安全警报器	Safety certificate	安全证书
Safety lamp	安全灯	Safety switch	安全开关
Warning signal	警告信号	Warning light	警示灯
消防救生相关			
alley way	通道	Automatic sprinkler system	自动灭火装置
Breathing apparatus	呼吸器	Buoyant life line	救生浮索
Emergency fire pump	紧急消防泵	Emergency light	应急灯
Emergency power source	紧急动力源	Emergency vent	应急通气口
Escape hatch	逃生舱口	Escape ladder	逃生梯
Escape scuttle	逃生窗口	Escape trunk	逃生箱道
Extinguisher	灭火器	Face mask	面罩
Fire alarm	火警警报器	Fire box	火箱
Fire bucket	消防桶	Fire damper	防火挡板
Fire detecting device	火警探测装置	Fire door	防火门
Fire extinguisher	灭火器	Fire hose	水龙带
Fire proof	防火	Fire pump	灭火泵，消防泵
First aid box	急救箱	Hand flare	手持火焰信号
Hand shield	手持面罩	Hydrant	消防栓，水龙头

续表

消防救生相关			
Inflatable lifejacket	充气救生衣	Life boat	救生艇
Life buoy/ring	救生圈	Life floats	救生浮焰
Life jacket	救生衣	Life jacket light	救生衣灯
Life line	救生索	Life raft	救生筏
Life saving appliance	救生设备	Light buoy	灯浮标
Light signal	灯号	Mean of escape	逃生方法
Portable fire extinguisher	轻便灭火器	Rescue breathing apparatus	救生呼吸器
Rescue signal light	救难信号灯	Reserve feed water tank	备用给水柜
Riding light	锚泊灯	Rocket signal	火箭信号
通信相关			
Aerial/antenna	天线	Aerial mast	天线桅杆
Automatic telephone	自动电话	Battery	电池
Battery charger	电池充电器	Bell	铃、号钟
Cell	电池	Code book	电码簿
Facsimile	无线电传真	Interphone	内部电话
Radar	雷达	Radio	无线电
Radio compass	电子罗经	Radio room	无线电室
Radio station	无线电台	Radio telephone	无线电话
Internet point	互联网连接	Wifi connection	无线网络连接
食品和餐饮相关			
Bake oven	烤箱	Bakery	面包房
Cafe	咖啡厅	Cafeteria	自助餐厅
Chief cook	厨师长，大厨	Cook	炊事，厨司，厨师
Cooking utensil	厨具	Cuddy	小艇船室，小厨房
Dining room	餐室	Dining saloon	餐厅
Drinking water	饮用水	Electric oven	电烤炉
Galley	厨房	Galley dresser	橱柜
Griddle plate	烤盘	Grill room	快餐室，烤肉室
Ice locker (or box)	冰箱	Ice tank	冰柜
Mess room	餐厅	Mess table	餐桌
Oven	炉，烤炉	Urn	咖啡壶
Plate rack	厨具架	Plumbing fixture	卫生器具
Saloon	大餐厅，客厅		

资料来源：摘录自上海大唐邮轮代理公司《邮轮旅游指南》

三、船上部门与职员

由于邮轮公司的国际化运营，邮轮上的工作人员来自世界各个国家和地区，年龄、学历、社会背景等各不相同。根据邮轮公司的运营方式的差异，每个公司船上的部门设置不尽相同，但是大致上，邮轮船上都设置有甲板部、轮机部和酒店部三个主要的部门。每个部门根据业务的需要又会下设不同的子部门以维持整个邮轮船上系统的运作。

（一）甲板部

邮轮的甲板部负责航行和船舶的保养。主要设置有船长、大副、二副等船舶管理人员，报务人员、保安人员、安全人员、环保人员、甲板维修人员、酒店维修人员和甲板服务员等。

甲板部的管理者一般包括船长、大副、二副、三副（根据船舶事务的多寡相应设置不同的层次）。甲板部的一位高级职员也要担任安全员的职务。学员或实习生是甲板部管理者的候补人。

在船上，船长是邮轮上的最高行政长官，对邮轮上的所有事务负责，尤其是邮轮安全。此外，每个航班都会举行船长晚宴。月薪为5800～9800美元。

大副是船长的主要助手，可理解为第一副船长，具体负责邮轮航行的各项事宜，并监督和考核下属的工作情况。船长不在时，大副代理船长职责。月薪为3700～4300美元。

二副职位仅次于船长、大副。在船长、大副的领导下履行航行和停泊所规定的值班职责，并主管驾驶设备。月薪为2800～3300美元，可晋升大副。

三副主管船舶救生、消防设备。在船长、大副的领导下认真执行公司综合管理体系中的各项规定，履行规定的船舶航行和停泊值班职责。月薪为2500～3100美元，可晋升二副。

报务主任和报务员是负责邮轮整个通信系统的操作和维护的人员。报务主任应熟悉国际、国内各项通信规则和有关规章制度，负责领导无线电报（话）务员迅速、准确地完成无线电通信工作。

保安主任和保安员对邮轮的船舶和人员安全负责，严查违禁物品。

安全主任和安全员负责乘客和船员的安全演练、逃生演习、船员安全知识培训、船舶安全监督等工作。

由于世界环境保护意识的增强，大多数邮轮都有一位或几位环保人员。他们向船长报告，通过监督和协助船上人员，确保船舶运营符合国际、国家或地区、所在邮轮公司以及邮轮的船舶技术部门关于船舶的环境法规和 ISO14001 环境管理体系要求。

甲板维修人员一般包括水手、海员、甲板清洁工和垃圾清运工等。水手主要负责邮轮在进出码头时的操舵；协助值班驾驶员和瞭望员的工作；负责监督指定场所的一般维修、协助供应船的操作。海员负责船舶的清洗、油漆和一般维护等工作。

酒店维修人员主要包括木匠和内饰工，负责邮轮上酒店的所有含木制品在内的设施的维护和管理。

甲板服务员主要负责保持露天甲板、休息室等场所的清洁和摆设。

（二）轮机部

轮机部主要负责邮轮的推进系统、主机和辅机的安全和正常运转，负责邮轮所有技术操作和机械设备以及电气系统、安全和消防系统、暖通空调和废物处理系统的有序运行。轮机部门主要设置有轮机长、大管轮、二管轮、三管轮等管理人员，以及电机、机电等技术人员和维修人员。

轮机长是邮轮机舱的行政和技术负责人。监督邮轮所有机械的运行，包括轮机、电力系统、照明、管道、废物处理、室内温度调控以及邮轮本身的维护和修理。负责下级工作人员的专业、安全和处理突发事件的培训。

大管轮是轮机长的助手，在轮机长的领导下做好机电设备的使用、维修和保养。轮机长不在和因故不能行使职务时，代行轮机长职责。

二管轮是直接负责各种轮机设备和系统的维修保养工作的人员。大管轮不能行使职务时，代行大管轮职责。

三管轮负责船舶机舱人员的日常管理，特别是负责主机、辅机操作与运行、机舱设备的保养和保管、船上其他机械设备的维修保养。

（三）酒店部

酒店部是邮轮旅游的关键所在，酒店服务人员在员工数量上占主导地位。酒店部的负责人通常称为酒店主管或执行事务长，主要负责掌管邮轮日常事务，如游客账目管理、邮件、实时资讯、贵重物品的寄存等。大型邮轮一般配有两名事务长，即员工船长事务长和酒店事务长。酒店部一般包括餐饮部、房务部、康体服务部、娱乐服务部、岸上观光部、商店、摄影部和医疗部等多个子部门，各个邮轮根据情况有不同的部门划分和设置。一般的邮轮酒店部的组织结构如下图所示：

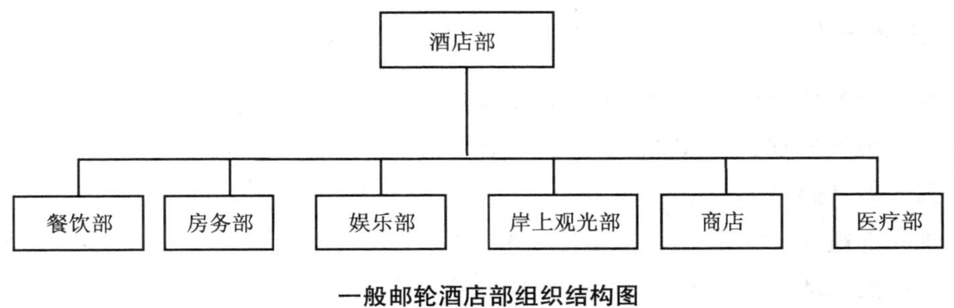

一般邮轮酒店部组织结构图

1. 餐饮部

餐饮经理或称餐饮主管是餐饮部门的最高领导，全面负责邮轮的食品和饮品、餐厅、酒吧和厨房的运营管理；全面监管船上餐饮团队，包括各个餐饮出售点——餐厅、上甲板自助区、专用餐厅、酒吧、厨房、主管/工作人员/船员餐厅以及客房服务；向酒店主管/经理直接汇报，同时支持并监督部门下属各管理层职位的工作情况。餐饮部的员工主要有餐厅经理、服务员领班、酒吧经理、侍酒师、服务员、助理服务员以及厨房的工作人员等。

行政主厨负责整个厨房的员工、食物计划和质量管理工作，亲自或通过下属管理人员或监督人员指挥整个邮轮的所有厨房和与其相关的活动。直接向餐饮部经理和酒店主管汇报，同时，支持和监管厨房部门下级管理级工作人员的表现。厨房工作人员有行政副主厨、厨师领班、一厨、二厨、三厨、糕点师、面包师、厨房清洁工、厨房仓库管理员等。

2. 房务部

房务部主要有房务经理、客房服务员领班、客房服务员、前厅服务员、楼层主管、礼宾部领班、客房行李员、洗衣房主管、洗衣工、公共场所监管人员、清洁工、勤杂工等。

3. 娱乐部

娱乐部经理负责娱乐部的管理，主持邮轮上各种演艺活动，兼作乐师、演员、招待、健身俱乐部管理人员等。娱乐部的员工主要有歌手、乐器演奏员、舞蹈演员、音响师、灯光师、舞台制作人员、社交绅士、青少年活动组织人员、娱乐/健身活动教练员、美容美发师等。

4. 岸上观光部

岸上观光部经理或岸上观光负责人负责组织协调岸上包价旅游的预订、游客岸上观光的送迎、通关等事宜。通常，岸上观光负责人是第一批上岸的人，他们与旅行社人员协调负责邮轮游客的岸上游览活动。

岸上观光部通常会安排目的地演讲人员对邮轮挂靠港口所在的国家和地区进行一系列的文化、历史、地理、人类、野生动植物、陆地生物和政治方面情况的解说。港口购物讲解师对邮轮所挂靠的港口有很详尽的了解，大多数的讲师都时常与供应商保持联系，向游客推荐许多不同的岸上商店。讲师的职责内容随着公司的不同而有所差异。该职位要求讲师具备出众的公共演讲技巧和销售素养。

5. 商店

邮轮上有一般商品超市和名牌手表/香水/珠宝/化妆品等奢侈品商店。需要销售人员、理货员和保管员来共同运营。同时，商店经理还要接收、存储并向厨房、酒吧、餐厅或需求点的相关人员分配各类物品。

6. 医疗部

医疗部是负责游客和船员的基本及应急医务治疗的部门，主要有主任医师、医师、护士长和护士等工作人员。

除上述的几个部门外，邮轮上还会安排神职人员。在邮轮出海或在外国港口时的星期天，尤其是在宗教节日的时候，如圣诞节、复活节，天主教神父和/或新教牧师一般都会在船上向乘客提供神职服务。根据需要，邮轮还会聘请拉比法师主持犹太节日。该职位一般不支付薪水，神职人员在工作假期的时候有机会到邮轮上服务。

由于海上航行的时间和空间的限制，邮轮上工作人员配备总的原则是从紧，这样经常出现“一岗多责”或跨部门工作。通常情况下，每个船员在船上都有两份工作：一份本职工作，一份紧急情况时的附加工作。据统计，邮轮上每周约有2/5的员工要跨岗位工作，约有1/5的员工要跨部门工作。最典型的是船长晚宴、岸上观光、大型演出等需要各个部门人员的通力配合。一般情况下，员工要充当演员的特殊角色。

四、世界主要港口及城市的中英文对照表

中文名称	英文名称	所属国家
	美洲航线	
西雅图港	Port of Seattle	美国
维多利亚港	Victoria Harbour	加拿大
温哥华港	Port of Vancouver	加拿大
凯奇坎港	Port of Ketchikan	美国
汐蒂卡港	Sitka Harbour	美国
朱诺港	Port of Juneau	美国
史凯威港	Port of Skagway	美国
纽约港	Port of New York	美国
纽波特港/新港	Port of Newport	美国
波士顿港	Port of Boston	美国
巴尔港	Bar Harbor	美国
圣约翰港	Port Saint John	加拿大
哈利法克斯港	Port of Halifax	加拿大
魁北克港	Port of Quebec	加拿大
洛杉矶港	Port of Los Angeles	美国
圣地亚哥港	Port of San Diego	美国
恩瑟纳达港	Port of Ensenada	墨西哥
马萨特兰港	Port of Mazatlan	墨西哥
巴亚尔塔港	Puerto Vallarta	墨西哥
劳德岱尔港	Fort Lauderdale	美国
利蒙港	Puerto Limon	哥斯达黎加
迈阿密港	Port of Miami	美国
圣胡安港	Port of San Juan	美国
卡纳维拉尔港	Port Canaveral	美国
新奥尔良港	Port of New Orleans	美国
坦帕港	Port Tampa	美国
拿骚港	Port of Nassau	巴哈马
布宜诺斯艾利斯港	Port of Buenos Aires	阿根廷
里约热内卢港	Port of Rio De Janeiro	巴西
蒙得维的亚港	Port of Montevideo	乌拉圭
桑托斯港	Port of Santos	巴西

续表

中文名称	英文名称	所属国家
	欧洲航线	
巴塞罗那港	Port of Barcelona	西班牙
尼斯港	Port Of Nice	法国
马赛港	port of Marseilles	法国
萨沃纳港	Port of Savona	法国
热那亚港	Port of Genova	意大利
奇维塔韦基亚港（罗马外港）	Port of Civitavecchia	意大利
威尼斯港	Port of Venice	意大利
比雷埃夫斯港（雅典外港）	Port of Piraeus	希腊
伊斯坦布尔港	Port of Istanbul	土耳其
波尔多港	Port of Bordeaux	法国
伦敦港	Port of London	英国
勒阿弗尔港	Port of Le Havre	法国
里斯本港	Port of Lisbon	葡萄牙
阿姆斯特丹港	Port of Amsterdam	荷兰
鹿特丹港	Port of Rotterdam	荷兰
汉堡港	Port of Hamburg	德国
哥本哈根港	Port of Copenhagen	丹麦
南安普顿港	Port of Southampton	英国
斯德哥尔摩港	Port of Stockholm	瑞典
赫尔辛基港	Port of Helsinki	芬兰
圣彼得堡港	Port of St. Petersburg	俄罗斯
	亚太航线	
新加坡港	Port of Singapore	新加坡
巴生港	Port Klang	马来西亚
曼谷港	Port of Bangkok	泰国
胡志明市港（西贡港）	Port of Ho Chi Minh City	越南
岘港	Danang Port	越南
大连港	Port of Dalian	中国
天津港	Port of Tianjin	中国
青岛港	Port of Qingdao	中国
上海港	Port of Shanghai	中国
厦门港	Port of Xiamen	中国

续表

中文名称	英文名称	所属国家
亚太航线		
三亚港	Port of Sanya	中国
香港港	Port of Hong Kong	中国
基隆港	Port of Keelung	中国
高雄港	Port of Kaohsiung	中国
台中港	Taichung Harbor	中国
花莲港	Port of Hualian	中国
横滨港	Port of Yokohama	日本
神户港	Port of Kobe	日本
那霸港	Naha Port	日本
长崎港	Port of Nagasaki	日本
釜山港	Port of Busan	韩国
仁川港	Port of Incheon	韩国
济州岛	Jeju Harbor	韩国
木浦港	Port of Mokpo	韩国
悉尼港	Port of Sydney	澳大利亚
布里斯班港	Port of Brisbane	澳大利亚
墨尔本港	Port of Melbourne	澳大利亚
奥克兰港	Auckland Port	新西兰
道格拉斯港	Port Douglas	澳大利亚

注：表中港口根据文中先后出现顺序列出

责任编辑：谯　洁
封面设计：何　杰
责任印制：冯冬青

图书在版编目（CIP）数据

国际邮轮旅游销售实务 / "上海国际邮轮旅游人才培训基地"教材编委会编 .--北京：中国旅游出版社，2014.4（2017.6重印）

ISBN 978-7-5032-4940-2

Ⅰ.①国… Ⅱ.①上… Ⅲ.①旅游船—销售服务—职业培训—教材 Ⅳ.①F590.8

中国版本图书馆CIP数据核字（2014）第043029号

书　　名：国际邮轮旅游销售实务

作　　者："上海国际邮轮旅游人才培训基地"教材编委会　编
出版发行：中国旅游出版社
（北京建国门内大街甲9号　邮编：100005）
http：//www.cttp.net.cn　E-mail：cttp@cnta.gov.cn
营销中心电话：010-85166503
经　　销：全国各地新华书店
印　　刷：三河市灵山红旗印刷厂
版　　次：2014年4月第1版　2017年6月第3次印刷
开　　本：787毫米×1092毫米　1/16
印　　张：13
字　　数：254千
定　　价：32.00元
I S B N　978-7-5032-4940-2